石油教材出版基金资助项目

高等院校特色规划教材

《矩阵理论及其应用》习题解答

（富媒体）

梁景伟　编著

石 油 工 业 出 版 社

内 容 提 要

本书对《矩阵理论及其应用(富媒体)》所编入的习题及补充习题作了详细解答，主要内容包含线性代数基础及 Matlab 实现、线性空间与线性变换、欧氏空间与酉空间、矩阵分析理论及其应用四个部分相关知识点的习题解答.习题解答的类型主要包括证明题、讨论题与计算题，同时对有些习题解答配备了相应的 Matlab 程序，而且这些程序的实现过程可以通过扫描二维码的方式进行演示.

本书可作为理工科专业研究生或数学专业高年级本科生辅助教材，也可供数学工作者和科技人员参考.

图书在版编目(CIP)数据

《矩阵理论及其应用》习题解答：富媒体/梁景伟编著．—北京：石油工业出版社，2022.3

高等院校特色规划教材

ISBN 978-7-5183-5252-4

Ⅰ.①矩…　Ⅱ.①梁…　Ⅲ.①矩阵论—高等学校—题解

Ⅳ.①O151.21-44

中国版本图书馆 CIP 数据核字(2022)第 033992 号

出版发行：石油工业出版社

(北京市朝阳区安定门外安华里 2 区 1 号楼　100011)

网　址：www.petropub.com

编辑部：(010)64523697　　图书营销中心：(010)64523633

经　　销：全国新华书店

排　　版：三河市燕郊三山科普发展有限公司

印　　刷：北京中石油彩色印刷有限责任公司

2022 年 3 月第 1 版　　2022 年 3 月第 1 次印刷

787 毫米×1092 毫米　　开本：1/16　　印张：7.5

字数：150 千字

定价：20.00 元

(如发现印装质量问题，我社图书营销中心负责调换)

前言

PREFACE

矩阵理论是数学各学科的重要理论基础，不仅如此，随着科学与技术的发展，矩阵理论已日益成为自然科学、工程技术乃至经济学、社会学等领域中重要的理论基础与计算方法.特别是随着计算机的发展，矩阵理论在人工智能、大数据以及云计算等领域也日益显现出其强大的生命力.为了适应现代科学与技术发展的需求，高等院校有义务培养适应这种需求的现代化人才，因而很多高等院校将矩阵理论课程作为培养研究生的一门学位课，然而国内外出版的现行教材大多以经典理论为内容，不能适用于现代科学技术发展的需求，同时也不能适用于现代社会对人才的需求.国内外很多高校都开设矩阵理论课程，但是笔者通过调研发现国内外很多高校所使用的教材过于理论化，纯数学味道过于浓厚，对于工科研究生很不适用.笔者根据多年教授矩阵理论的教学经验以及多年的教学实践，对矩阵理论经典教材进行了精心整理与扩充，编写了《矩阵理论及其应用(富媒体)》.

为了让学生真正地深刻理解该教材内容，掌握基本的解题思路与方法，特别是充分发挥富媒体的作用从而开拓学生广阔的学习视野，进而为学生构建一种使用计算机程序解决实际问题的分析与研究思维模式，笔者编著了与教材配套的辅助教材——《〈矩阵理论及其应用〉习题解答(富媒体)》.该辅助教材以原教材配套习题为基础，同时对每章补充了一些新的习题.习题解答的内容主要包含线性代数基础及Matlab实现、线性空间与线性变换、欧氏空间与酉空间、矩阵分析理论及其应用四个部分相关知识点的习题解答.

本书由梁景伟编著，负责编写全部内容.戴芊慧老师承担了审核与修订工作，同时为作者提供了很多修改建议与意见.另外在成书的过程中得到了中国石油大学(北京)理学院的出版资金支持，在此一并表示感谢.

本书作为第一版，肯定会存在着某些错误和不妥之处，恳请读者批评指正.

梁景伟

2021年12月

目　　录

CONTENTS

第 1 章　线性代数基础及 Matlab 实现 …………………………………… 1

第 2 章　线性空间与线性变换 …………………………………………… 38

第 3 章　欧氏空间与酉空间 ……………………………………………… 62

第 4 章　矩阵分析理论及其应用 ………………………………………… 80

参考文献 …………………………………………………………………… 115

第 1 章　线性代数基础及 Matlab 实现

习题 1.1　证明三维空间三角形的绝对面积为

$$S=\frac{1}{2}\left(\begin{vmatrix} y_j-y_i & z_j-z_i \\ y_k-y_i & z_k-z_i \end{vmatrix}^2+\begin{vmatrix} z_j-z_i & x_j-x_i \\ z_k-z_i & x_k-x_i \end{vmatrix}^2+\begin{vmatrix} x_j-x_i & y_j-y_i \\ x_k-x_i & y_k-y_i \end{vmatrix}^2\right)^{\frac{1}{2}},$$

其中(x_i,y_i,z_i),(x_j,y_j,z_j),(x_k,y_k,z_k)为三维空间三角形三个顶点 A,B,C 坐标.

证明:由空间解析几何向量叉乘的定义可得

$$\overrightarrow{AB}\times\overrightarrow{AC}=\begin{vmatrix} \boldsymbol{i} & \boldsymbol{j} & \boldsymbol{k} \\ x_j-x_i & y_j-y_i & z_j-z_i \\ x_k-x_i & y_k-y_i & z_k-z_i \end{vmatrix}$$

$$=\begin{vmatrix} y_j-y_i & z_j-z_i \\ y_k-y_i & z_k-z_i \end{vmatrix}\boldsymbol{i}+\begin{vmatrix} z_j-z_i & x_j-x_i \\ z_k-z_i & x_k-x_i \end{vmatrix}\boldsymbol{j}+\begin{vmatrix} x_j-x_i & y_j-y_i \\ x_k-x_i & y_k-y_i \end{vmatrix}\boldsymbol{k},$$

空间三角形三个顶点 A,B,C 所围成的绝对面积为

$$S=\frac{1}{2}\|\overrightarrow{AB}\times\overrightarrow{AC}\|_2=\frac{1}{2}\left(\begin{vmatrix} y_j-y_i & z_j-z_i \\ y_k-y_i & z_k-z_i \end{vmatrix}^2+\begin{vmatrix} z_j-z_i & x_j-x_i \\ z_k-z_i & x_k-x_i \end{vmatrix}^2+\begin{vmatrix} x_j-x_i & y_j-y_i \\ x_k-x_i & y_k-y_i \end{vmatrix}^2\right)^{\frac{1}{2}}.$$

调用习题程序 1.1 可得图 1.1.

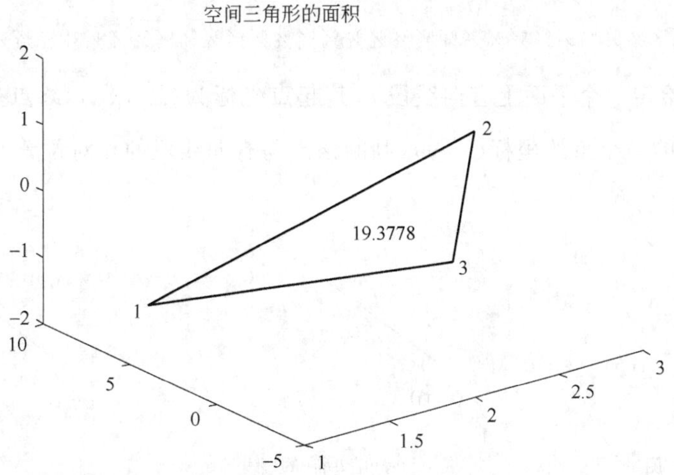

图 1.1　空间三角形的面积

习题程序 1.1 计算空间三角形面积.

```
%%%%%%%%%%%%%%%%%%%%%%%%%%%%%%%%%%%%%%%%%%%%%%%%%%%%
function s=space_triangle(x,y,z)
%x是由空间三个点的x方向坐标组成的行向量;
%y是由空间三个点的y方向坐标组成的行向量;
%z是由空间三个点的z方向坐标组成的行向量;
%例如取
% x=[1 2 3];
% y=[4 -5 6];
% z=[-1 2 -2];
vector1=y-x;
vector2=z-x;
vertical=cross(vector1,vector2);
s=1/2 * norm(vertical);
plot3([x,x(1)],[y,y(1)],[z,z(1)],'r');
text(mean(x),mean(y),mean(z),num2str(s));
text(x(1),y(1),z(1),num2str(1));
text(x(2),y(2),z(2),num2str(2));
text(x(3),y(3),z(3),num2str(3));
title('空间三角形的面积')
end
%%%%%%%%%%%%%%%%%%%%%%%%%%%%%%%%%%%%%%%%%%%%%%%%%%%%
```

习题 1.1

习题 1.2 给定一个平面上有向线段 l,其起点坐标为(x_1,y_1),终点坐标为(x_2,y_2),任意给定平面上的一个点的坐标(x,y),判断该点与有向线段的相对位置.

解:参见图 1.2.

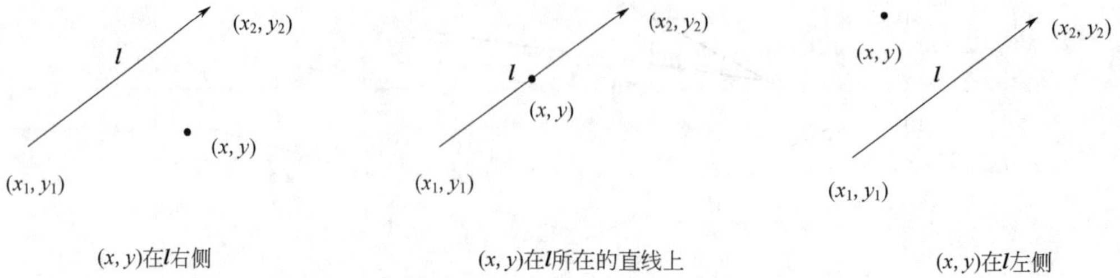

图 1.2 点与有向线段的相对位置

取行列式 $D=\begin{vmatrix}1 & x_1 & y_1\\1 & x_2 & y_2\\1 & x & y\end{vmatrix}$，若 $D<0$，从而说明 (x_1,y_1)，(x_2,y_2)，(x,y) 按顺时针排列，由此判定 (x,y) 在 l 右侧；若 $D>0$，从而说明 (x_1,y_1)，(x_2,y_2)，(x,y) 按逆时针排列，由此判定 (x,y) 在 l 左侧；若 $D=0$，可以判定 (x,y) 在 l 所在的直线上.

习题 1.3　给定一个平面上有向线段 l，其起点坐标为 (x_1,y_1)，终点坐标为 (x_2,y_2)，绘制以 l 的中点为圆心、l 的半长为半径的左侧半圆和右侧半圆，并给出相应的 Matlab 程序.

解：首先求出 l 的中点坐标为 $\left(\frac{x_1+x_2}{2},\frac{y_1+y_2}{2}\right)$，其次求出 l 的半长为 $r=\frac{1}{2}\sqrt{(x_1-x_2)^2+(y_1-y_2)^2}$，则以 l 的中点为圆心，l 的半长为半径的圆的参数方程为

$$\begin{cases}x(t)=\dfrac{x_1+x_2}{2}+r\cos t\\[2ex] y(t)=\dfrac{y_1+y_2}{2}+r\sin t\end{cases}\quad(0\leqslant t\leqslant 2\pi),$$

于是左侧半圆的方程为

$$\begin{cases}x(t)=\dfrac{x_1+x_2}{2}+r\cos t\\[2ex] y(t)=\dfrac{y_1+y_2}{2}+r\sin t\end{cases}\quad(D\geqslant 0),$$

而右侧圆的方程为

$$\begin{cases}x(t)=\dfrac{x_1+x_2}{2}+r\cos t\\[2ex] y(t)=\dfrac{y_1+y_2}{2}+r\sin t\end{cases}\quad(D\leqslant 0),$$

其中

$$D=\begin{vmatrix}1 & x_1 & y_1\\1 & x_2 & y_2\\1 & x(t) & y(t)\end{vmatrix}=r\begin{vmatrix}1 & x_1 & y_1\\1 & x_2 & y_2\\0 & \cos t & \sin t\end{vmatrix}=r\begin{vmatrix}1 & x_1 & y_1\\0 & x_2-x_1 & y_2-y_1\\0 & \cos t & \sin t\end{vmatrix}$$
$$=r[(x_2-x_1)\sin t-(y_2-y_1)\cos t],$$

则

$$D \geqslant 0 \Leftrightarrow \tan t \geqslant \frac{y_2 - y_1}{x_2 - x_1}, \qquad D \leqslant 0 \Leftrightarrow \tan t \leqslant \frac{y_2 - y_1}{x_2 - x_1}.$$

例如调用习题程序 1.2　semicircle(p_int,p_end)绘制起点为 p_int=(−1,1),终点为 p_end=(2,−3)的左侧半圆与右侧半圆,参见图 1.3.

彩图 1.3

习题 1.3

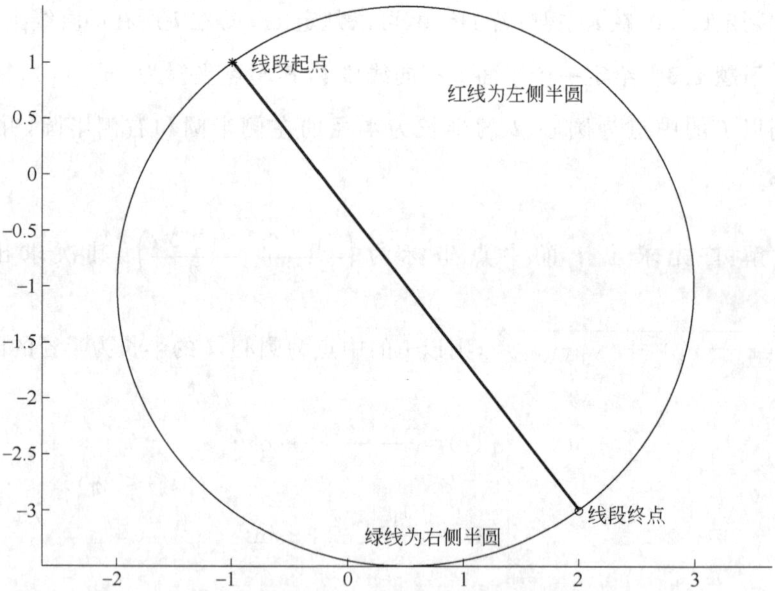

图 1.3　有向线段的左侧半圆与右侧半圆

习题程序 1.2　绘制以 l 的中点为圆心、l 的半长为半径的左侧半圆和右侧半圆.

```
%%%%%%%%%%%%%%%%%%%%%%%%%%%%%%%%%%%%%%%%%%%%
function []=semicircle(p_int,p_end)
%p_int是起点坐标(x1,y1);p_end是终点坐标(x2,y2);
x1=p_int(1);y1=p_int(2);x2=p_end(1);y2=p_end(2);
xmean=1/2*(x1+x2);ymean=1./2*(y1+y2);
r=1./2*sqrt((x1-x2).^2+(y1-y2).^2);
line([x1 x2],[y1 y2],'linewidth',1);
hold on;
plot(x1,y1,'b*')
plot(x2,y2,'bo')
t=0:0.01:2*pi
x=xmean+r*cos(t);
y=ymean+r*sin(t);
```

```
xl=xmean+r*cos(pi);xr=xmean+r*cos(-pi/2);
yl=ymean+r*sin(pi);yr=ymean+r*sin(-pi/2);
n=length(t);
for i=1:n
    D(i)=det([1 x1 y1;1 x2 y2;1 x(i) y(i)]);
end
Ileft=find(D>=0);
Iright=find(D<=0);
plot(x(Ileft),y(Ileft),'r-');
plot(x(Iright),y(Iright),'g-')
axis equal
text(x1,y1,'线段起点');
text(x2,y2,'线段终点');
text(xl,yl,'红线为左侧半圆');
text(xr,yr,'绿线为右侧半圆');
hold off;
%%%%%%%%%%%%%%%%%%%%%%%%%%%%%%%%%%%%%%%%%%%
```

习题 1.4　给定平面上不共线的两条线段，判断它们是否相交，如果相交求出其交点坐标并编写相应的 Matlab 程序.

为了求解表述方便，不妨假设平面上不共线的两条线段分别为 l_1 与 l_2，l_1 的起点为 (x_1,y_1) 终点为 (x_2,y_2)，l_2 的起点为 (x_3,y_3) 终点为 (x_4,y_4)，下面给出两种判断它们是否相交的方法以及在相交的情况下求其交点的解法.

解法 1：两条线段 l_1 与 l_2 呈 X 形交叉的充分必要条件是 (x_3,y_3) 与 (x_4,y_4) 在 l_1 的左右分布或右左分布，且 (x_1,y_1) 与 (x_2,y_2) 在 l_2 的左右分布或右左分布，如图 1.4 所示.

(1) 当 (x_3,y_3) 与 (x_4,y_4) 在 l_1 的左右或右左分布时，满足如下条件：

$$\begin{vmatrix}1 & x_1 & y_1\\1 & x_2 & y_2\\1 & x_3 & y_3\end{vmatrix}>0 \text{ 且 } \begin{vmatrix}1 & x_1 & y_1\\1 & x_2 & y_2\\1 & x_4 & y_4\end{vmatrix}<0 \text{ 或 } \begin{vmatrix}1 & x_1 & y_1\\1 & x_2 & y_2\\1 & x_3 & y_3\end{vmatrix}<0 \text{ 且 } \begin{vmatrix}1 & x_1 & y_1\\1 & x_2 & y_2\\1 & x_4 & y_4\end{vmatrix}>0,$$

即

$$\begin{vmatrix}1 & x_1 & y_1\\1 & x_2 & y_2\\1 & x_3 & y_3\end{vmatrix}\begin{vmatrix}1 & x_1 & y_1\\1 & x_2 & y_2\\1 & x_4 & y_4\end{vmatrix}<0.$$

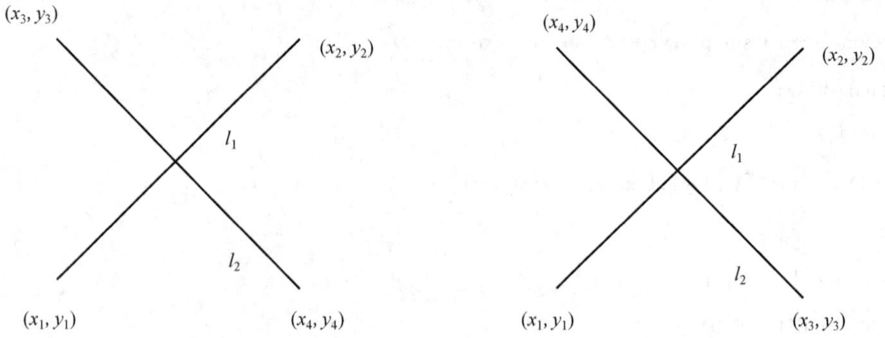

(a) (x_3, y_3)与(x_4, y_4)在l_1的左右分布且(x_1, y_1)与(x_2, y_2)在l_2的右左分布

(b) (x_3, y_3)与(x_4, y_4)在l_1的右左分布且(x_1, y_1)与(x_2, y_2)在l_2的左右分布

图 1.4　两条线段相交示意图

(2)当(x_1, y_1)与(x_2, y_2)在 l_2 的左右或右左分布时,满足如下条件:

$$\begin{vmatrix} 1 & x_3 & y_3 \\ 1 & x_4 & y_4 \\ 1 & x_1 & y_1 \end{vmatrix} > 0 \text{ 且 } \begin{vmatrix} 1 & x_3 & y_3 \\ 1 & x_4 & y_4 \\ 1 & x_2 & y_2 \end{vmatrix} < 0 \text{ 或 } \begin{vmatrix} 1 & x_3 & y_3 \\ 1 & x_4 & y_4 \\ 1 & x_1 & y_1 \end{vmatrix} < 0 \text{ 且 } \begin{vmatrix} 1 & x_3 & y_3 \\ 1 & x_4 & y_4 \\ 1 & x_2 & y_2 \end{vmatrix} > 0,$$

即

$$\begin{vmatrix} 1 & x_3 & y_3 \\ 1 & x_4 & y_4 \\ 1 & x_1 & y_1 \end{vmatrix} \begin{vmatrix} 1 & x_3 & y_3 \\ 1 & x_4 & y_4 \\ 1 & x_2 & y_2 \end{vmatrix} < 0.$$

(3)当(x_3, y_3)与(x_4, y_4)在 l_1 的左右或右左分布时且当(x_1, y_1)与(x_2, y_2)在 l_2 的左右分布或右左分布时,满足如下条件:

$$\begin{vmatrix} 1 & x_1 & y_1 \\ 1 & x_2 & y_2 \\ 1 & x_3 & y_3 \end{vmatrix} \begin{vmatrix} 1 & x_1 & y_1 \\ 1 & x_2 & y_2 \\ 1 & x_4 & y_4 \end{vmatrix} < 0 \text{ 且 } \begin{vmatrix} 1 & x_3 & y_3 \\ 1 & x_4 & y_4 \\ 1 & x_1 & y_1 \end{vmatrix} \begin{vmatrix} 1 & x_3 & y_3 \\ 1 & x_4 & y_4 \\ 1 & x_2 & y_2 \end{vmatrix} < 0.$$

两条线段 l_1 与 l_2 丁形交叉的充分必要条件是(x_3, y_3)与(x_4, y_4)有一个点在 l_1 上,或者(x_1, y_1)与(x_2, y_2)有一个点在 l_2 上,如图 1.5 所示.

(4)当(x_3, y_3)或(x_4, y_4)在 l_1 上时,满足如下条件:

$$\begin{vmatrix} 1 & x_1 & y_1 \\ 1 & x_2 & y_2 \\ 1 & x_3 & y_3 \end{vmatrix} = 0 \quad \text{或} \quad \begin{vmatrix} 1 & x_1 & y_1 \\ 1 & x_2 & y_2 \\ 1 & x_4 & y_4 \end{vmatrix} = 0.$$

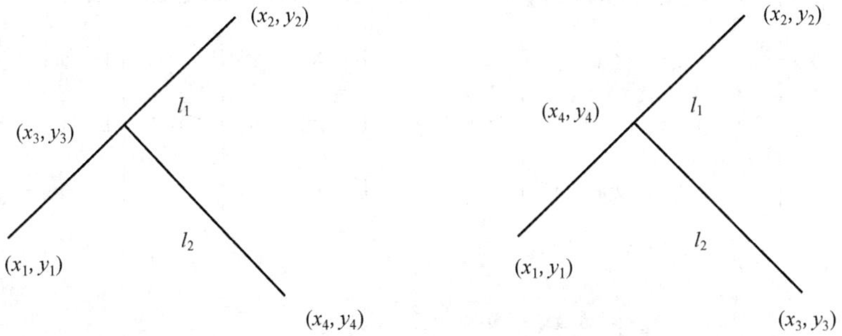

(a)　　　　　　　　　　(b)

图 1.5　两条线段"丁"字相交示意图

(5)当(x_1,y_1)或(x_2,y_2)在 l_2 上时，满足如下条件：

$$\begin{vmatrix} 1 & x_3 & y_3 \\ 1 & x_4 & y_4 \\ 1 & x_1 & y_1 \end{vmatrix}=0 \quad \text{或} \quad \begin{vmatrix} 1 & x_3 & y_3 \\ 1 & x_4 & y_4 \\ 1 & x_2 & y_2 \end{vmatrix}=0.$$

综上所述，两条线段 l_1 与 l_2 交叉的充分必要条件是

$$\begin{vmatrix} 1 & x_1 & y_1 \\ 1 & x_2 & y_2 \\ 1 & x_3 & y_3 \end{vmatrix}\begin{vmatrix} 1 & x_1 & y_1 \\ 1 & x_2 & y_2 \\ 1 & x_4 & y_4 \end{vmatrix}\leqslant 0 \text{ 且 } \begin{vmatrix} 1 & x_3 & y_3 \\ 1 & x_4 & y_4 \\ 1 & x_1 & y_1 \end{vmatrix}\begin{vmatrix} 1 & x_3 & y_3 \\ 1 & x_4 & y_4 \\ 1 & x_2 & y_2 \end{vmatrix}\leqslant 0.$$

解法 2：两条线段 l_1 与 l_2 不相交的充分必要条件是(x_3,y_3)与(x_4,y_4)都在 l_1 的左侧分布或都在右侧分布，或者(x_1,y_1)与(x_2,y_2)都在 l_2 的左侧分布或都在右侧分布，如图 1.6 所示.

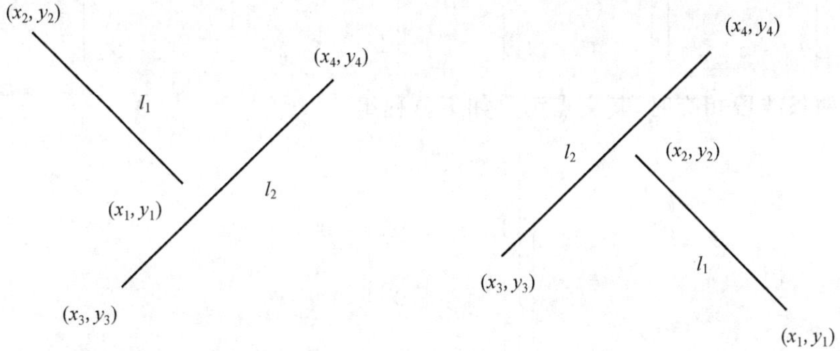

(a) (x_1, y_1)与(x_2, y_2)都在l_2的左侧　　　　(b) (x_1, y_1)与(x_2, y_2)都在l_2的右侧

图 1.6　两条线段不相交示意图

(1)当(x_1,y_1)与(x_2,y_2)都在l_2的左侧或右侧分布时,满足如下条件:

$$\begin{vmatrix}1 & x_3 & y_3\\1 & x_4 & y_4\\1 & x_1 & y_1\end{vmatrix}>0\text{ 且 }\begin{vmatrix}1 & x_3 & y_3\\1 & x_4 & y_4\\1 & x_2 & y_2\end{vmatrix}>0\text{ 或者 }\begin{vmatrix}1 & x_3 & y_3\\1 & x_4 & y_4\\1 & x_1 & y_1\end{vmatrix}<0\text{ 且 }\begin{vmatrix}1 & x_3 & y_3\\1 & x_4 & y_4\\1 & x_2 & y_2\end{vmatrix}<0,$$

即

$$\begin{vmatrix}1 & x_3 & y_3\\1 & x_4 & y_4\\1 & x_1 & y_1\end{vmatrix}\begin{vmatrix}1 & x_3 & y_3\\1 & x_4 & y_4\\1 & x_2 & y_2\end{vmatrix}>0.$$

同理,当(x_3,y_3)与(x_4,y_4)都在l_1的左侧或右侧分布时,满足如下条件:

$$\begin{vmatrix}1 & x_1 & y_1\\1 & x_2 & y_2\\1 & x_3 & y_3\end{vmatrix}\begin{vmatrix}1 & x_1 & y_1\\1 & x_2 & y_2\\1 & x_4 & y_4\end{vmatrix}>0.$$

于是有,两条线段l_1与l_2不相交的充分必要条件为

$$\begin{vmatrix}1 & x_3 & y_3\\1 & x_4 & y_4\\1 & x_1 & y_1\end{vmatrix}\begin{vmatrix}1 & x_3 & y_3\\1 & x_4 & y_4\\1 & x_2 & y_2\end{vmatrix}>0\text{ 或 }\begin{vmatrix}1 & x_1 & y_1\\1 & x_2 & y_2\\1 & x_3 & y_3\end{vmatrix}\begin{vmatrix}1 & x_1 & y_1\\1 & x_2 & y_2\\1 & x_4 & y_4\end{vmatrix}>0,$$

由此也得到两条线段l_1与l_2相交的充分必要条件为

$$\begin{vmatrix}1 & x_1 & y_1\\1 & x_2 & y_2\\1 & x_3 & y_3\end{vmatrix}\begin{vmatrix}1 & x_1 & y_1\\1 & x_2 & y_2\\1 & x_4 & y_4\end{vmatrix}\leqslant 0\text{ 且 }\begin{vmatrix}1 & x_3 & y_3\\1 & x_4 & y_4\\1 & x_1 & y_1\end{vmatrix}\begin{vmatrix}1 & x_3 & y_3\\1 & x_4 & y_4\\1 & x_2 & y_2\end{vmatrix}\leqslant 0.$$

(2)当两条线段相交时,其交点满足如下方程组:

$$\begin{cases}\begin{vmatrix}1 & x_1 & y_1\\1 & x_2 & y_2\\1 & x & y\end{vmatrix}=0\\[2ex]\begin{vmatrix}1 & x_3 & y_3\\1 & x_4 & y_4\\1 & x & y\end{vmatrix}=0\end{cases},$$

即

$$\begin{cases}\begin{vmatrix}x_1 & y_1\\ x_2 & y_2\end{vmatrix}-\begin{vmatrix}1 & y_1\\ 1 & y_2\end{vmatrix}x+\begin{vmatrix}1 & x_1\\ 1 & x_2\end{vmatrix}y=0\\ \begin{vmatrix}x_3 & y_3\\ x_4 & y_4\end{vmatrix}-\begin{vmatrix}1 & y_3\\ 1 & y_4\end{vmatrix}x+\begin{vmatrix}1 & x_3\\ 1 & x_4\end{vmatrix}y=0\end{cases},$$

将上述方程组改写成如下形式：

$$\begin{cases}\begin{vmatrix}1 & y_1\\ 1 & y_2\end{vmatrix}x-\begin{vmatrix}1 & x_1\\ 1 & x_2\end{vmatrix}y=\begin{vmatrix}x_1 & y_1\\ x_2 & y_2\end{vmatrix}\\ \begin{vmatrix}1 & y_3\\ 1 & y_4\end{vmatrix}x-\begin{vmatrix}1 & x_3\\ 1 & x_4\end{vmatrix}y=\begin{vmatrix}x_3 & y_3\\ x_4 & y_4\end{vmatrix}\end{cases}$$

或

$$\begin{cases}(y_2-y_1)x-(x_2-x_1)y=x_1y_2-x_2y_1\\ (y_4-y_3)x-(x_4-x_3)y=x_3y_4-x_4y_3\end{cases}.$$

令

$$D=\begin{vmatrix}y_2-y_1 & -(x_2-x_1)\\ y_4-y_3 & -(x_4-x_3)\end{vmatrix}=\begin{vmatrix}y_2-y_1 & x_1-x_2\\ y_4-y_3 & x_3-x_4\end{vmatrix},$$

$$D_x=\begin{vmatrix}x_1y_2-x_2y_1 & x_1-x_2\\ x_3y_4-x_4y_3 & x_3-x_4\end{vmatrix},\quad D_y=\begin{vmatrix}y_2-y_1 & x_1y_2-x_2y_1\\ y_4-y_3 & x_3y_4-x_4y_3\end{vmatrix},$$

由克莱姆法则可得交点坐标

$$x=\frac{D_x}{D},\qquad y=\frac{D_y}{D}.$$

例如调用习题程序 1.3 P＝segment_intersect(p1,p2,p3,p4)计算由 p1＝[－3,1],p2＝[2,－3]组成的线段与由 p3＝[1,－4],p4＝[－2,3]组成的线段的交点为 P＝[－0.1739,－1.2609],参见图 1.7.

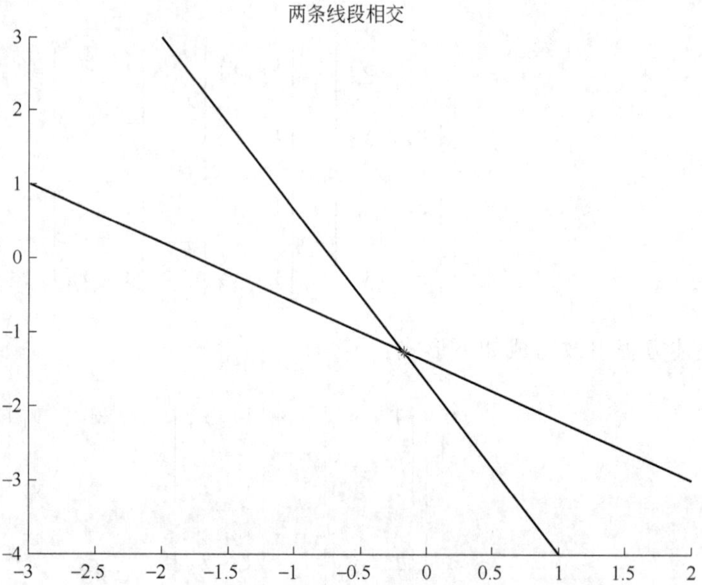

图 1.7　判断两条线段是否相交

习题 1.4

习题程序 1.3　给定平面上不共线的两条线段,判断它们是否相交.

```
%%%%%%%%%%%%%%%%%%%%%%%%%%%%%%%%%%%%%%%%%%%%
function P=segment_intersect(p1,p2,p3,p4)
%p1,p2 是第一条线段的端点坐标;
%p3,p4 是第二条线段的端点坐标;
x1=p1(1,1);y1=p1(1,2);x2=p2(1,1);y2=p2(1,2);
x3=p3(1,1);y3=p3(1,2);x4=p4(1,1);y4=p4(1,2);
if norm(cross([p2-p1 0],[p4-p3 0]))==0&&norm(cross([p4-p1 0],[p3-p2 0]))==0
%判定两条线段是否共线
    disp('四点不能共线')
    P=[];
    return;
end
line([x1 x2],[y1 y2],'linewidth',2);
line([x3 x4],[y3 y4],'linewidth',2);
hold on
D1=det([1 x1 y1;1 x2 y2;1 x3 y3]);
D2=det([1 x1 y1;1 x2 y2;1 x4 y4]);
```

```
D3=det([1 x3 y3;1 x4 y4;1 x1 y1]);
D4=det([1 x3 y3;1 x4 y4;1 x2 y2]);
if D1 * D2<=0 && D3 * D4<=0
D=det([y2-y1 x1-x2;y4-y3 x3-x4]);
Dx=det([x1 * y2-x2 * y1 x1-x2;x3 * y4-x4 * y3 x3-x4]);
    Dy=det([y2-y1 x1 * y2-x2 * y1;y4-y3 x3 * y4-x4 * y3]);
    x=Dx/D;
    y=Dy/D;
    plot(x,y,'r * ');
    P(1)=x;P(2)=y;
    title('两条线段相交')
else
    P=[];
    title('两条线段不相交')
end
hold off;
%%%%%%%%%%%%%%%%%%%%%%%%%%%%%%%%%%%%%%
```

习题 1.5　给定两个循环矩阵

$$\begin{bmatrix} 2 & -3 & 1 & -7 & 5 \\ 5 & 2 & -3 & 1 & -7 \\ -7 & 5 & 2 & -3 & 1 \\ 1 & -7 & 5 & 2 & -3 \\ -3 & 1 & -7 & 5 & 2 \end{bmatrix}, \begin{bmatrix} 3 & -9 & -1 & 6 & 5 \\ 5 & 3 & -9 & -1 & 6 \\ 6 & 5 & 3 & -9 & -1 \\ -1 & 6 & 5 & 3 & -9 \\ -9 & -1 & 6 & 5 & 3 \end{bmatrix},$$

用程序 1.2.1 计算两者的乘积及 Hadmard 积，并验证其结果的正确性.

解：调用习题程序 1.4(教材程序 1.2.1)计算两者的乘积及 Hadmard 积：

c=[2 5 -7 1 -3];d=[3 5 6 -1 9];

调用[error,herror,product,hproduct]=Circulantmatrixproduct(c,d);可得

product=[49 -57 28 -31 -33]; error 是一个 5 阶零矩阵，说明矩阵乘法结果是正确的.

hproduct=[6 25 -42 -1 -27]; herror 是一个 5 阶零矩阵，说明矩阵 Hadmard 积结果是正确的.

习题程序 1.4　计算循环矩阵的乘积与 Hadmard 积.

```
%%%%%%%%%%%%%%%%%%%%%%%%%%%%%%%%%%%%%%
```

习题 1.5

```
function [error,herror,product,hproduct]=Circulantmatrixproduct(c,d)
cn=length(c);
dn=length(d);
if cn~=dn
    disp('The input data length must be equal!')
    e=[];
    return;
end
m=conv(c,d);
en=(length(m)-1)/2;
product=[m(1:en)+m(en+2:end) m(en+1)];
hproduct=c.*d;
C=toeplitz([c(1) fliplr(c(2:end))],c);%C 是由 c 构成的循环矩阵
D=toeplitz([d(1) fliplr(d(2:end))],d);%D 是由 d 构成的循环矩阵
E=toeplitz([product(1) fliplr(product(2:end))],product);%E 是由 product 构成的循环矩阵
HE=toeplitz([hproduct(1) fliplr(hproduct(2:end))],hproduct);%HE 是由 hproduct 构成
%的循环矩阵
error=E-C*D;%验证乘积结果的正确性,如果 error 是零矩阵则结果是正确的,否则错误.
herror=HE-C.*D; %验证 Hadmard 积结果的正确性,如果 Herror 是零矩阵则结果是正确的,
%否则错误.
%%%%%%%%%%%%%%%%%%%%%%%%%%%%%%%%%%%%%%%%%%%%
```

习题 1.6 假定 $\boldsymbol{A}$ 是一个循环矩阵,证明对任何一个非负整数 k,$\boldsymbol{A}^k$ 是一个循环矩阵,对应的矩阵多项式 $f(\boldsymbol{A})=a_m\boldsymbol{A}^m+a_{m-1}\boldsymbol{A}^{m-1}+\cdots+a_1\boldsymbol{A}+a_0\boldsymbol{E}$ 也是一个循环矩阵.

证明:由于任意两个循环矩阵的乘积仍然是循环矩阵,所以$\boldsymbol{A}^k$ 是一个循环矩阵.又由于循环矩阵与一个常数相乘仍然是循环矩阵,且循环矩阵的和也是循环矩阵,因此 $f(\boldsymbol{A})$是循环矩阵.

习题 1.7 如果下(上)三角形矩阵的对角元素都为 1,则称其为单位下(上)三角形矩阵.证明单位下(上)三角形矩阵必然是可逆矩阵,且其逆矩阵也是单位下(上)三角形矩阵;两个单位下(上)三角形矩阵的乘积仍然是单位下(上)三角形.

证明:习题 1.7 的前一部分证明直接由教材例 1.2.7 的证明得到;第二部分的证明可以由教材例 1.2.5 证明两个单位下(上)三角形矩阵的乘积仍然是下(上)三角形矩阵,为此只需要证明其对角元素是 1 即可.此结果可以由下式得到证明:

$$c_{ii}=\sum_{k=1}^{n}a_{ik}b_{ki}=\sum_{k=1}^{i-1}a_{ik}b_{ki}+a_{ii}b_{ii}+\sum_{k=i+1}^{n}a_{ik}b_{ki}=a_{ii}b_{ii}=1\,.$$

例如：给定上三角矩阵 $\boldsymbol{a}$=[1 2 3;0 2 1;0 0 3]，调用习题程序 1.5 b=triangular_inv(a)可以得到 $\boldsymbol{a}$ 的逆矩阵为上三角矩阵

```
b=    1.0000   -1.0000   -0.6667
      0         0.5000   -0.1667
      0         0         0.3333
```

若给定单位上三角矩阵 $\boldsymbol{a}$=[1 2 3;0 1 1;0 0 1]，调用习题程序 1.5 b=triangular_inv(a)可以得到 $\boldsymbol{a}$ 的逆矩阵为单位上三角矩阵

```
b=  1  -2  -1
    0   1  -1
    0   0   1
```

习题程序 1.5　求上三角形矩阵的逆

```
%%%%%%%%%%%%%%%%%%%%%%%%%%%%%%%%%%%%%%%%%%%
function b=triangular_inv(a)
%A 必须是上三角矩阵
n=size(a);
D=diag(a);
d=prod(D);
if d==0
    disp('A 的对角元素不能为零')
    return;
end
b=zeros(n);
for k=n:-1:1
     b(k,k)=1/a(k,k);
     for i=(k-1):-1:1
        %b(i,k)=0;
        for j=(i+1):k
        b(i,k)=b(i,k)+a(i,j)*b(j,k);
        end
        b(i,k)=-b(i,k)/a(i,i);
     end
```

习题 1.7

end

%%

习题 1.8 证明两个列(行、双)随机矩阵的乘积仍然是列(行、双)随机矩阵.

证明:给定两个 n 阶列随机矩阵 $\boldsymbol{A}=[a_{ij}]$,$\boldsymbol{B}=[b_{ij}]$,其乘积矩阵记为 $\boldsymbol{C}=[c_{ij}]$,则有 $c_{ij}=\sum_{k=1}^{n}a_{ik}b_{kj}$,$\sum_{j=1}^{n}c_{ij}=\sum_{j=1}^{n}\sum_{k=1}^{n}a_{ik}b_{kj}=\sum_{k=1}^{n}\sum_{j=1}^{n}a_{ik}b_{kj}=\sum_{k=1}^{n}a_{ik}\sum_{j=1}^{n}b_{kj}=\sum_{k=1}^{n}a_{ik}=1$,即 $\boldsymbol{C}$ 的列和为 1,因此 $\boldsymbol{C}$ 是列随机矩阵.其他结论同理可证.

习题 1.9 给定一个 n 阶双随机矩阵 $\boldsymbol{P}=[p_{ij}]_{n\times n}$,证明 $\boldsymbol{M}=\boldsymbol{E}-\boldsymbol{P}$ 的所有代数余子式都相等,其中 $\boldsymbol{E}$ 是 n 阶单位矩阵.

证明:由双随机矩阵的性质可知 $\boldsymbol{P}$ 的行和与列和都为 1,故 $\boldsymbol{M}=\boldsymbol{E}-\boldsymbol{P}$ 行和与列和都为零,故 $\operatorname{rank}(\boldsymbol{M})\leqslant n-1$.为此可分两种情况证明以上结论.第一种情况 $\operatorname{rank}(\boldsymbol{M})\leqslant n-2$,此时 $\boldsymbol{M}$ 的所有代数余子式都为零(因为 $\boldsymbol{M}$ 所有元素对应的余子式都是 $n-1$ 阶子式),显然此时所有代数余子式都相等.第二种情况 $\operatorname{rank}(\boldsymbol{M})=n-1$,则 $\boldsymbol{M}$ 中至少存在一个代数余子式不为零.因为 $\boldsymbol{M}$ 的行和为零,所以 $\boldsymbol{M}\boldsymbol{1}_n=\boldsymbol{0}$,其中$\boldsymbol{1}_n$ 是 n 行 1 列的全 1 列向量,又由于 $\operatorname{rank}(\boldsymbol{M})=n-1$,所以齐次方程组 $\boldsymbol{M}\boldsymbol{x}=\boldsymbol{0}$ 的通解为 $\boldsymbol{x}=k\boldsymbol{1}_n$,其中 k 是一个任意实数.由 Laplace 展开定理可知 $\boldsymbol{M}\boldsymbol{M}^*=|\boldsymbol{M}|\boldsymbol{E}=\boldsymbol{0}_{n\times n}$,该式说明$\boldsymbol{M}^*$的每一列都是齐次方程组 $\boldsymbol{M}\boldsymbol{x}=\boldsymbol{0}$ 的解,则$\boldsymbol{M}^*$每一列的列元素都相等.又因为 $\boldsymbol{M}$ 的列和为零,所以$\boldsymbol{1}_n^{\mathrm{T}}\boldsymbol{M}=\boldsymbol{0}$,又由于 $\operatorname{rank}(\boldsymbol{M})=n-1$,所以齐次方程组 $\boldsymbol{y}\boldsymbol{M}=\boldsymbol{0}$ 的通解为 $\boldsymbol{y}=k\boldsymbol{1}_n^{\mathrm{T}}$,其中 k 是一个任意实数.由 Laplace 展开定理可知$\boldsymbol{M}^*\boldsymbol{M}=|\boldsymbol{M}|\boldsymbol{E}=\boldsymbol{0}_{n\times n}$,该式说明$\boldsymbol{M}^*$的每一行是齐次方程组 $\boldsymbol{y}\boldsymbol{M}=\boldsymbol{0}$ 的解,则$\boldsymbol{M}^*$每一行的行元素都相等.综上可得$\boldsymbol{M}^*$中所有元素都相等.

习题 1.10 证明对于 $\forall \boldsymbol{x},\boldsymbol{y}\in\mathbf{R}^n$,$k\in\mathbf{R}$,满足:(1)齐性$\|k\boldsymbol{x}\|=|k|\cdot\|\boldsymbol{x}\|$;(2)三角不等式$\|\boldsymbol{x}+\boldsymbol{y}\|\leqslant\|\boldsymbol{x}\|+\|\boldsymbol{y}\|$;(3)平行四边形公式$\|\boldsymbol{x}+\boldsymbol{y}\|^2+\|\boldsymbol{x}-\boldsymbol{y}\|^2=2\|\boldsymbol{x}\|^2+2\|\boldsymbol{y}\|^2$.

证明:(1)齐性:

$$\|k\boldsymbol{x}\|=\sqrt{(k\boldsymbol{x},k\boldsymbol{x})}=\sqrt{k^2(\boldsymbol{x},\boldsymbol{x})}=|k|\sqrt{(\boldsymbol{x},\boldsymbol{x})}=|k|\cdot\|\boldsymbol{x}\|.$$

(2)三角不等式:

$$\begin{aligned}\|\boldsymbol{x}+\boldsymbol{y}\|^2&=(\boldsymbol{x}+\boldsymbol{y},\boldsymbol{x}+\boldsymbol{y})=(\boldsymbol{x},\boldsymbol{x})+2(\boldsymbol{x},\boldsymbol{y})+(\boldsymbol{y},\boldsymbol{y})\leqslant\|\boldsymbol{x}\|^2+2\|\boldsymbol{x}\|\|\boldsymbol{y}\|+\|\boldsymbol{y}\|^2\\&=(\|\boldsymbol{x}\|+\|\boldsymbol{y}\|)^2,\end{aligned}$$

即

$$\|\boldsymbol{x}+\boldsymbol{y}\|\leqslant\|\boldsymbol{x}\|+\|\boldsymbol{y}\|.$$

(3)平行四边形公式:

$$\|\boldsymbol{x}+\boldsymbol{y}\|^2+\|\boldsymbol{x}-\boldsymbol{y}\|^2=(\boldsymbol{x}+\boldsymbol{y},\boldsymbol{x}+\boldsymbol{y})+(\boldsymbol{x}-\boldsymbol{y},\boldsymbol{x}-\boldsymbol{y})$$

$$=(\boldsymbol{x},\boldsymbol{x})+2(\boldsymbol{x},\boldsymbol{y})+(\boldsymbol{y},\boldsymbol{y})+(\boldsymbol{x},\boldsymbol{x})-2(\boldsymbol{x},\boldsymbol{y})+(\boldsymbol{y},\boldsymbol{y})$$
$$=2(\boldsymbol{x},\boldsymbol{x})+2(\boldsymbol{y},\boldsymbol{y})=2\|\boldsymbol{x}\|^2+2\|\boldsymbol{y}\|^2.$$

习题 1.11　试证如下结论：给定一个 $n\times n$ 的实矩阵 $\boldsymbol{U}$，若它在欧氏空间 $\mathbf{R}^n$ 中具有保长性，即 $\forall\, \boldsymbol{x}\in\mathbf{R}^n$，都有 $\|\boldsymbol{Ux}\|=\|\boldsymbol{x}\|$，则：

(1)对于 $\forall\, \boldsymbol{x},\boldsymbol{y}\in\mathbf{R}^n$，都有 $(\boldsymbol{Ux},\boldsymbol{Uy})=(\boldsymbol{x},\boldsymbol{y})$；

(2)对于 $\forall\, \boldsymbol{x},\boldsymbol{y}\in\mathbf{R}^n$，都有 $\theta(\boldsymbol{Ux},\boldsymbol{Uy})=\theta(\boldsymbol{x},\boldsymbol{y})$；

(3)$\boldsymbol{U}$ 必然是正交矩阵.

证明：(1)因为对于 $\forall\, \boldsymbol{x},\boldsymbol{y}\in\mathbf{R}^n$，$\|\boldsymbol{U}(\boldsymbol{x}+\boldsymbol{y})\|=\|\boldsymbol{x}+\boldsymbol{y}\|$，即有

$$(\boldsymbol{U}(\boldsymbol{x}+\boldsymbol{y}),\boldsymbol{U}(\boldsymbol{x}+\boldsymbol{y}))=(\boldsymbol{x}+\boldsymbol{y},\boldsymbol{x}+\boldsymbol{y}).$$

由此可得

$$(\boldsymbol{Ux},\boldsymbol{Ux})+2(\boldsymbol{Ux},\boldsymbol{Uy})+(\boldsymbol{Uy},\boldsymbol{Uy})=(\boldsymbol{x},\boldsymbol{x})+2(\boldsymbol{x},\boldsymbol{y})+(\boldsymbol{y},\boldsymbol{y}).$$

再由 $\|\boldsymbol{Ux}\|=\|\boldsymbol{x}\|$，$\|\boldsymbol{Uy}\|=\|\boldsymbol{y}\|$ 可得 $(\boldsymbol{Ux},\boldsymbol{Uy})=(\boldsymbol{x},\boldsymbol{y})$.

(2)$\theta(\boldsymbol{Ux},\boldsymbol{Uy})=\arccos\dfrac{(\boldsymbol{Ux},\boldsymbol{Uy})}{\|\boldsymbol{Ux}\|\|\boldsymbol{Uy}\|}=\arccos\dfrac{(\boldsymbol{x},\boldsymbol{y})}{\|\boldsymbol{x}\|\|\boldsymbol{y}\|}=\theta(\boldsymbol{x},\boldsymbol{y})$.

(3)由 $\|\boldsymbol{Ux}\|=\|\boldsymbol{x}\|$ 可得 $\boldsymbol{x}^{\mathrm{T}}\boldsymbol{U}^{\mathrm{T}}\boldsymbol{Ux}=\boldsymbol{x}^{\mathrm{T}}\boldsymbol{x}$，即 $\forall\, \boldsymbol{x}\in\mathbf{R}^n$，$\boldsymbol{x}^{\mathrm{T}}(\boldsymbol{U}^{\mathrm{T}}\boldsymbol{U}-\boldsymbol{E})\boldsymbol{x}=\boldsymbol{0}$，由此可得 $\boldsymbol{U}^{\mathrm{T}}\boldsymbol{U}-\boldsymbol{E}=\boldsymbol{O}$，从而说明 $\boldsymbol{U}$ 是正交矩阵.

习题 1.12　证明如果 $\boldsymbol{U}\in\mathbf{R}^{3\times3}$ 是一个正交矩阵，且 $\det(\boldsymbol{U})=1$，那么 $\boldsymbol{U}$ 有一个特征值必然为 1；如果 $\boldsymbol{U}\in\mathbf{R}^{3\times3}$ 是一个正交矩阵，且 $\det(\boldsymbol{U})=-1$，那么 $\boldsymbol{U}$ 有一个特征值必然为 -1.

证明：若 $\det(\boldsymbol{U})=1$，则

$$\det(\boldsymbol{U}-\boldsymbol{E})=\det((\boldsymbol{U}-\boldsymbol{E})^{\mathrm{T}})=\det(\boldsymbol{U}^{\mathrm{T}}-\boldsymbol{E})$$
$$=\det(\boldsymbol{U}^{-1}-\boldsymbol{U}^{-1}\boldsymbol{U})=\det(\boldsymbol{U}^{-1})\det(\boldsymbol{E}-\boldsymbol{U})=-\det(\boldsymbol{U}-\boldsymbol{E}),$$

于是有 $\det(\boldsymbol{U}-\boldsymbol{E})=0$，即 $\boldsymbol{U}$ 有一个特征值为 1.

若 $\det(\boldsymbol{U})=-1$，则

$$\det(\boldsymbol{U}+\boldsymbol{E})=\det((\boldsymbol{U}+\boldsymbol{E})^{\mathrm{T}})=\det(\boldsymbol{U}^{\mathrm{T}}+\boldsymbol{E})$$
$$=\det(\boldsymbol{U}^{-1}+\boldsymbol{U}^{-1}\boldsymbol{U})=\det(\boldsymbol{U}^{-1})\det(\boldsymbol{E}+\boldsymbol{U})=-\det(\boldsymbol{U}+\boldsymbol{E}),$$

于是有 $\det(\boldsymbol{U}+\boldsymbol{E})=0$，即 $\boldsymbol{U}$ 有一个特征值为 -1.

习题 1.13　给定一个 $\mathbf{R}^3$ 中单位向量 $\boldsymbol{k}=[k_x,k_y,k_z]^{\mathrm{T}}$ 作为一个旋转轴，任意给定一个向量 $\boldsymbol{v}\in\mathbf{R}^3$，将 $\boldsymbol{v}$ 按右手螺旋法则绕 $\boldsymbol{k}$ 旋转 θ 角所得的向量记为 $\boldsymbol{v}_\theta$，则 $\boldsymbol{v}_\theta$ 与 $\boldsymbol{v}$ 的关系可以表示成矩阵变换形式，即 $\boldsymbol{v}_\theta=\boldsymbol{R}(\theta)\boldsymbol{v}$，其中

$$\boldsymbol{R}(\theta)=\boldsymbol{E}+\boldsymbol{K}\sin\theta+\boldsymbol{K}^2(1-\cos\theta),\boldsymbol{K}=\begin{bmatrix}0 & -k_z & k_y\\ k_z & 0 & -k_x\\ -k_y & k_x & 0\end{bmatrix}.$$

证明:(1)$\boldsymbol{K}$ 是一个反对称矩阵,即$\boldsymbol{K}^{\mathrm{T}}=-\boldsymbol{K}$;(2)$-\boldsymbol{K}^3=\boldsymbol{K}$;(3)$(-1)^{m-1}\boldsymbol{K}^{2m-1}=\boldsymbol{K}$,$m\geqslant 1$;(4)$\boldsymbol{R}(\theta)$是一个正交矩阵;(5)$\boldsymbol{K}$ 的特征值分别为 $0,\pm\mathrm{i}$;(6)$\|\boldsymbol{K}\|_2=1$;(7)$\boldsymbol{R}(\theta)=\exp(\theta\boldsymbol{K})$;(8)$\boldsymbol{R}(\theta)\boldsymbol{R}(\phi)=\boldsymbol{R}(\phi)\boldsymbol{R}(\theta)=\boldsymbol{R}(\theta+\phi)$,$\boldsymbol{R}(0)=\boldsymbol{E}$;(9)$\det(\boldsymbol{R}(\theta))=1$.

证明:(1)证明 $\boldsymbol{K}$ 是一个反对称矩阵,

$$\boldsymbol{K}^{\mathrm{T}}=\begin{bmatrix}0 & k_z & -k_y\\ -k_z & 0 & k_x\\ k_y & -k_x & 0\end{bmatrix}=-\boldsymbol{K}.$$

(2)证明$-\boldsymbol{K}^3=\boldsymbol{K}$,

$$\boldsymbol{K}^2=\begin{bmatrix}0 & -k_z & k_y\\ k_z & 0 & -k_x\\ -k_y & k_x & 0\end{bmatrix}\begin{bmatrix}0 & -k_z & k_y\\ k_z & 0 & -k_x\\ -k_y & k_x & 0\end{bmatrix}$$

$$=\begin{bmatrix}-k_z^2-k_y^2 & k_xk_y & k_xk_z\\ k_xk_y & -k_z^2-k_x^2 & k_yk_z\\ k_xk_z & k_yk_z & -k_y^2-k_x^2\end{bmatrix}=\begin{bmatrix}k_x^2-1 & k_xk_y & k_xk_z\\ k_xk_y & k_y^2-1 & k_yk_z\\ k_xk_z & k_yk_z & k_z^2-1\end{bmatrix}=\boldsymbol{k}\boldsymbol{k}^{\mathrm{T}}-\boldsymbol{E},$$

于是有

$$\boldsymbol{K}^3=\boldsymbol{K}\cdot\boldsymbol{K}^2=\boldsymbol{K}(\boldsymbol{k}\boldsymbol{k}^{\mathrm{T}}-\boldsymbol{E})=\boldsymbol{K}\boldsymbol{k}\boldsymbol{k}^{\mathrm{T}}-\boldsymbol{K}$$

$$=\begin{bmatrix}0 & -k_z & k_y\\ k_z & 0 & -k_x\\ -k_y & k_x & 0\end{bmatrix}\begin{bmatrix}k_x\\ k_y\\ k_z\end{bmatrix}\begin{bmatrix}k_x & k_y & k_z\end{bmatrix}-\boldsymbol{K}$$

$$=\begin{bmatrix}0\\ 0\\ 0\end{bmatrix}\begin{bmatrix}k_x & k_y & k_z\end{bmatrix}-\boldsymbol{K}=-\boldsymbol{K}.$$

(3)使用数学归纳法,显然当 $m=1$ 时结论成立,假设 $m=i$ 时$(-1)^{i-1}\boldsymbol{K}^{2i-1}=\boldsymbol{K}$ 成立,则 $m=i+1$ 时,$(-1)^{i+1-1}\boldsymbol{K}^{2(i+1)-1}=-(-1)^{i-1}\boldsymbol{K}^{2i-1}\boldsymbol{K}^2=-\boldsymbol{K}\boldsymbol{K}^2=\boldsymbol{K}$,即$(-1)^{i+1-1}\boldsymbol{K}^{2(i+1)-1}=\boldsymbol{K}$ 也成立,因此对 $m\geqslant 1$,均有$(-1)^{m-1}\boldsymbol{K}^{2m-1}=\boldsymbol{K}$.

(4)为了证明 $\boldsymbol{R}(\theta)$是正交矩阵,需要证明 $\boldsymbol{R}(\theta)\boldsymbol{R}^{\mathrm{T}}(\theta)=\boldsymbol{E}$,为此计算

$$
\begin{aligned}
&\boldsymbol{R}(\theta)\boldsymbol{R}^{\mathrm{T}}(\theta)\\
&=[\boldsymbol{E}+\sin\theta\boldsymbol{K}+(1-\cos\theta)\boldsymbol{K}^2][\boldsymbol{E}+\sin\theta\boldsymbol{K}^{\mathrm{T}}+(1-\cos\theta)(\boldsymbol{K}^{\mathrm{T}})^2]\\
&=\boldsymbol{E}-\sin\theta\boldsymbol{K}+(1-\cos\theta)\boldsymbol{K}^2+\\
&\quad\sin\theta\boldsymbol{K}-\sin^2\theta\boldsymbol{K}^2+\sin\theta(1-\cos\theta)\boldsymbol{K}^3+\\
&\quad(1-\cos\theta)\boldsymbol{K}^2-(1-\cos\theta)\sin\theta\boldsymbol{K}^3+(1-\cos\theta)^2\boldsymbol{K}^4\\
&=\boldsymbol{E}+(1-2\cos\theta+\cos^2\theta)\boldsymbol{K}^2+(1-\cos\theta)^2\boldsymbol{K}^4\\
&=\boldsymbol{E}+(1-\cos\theta)^2\boldsymbol{K}^2-(1-\cos\theta)^2\boldsymbol{K}^2=\boldsymbol{E}.
\end{aligned}
$$

(5)求解 $\boldsymbol{K}$ 的特征方程，即

$$
\det(\lambda\boldsymbol{E}-\boldsymbol{K})=\begin{vmatrix}\lambda & k_z & -k_y\\ -k_z & \lambda & k_x\\ k_y & -k_x & \lambda\end{vmatrix}=\lambda^3+(k_x^2+k_y^2+k_z^2)\lambda=\lambda^3+\lambda=\lambda(\lambda^2+1)=0,
$$

所以 $\lambda=0,\pm\mathrm{i}$ 是 $\boldsymbol{K}$ 的特征值.

(6)对于任意一个单位向量 $\boldsymbol{x}$，

$$
\|\boldsymbol{Kx}\|_2=\sqrt{(\boldsymbol{Kx},\boldsymbol{Kx})}=\sqrt{\boldsymbol{x}^{\mathrm{T}}\boldsymbol{K}^{\mathrm{T}}\boldsymbol{Kx}}=\sqrt{-\boldsymbol{x}^{\mathrm{T}}\boldsymbol{K}^2\boldsymbol{x}}
$$

$$
=\sqrt{\boldsymbol{x}^{\mathrm{T}}(\boldsymbol{E}-\boldsymbol{kk}^{\mathrm{T}})\boldsymbol{x}}=\sqrt{1-\boldsymbol{x}^{\mathrm{T}}\boldsymbol{kk}^{\mathrm{T}}\boldsymbol{x}}=\sqrt{1-(\boldsymbol{x},\boldsymbol{k})^2}\leqslant 1
$$

所以 $\|\boldsymbol{K}\|_2=\max\limits_{\|\boldsymbol{x}\|_2=1}\|\boldsymbol{Kx}\|_2\leqslant 1$. 特别取 $\boldsymbol{x}$ 为与 $\boldsymbol{k}$ 垂直的单位向量，即 $\|\boldsymbol{x}\|_2=1$ 且 $(\boldsymbol{x},\boldsymbol{k})=0$ 时，则有 $\|\boldsymbol{K}\|_2\geqslant\|\boldsymbol{Kx}\|_2=1$，因此 $\|\boldsymbol{K}\|_2=1$.

(7)由 $\sin\theta$ 与 $\cos\theta$ 的泰勒级数展开

$$
\sin\theta=\sum_{m=0}^{\infty}(-1)^m\frac{1}{(2m+1)!}\theta^{2m+1},\cos\theta=\sum_{m=0}^{\infty}(-1)^m\frac{1}{(2m)!}\theta^{2m},
$$

可得

$$
\begin{aligned}
&\exp(\theta\boldsymbol{K})\\
&=\sum_{j=0}^{\infty}\frac{\theta^j}{j!}\boldsymbol{K}^j\\
&=\boldsymbol{E}+\sum_{m=1}^{\infty}\frac{1}{(2m-1)!}\theta^{2m-1}\boldsymbol{K}^{2m-1}+\sum_{m=1}^{\infty}\frac{1}{(2m)!}\theta^{2m}\boldsymbol{K}^{2m}\\
&=\boldsymbol{E}+\sum_{m=1}^{\infty}(-1)^{m-1}\frac{1}{(2m-1)!}\theta^{2m-1}(-1)^{m-1}\boldsymbol{K}^{2m-1}+\\
&\quad\sum_{m=1}^{\infty}(-1)^{m-1}\frac{1}{(2m)!}\theta^{2m}(-1)^{m-1}\boldsymbol{K}^{2m}
\end{aligned}
$$

$$=\boldsymbol{E}+\sum_{m=1}^{\infty}(-1)^{m-1}\frac{1}{(2m-1)!}\theta^{2m-1}\boldsymbol{K}+\sum_{m=1}^{\infty}(-1)^{m-1}\frac{1}{(2m)!}\theta^{2m}\boldsymbol{K}^2$$

$$=\boldsymbol{E}+\boldsymbol{K}\sum_{m=1}^{\infty}(-1)^{m-1}\frac{1}{(2m-1)!}\theta^{2m-1}+\boldsymbol{K}^2\sum_{m=1}^{\infty}(-1)^{m-1}\frac{1}{(2m)!}\theta^{2m}$$

$$=\boldsymbol{E}+\boldsymbol{K}\sin\theta+\boldsymbol{K}^2\left(1-\sum_{m=0}^{\infty}(-1)^{m}\frac{1}{(2m)!}\theta^{2m}\right)$$

$$=\boldsymbol{E}+\boldsymbol{K}\sin\theta+\boldsymbol{K}^2(1-\cos\theta)=\boldsymbol{R}(\theta),$$

即 $\exp(\theta\boldsymbol{K})=\boldsymbol{E}+\boldsymbol{K}\sin\theta+\boldsymbol{K}^2(1-\cos\theta)=\boldsymbol{R}(\theta)$.

(8)再证 $\boldsymbol{R}(\theta)\boldsymbol{R}(\phi)=\boldsymbol{R}(\phi)\boldsymbol{R}(\theta)=\boldsymbol{R}(\theta+\phi)$,$\boldsymbol{R}(0)=\boldsymbol{E}$.

由于 $\boldsymbol{R}(\theta)=\boldsymbol{E}+\boldsymbol{K}\sin\theta+\boldsymbol{K}^2(1-\cos\theta)$,$\boldsymbol{R}(\phi)=\boldsymbol{E}+\boldsymbol{K}\sin\phi+\boldsymbol{K}^2(1-\cos\phi)$,因此

$$\begin{aligned}
\boldsymbol{R}(\theta)\boldsymbol{R}(\phi)&=[\boldsymbol{E}+\boldsymbol{K}\sin\theta+\boldsymbol{K}^2(1-\cos\theta)][\boldsymbol{E}+\boldsymbol{K}\sin\phi+\boldsymbol{K}^2(1-\cos\phi)]\\
&=\boldsymbol{E}+\boldsymbol{K}\sin\phi+\boldsymbol{K}^2(1-\cos\phi)+\\
&\quad\boldsymbol{K}\sin\theta+\boldsymbol{K}^2\sin\theta\sin\phi+\boldsymbol{K}^3\sin\theta(1-\cos\phi)+\\
&\quad\boldsymbol{K}^2(1-\cos\theta)+\boldsymbol{K}^3(1-\cos\theta)\sin\phi+\boldsymbol{K}^4(1-\cos\theta)(1-\cos\phi)\\
&=\boldsymbol{E}+\boldsymbol{K}\sin\phi+\boldsymbol{K}^2(1-\cos\phi)+\\
&\quad\boldsymbol{K}\sin\theta+\boldsymbol{K}^2\sin\theta\sin\phi-\boldsymbol{K}\sin\theta(1-\cos\phi)+\\
&\quad\boldsymbol{K}^2(1-\cos\theta)-\boldsymbol{K}(1-\cos\theta)\sin\phi-\boldsymbol{K}^2(1-\cos\theta)(1-\cos\phi)\\
&=\boldsymbol{E}+\boldsymbol{K}\sin\phi+\boldsymbol{K}\sin\theta-\boldsymbol{K}\sin\theta(1-\cos\phi)-\boldsymbol{K}(1-\cos\theta)\sin\phi+\\
&\quad\boldsymbol{K}^2(1-\cos\phi)+\boldsymbol{K}^2\sin\theta\sin\phi+\boldsymbol{K}^2(1-\cos\theta)-\boldsymbol{K}^2(1-\cos\theta)(1-\cos\phi)\\
&=\boldsymbol{E}+\boldsymbol{K}(\sin\theta\cos\phi+\sin\phi\cos\theta)+\boldsymbol{K}^2(1+\sin\theta\sin\phi-\cos\theta\cos\phi)\\
&=\boldsymbol{E}+\boldsymbol{K}\sin(\theta+\phi)+\boldsymbol{K}^2[1-\cos(\theta+\phi)]\\
&=\boldsymbol{R}(\theta+\phi).
\end{aligned}$$

同理可证 $\boldsymbol{R}(\phi)\boldsymbol{R}(\theta)=\boldsymbol{R}(\theta+\phi)$. 特别地,$\boldsymbol{R}(0)=\boldsymbol{E}+\boldsymbol{K}\sin0+\boldsymbol{K}^2(1-\cos0)=\boldsymbol{E}$.

(9)由(5)证明可知,$\boldsymbol{K}$ 的三个特征值分别为 $\lambda=0,\pm\mathrm{i}$,再由 $\boldsymbol{R}(\theta)=\boldsymbol{E}+\boldsymbol{K}\sin\theta+\boldsymbol{K}^2(1-\cos\theta)$ 与 $\boldsymbol{E},\boldsymbol{K},\boldsymbol{K}^2$ 均可交换,可得 $\boldsymbol{R}(\theta)$ 的三个特征值分别为 $1,1\pm\mathrm{i}\sin\theta+(\pm\mathrm{i})^2(1-\cos\theta)$,将其进行化简可得 $1,\cos\theta\pm\mathrm{i}\sin\theta$,即 $1,\exp(\pm\mathrm{i}\theta)$,于是可证 $\det(\boldsymbol{R}(\theta))=1\exp(\mathrm{i}\theta)\exp(-\mathrm{i}\theta)=1$.

习题 1.14 (Rodrigues 旋转公式的反问题)任意给定一个向量 $\boldsymbol{v}\in\mathbf{R}^3$ 和一个$\boldsymbol{v}_\theta\in\mathbf{R}^3$,且$\|\boldsymbol{v}\|=\|\boldsymbol{v}_\theta\|$,若 $\boldsymbol{R}$ 是围绕着旋转轴 $\boldsymbol{k}$ 按右手螺旋旋转 θ 角将 $\boldsymbol{v}$ 变换成$\boldsymbol{v}_\theta$ 的矩阵变换,试求旋转角度 θ 及旋转轴 $\boldsymbol{k}$.

解:由 Rodrigues 公式可知,围绕着旋转轴 $\boldsymbol{k}$ 按右手螺旋旋转 θ 角将 $\boldsymbol{v}$ 变换成 $\boldsymbol{v}_\theta$ 的矩阵变换为

$$\boldsymbol{R}(\theta)=\boldsymbol{E}+\boldsymbol{K}\sin\theta+\boldsymbol{K}^2(1-\cos\theta),$$

其中

$$\boldsymbol{K}=\begin{bmatrix}0 & -k_z & k_y\\ k_z & 0 & -k_x\\ -k_y & k_x & 0\end{bmatrix}.$$

因为

$$\begin{aligned}\operatorname{trace}(\boldsymbol{R}(\theta))&=\operatorname{trace}(\boldsymbol{E})+\sin\theta\cdot\operatorname{trace}(\boldsymbol{K})+(1-\cos\theta)\operatorname{trace}(\boldsymbol{K}^2)\\&=3+0+(1-\cos\theta)\operatorname{trace}(\boldsymbol{k}\boldsymbol{k}^{\mathrm{T}}-\boldsymbol{E})\\&=3+(1-\cos\theta)(\operatorname{trace}(\boldsymbol{k}^{\mathrm{T}}\boldsymbol{k})-3)=3+(1-\cos\theta)(1-3)=1+2\cos\theta,\end{aligned}$$

于是有

$$\theta=\arccos\left(\frac{\operatorname{trace}(\boldsymbol{R}(\theta))-1}{2}\right).$$

由 $\boldsymbol{K}^{\mathrm{T}}=-\boldsymbol{K}$,$(\boldsymbol{K}^2)^{\mathrm{T}}=\boldsymbol{K}^2$ 可得

$$\begin{aligned}\boldsymbol{R}(\theta)-\boldsymbol{R}^{\mathrm{T}}(\theta)&=\boldsymbol{E}+\boldsymbol{K}\sin\theta+\boldsymbol{K}^2(1-\cos\theta)-\boldsymbol{E}-\boldsymbol{K}^{\mathrm{T}}\sin\theta-(\boldsymbol{K}^{\mathrm{T}})^2(1-\cos\theta)\\&=(\boldsymbol{K}-\boldsymbol{K}^{\mathrm{T}})\sin\theta+(\boldsymbol{K}^2-(\boldsymbol{K}^{\mathrm{T}})^2)(1-\cos\theta)=2\boldsymbol{K}\sin\theta,\end{aligned}$$

所以

$$\boldsymbol{K}=\frac{\boldsymbol{R}(\theta)-\boldsymbol{R}^{\mathrm{T}}(\theta)}{2\sin\theta}=\frac{1}{2\sin\theta}\begin{bmatrix}0 & R_{12}-R_{21} & R_{13}-R_{31}\\ R_{21}-R_{12} & 0 & R_{23}-R_{32}\\ R_{31}-R_{13} & R_{32}-R_{23} & 0\end{bmatrix}=\begin{bmatrix}0 & -k_z & k_y\\ k_z & 0 & -k_x\\ -k_y & k_x & 0\end{bmatrix},$$

进而可得

$$\boldsymbol{k}=\begin{bmatrix}k_x\\ k_y\\ k_z\end{bmatrix}=\frac{1}{2\sin\theta}\begin{bmatrix}R_{32}-R_{23}\\ R_{13}-R_{31}\\ R_{21}-R_{12}\end{bmatrix}.$$

习题 1.15　已知 $\boldsymbol{A}\in\mathbf{R}^{m\times n}$,$m\geqslant n$ 且为列满秩 $\operatorname{rank}(\boldsymbol{A})=n$,$\boldsymbol{b}\in\mathbf{R}^m$,方程组 $\boldsymbol{A}\boldsymbol{x}=\boldsymbol{b}$ 的最小二乘问题为:求解 $\boldsymbol{x}^*\in\mathbf{R}^n$ 使得 $\|\boldsymbol{b}-\boldsymbol{A}\boldsymbol{x}^*\|=\min\{\|\boldsymbol{b}-\boldsymbol{A}\boldsymbol{x}\|,\boldsymbol{x}\in\mathbf{R}^n\}$. 证明方程组 $\boldsymbol{A}\boldsymbol{x}=\boldsymbol{b}$ 的最小二乘问题与其法方程 $\boldsymbol{A}^{\mathrm{T}}\boldsymbol{A}\boldsymbol{x}=\boldsymbol{A}^{\mathrm{T}}\boldsymbol{b}$ 同解.

证明:由于

$$\begin{aligned}f(\boldsymbol{x})&=\|\boldsymbol{A}\boldsymbol{x}-\boldsymbol{b}\|_2^2=(\boldsymbol{A}\boldsymbol{x}-\boldsymbol{b},\boldsymbol{A}\boldsymbol{x}-\boldsymbol{b})\\&=(\boldsymbol{A}\boldsymbol{x},\boldsymbol{A}\boldsymbol{x})-2(\boldsymbol{A}\boldsymbol{x},\boldsymbol{b})+(\boldsymbol{b},\boldsymbol{b})\\&=\boldsymbol{x}^{\mathrm{T}}\boldsymbol{A}^{\mathrm{T}}\boldsymbol{A}\boldsymbol{x}-2\boldsymbol{x}^{\mathrm{T}}\boldsymbol{A}^{\mathrm{T}}\boldsymbol{b}+\boldsymbol{b}^{\mathrm{T}}\boldsymbol{b},\end{aligned}$$

因此

$$\frac{\partial f}{\partial \boldsymbol{x}}=\frac{\partial}{\partial \boldsymbol{x}}(\boldsymbol{x}^{\mathrm{T}}\boldsymbol{A}^{\mathrm{T}}\boldsymbol{A}\boldsymbol{x}-2\boldsymbol{x}^{\mathrm{T}}\boldsymbol{A}^{\mathrm{T}}\boldsymbol{b}+\boldsymbol{b}^{\mathrm{T}}\boldsymbol{b})=\frac{\partial}{\partial \boldsymbol{x}}(\boldsymbol{x}^{\mathrm{T}}\boldsymbol{A}^{\mathrm{T}}\boldsymbol{A}\boldsymbol{x})-2\frac{\partial}{\partial \boldsymbol{x}}(\boldsymbol{x}^{\mathrm{T}}\boldsymbol{A}^{\mathrm{T}}\boldsymbol{b})$$

$$=\boldsymbol{A}^{\mathrm{T}}\boldsymbol{A}\boldsymbol{x}+(\boldsymbol{A}^{\mathrm{T}}\boldsymbol{A})^{\mathrm{T}}\boldsymbol{x}-2\boldsymbol{A}^{\mathrm{T}}\boldsymbol{b}=2\boldsymbol{A}^{\mathrm{T}}\boldsymbol{A}\boldsymbol{x}-2\boldsymbol{A}^{\mathrm{T}}\boldsymbol{b},$$

于是有

$$\frac{\partial f}{\partial \boldsymbol{x}}=\boldsymbol{0}\Leftrightarrow 2\boldsymbol{A}^{\mathrm{T}}\boldsymbol{A}\boldsymbol{x}-2\boldsymbol{A}^{\mathrm{T}}\boldsymbol{b}=\boldsymbol{0}\Leftrightarrow \boldsymbol{A}^{\mathrm{T}}\boldsymbol{A}\boldsymbol{x}=\boldsymbol{A}^{\mathrm{T}}\boldsymbol{b}.$$

另外 f 的 Hessian 矩阵为

$$\boldsymbol{H}=\left[\frac{\partial^2 f}{\partial x_i \partial x_j}\right]=2\boldsymbol{A}^{\mathrm{T}}\boldsymbol{A},$$

显然 $\boldsymbol{H}$ 是对称半正定矩阵,由于 $\operatorname{rank}(\boldsymbol{A})=n$,可得 $\operatorname{rank}(\boldsymbol{A}^{\mathrm{T}}\boldsymbol{A})=n$,所以 $\boldsymbol{H}$ 是对称正定矩阵,从而可知 f 的驻点是 f 的最小值点,即法方程$\boldsymbol{A}^{\mathrm{T}}\boldsymbol{A}\boldsymbol{x}=\boldsymbol{A}^{\mathrm{T}}\boldsymbol{b}$ 的解是方程组 $\boldsymbol{A}\boldsymbol{x}=\boldsymbol{b}$ 的最小二乘问题的解.

习题 1.16 已知 $\boldsymbol{A}\in\mathbf{R}^{n\times n}$,若 $\boldsymbol{A}$ 是一个正矩阵或 $\boldsymbol{A}$ 是一个不可约非负矩阵,r 是 $\boldsymbol{A}$ 的 Perron-Frobenius 根,则有如下不等式成立:

$$\min_i \sum_{j=1}^n a_{ij}\leqslant r\leqslant \max_i \sum_{j=1}^n a_{ij}\ (r\text{ 介于}\boldsymbol{A}\text{ 的最小行和与最大行和之间}),$$

$$\min_j \sum_{i=1}^n a_{ij}\leqslant r\leqslant \max_j \sum_{i=1}^n a_{ij}\ (r\text{ 介于}\boldsymbol{A}\text{ 的最小列和与最大列和之间}).$$

证明: 由 Perron-Frobenius 定理可知,对于 r,必然存在 $\boldsymbol{A}$ 的正特征向量 $\boldsymbol{v}=[v_1,v_2,\cdots,v_n]^{\mathrm{T}}$,$v_i>0$,$i=1,2,\cdots,n$,使得 $\boldsymbol{A}\boldsymbol{v}=r\boldsymbol{v}$,在 $\boldsymbol{v}$ 的分量中分别取其最大值和最小值,不妨将其设为 v_m,v_p,其中 m 和 p 分别是 $\boldsymbol{v}$ 的最大分量指标和最小分量指标,则 $\boldsymbol{A}\boldsymbol{v}=r\boldsymbol{v}$ 中第 m 个方程为 $rv_m=\sum_{j=1}^n a_{mj}v_j$,第 p 个方程为 $rv_p=\sum_{j=1}^n a_{pj}v_j$,由此可以得到

$r=\sum_{j=1}^n a_{mj}\frac{v_j}{v_m}$,$r=\sum_{j=1}^n a_{pj}\frac{v_j}{v_p}$,由于$\frac{v_j}{v_m}\leqslant 1$,$\frac{v_j}{v_p}\geqslant 1$,所以有 $r\leqslant \sum_{j=1}^n a_{mj}$,$r\geqslant \sum_{j=1}^n a_{pj}$,即 $\sum_{j=1}^n a_{pj}\leqslant r\leqslant \sum_{j=1}^n a_{mj}$,于是有 $\min_i \sum_{j=1}^n a_{ij}\leqslant \sum_{j=1}^n a_{pj}\leqslant r\leqslant \sum_{j=1}^n a_{mj}\leqslant \max_i \sum_{j=1}^n a_{ij}$,从而得证.

由于$\boldsymbol{A}^{\mathrm{T}}$ 也是一个正矩阵或一个不可约非负矩阵,且 r 也是$\boldsymbol{A}^{\mathrm{T}}=[b_{ij}]$的 Perron-Frobenius 根,由以上证明可知 $\min_i \sum_{j=1}^n b_{ij}\leqslant r\leqslant \max_i \sum_{j=1}^n b_{ij}$,又由于 $b_{ij}=a_{ji}$,因此 $\min_i \sum_{j=1}^n a_{ji}\leqslant$

$r \leqslant \max_i \sum_{j=1}^{n} a_{ji}$，再将 i,j 符号互换，即可得到证明.

习题 1.17　已知 $\boldsymbol{A}$ 是一个 $n\times n$ 的 Z 矩阵，且 $\boldsymbol{A}$ 可以表示为 $\boldsymbol{A}=s\boldsymbol{E}-\boldsymbol{B}$，其中 $\boldsymbol{B}=[b_{ij}]$，$b_{ij}\geqslant 0$，$s\geqslant\rho(\boldsymbol{B})$，$\rho(\boldsymbol{B})$ 是 $\boldsymbol{B}$ 的谱半径，证明若 $\boldsymbol{A}$ 是一个非奇异的 M 矩阵则 $s>\rho(\boldsymbol{B})$.

证明：由于 $\boldsymbol{B}$ 是一个非负矩阵，因此由 Perron-Frobenius 定理可知 $\rho(\boldsymbol{B})$ 是 $\boldsymbol{B}$ 的一个特征值，即存在一个非零的 n 维列向量 $\boldsymbol{u}$ 满足 $\boldsymbol{Bu}=\rho(\boldsymbol{B})\boldsymbol{u}$，若 $s=\rho(\boldsymbol{B})$，则有 $\boldsymbol{Au}=(s\boldsymbol{E}-\boldsymbol{B})\boldsymbol{u}=s\boldsymbol{u}-\boldsymbol{Bu}=[s-\rho(\boldsymbol{B})]\boldsymbol{u}=\boldsymbol{0}$，与 $\boldsymbol{A}$ 非奇异矛盾，因此 $s>\rho(\boldsymbol{B})$.

习题 1.18　若 $\boldsymbol{A}$ 是一个 $n\times n$ 的 Z 矩阵，则下列每一个条件都与 $\boldsymbol{A}$ 是一个非奇异 M 矩阵等价：

(1)存在正对角矩阵 $\boldsymbol{D}$ 使得 $\boldsymbol{AD}+\boldsymbol{DA}^{\mathrm{T}}$ 正定；

(2)$\boldsymbol{A}$ 的对角元素都为正，且存在一个正对角矩阵 $\boldsymbol{D}$ 使得 $\boldsymbol{D}^{-1}\boldsymbol{AD}$ 是严格对角占优的.

证明：(1)充分性：假设 λ 是 $\boldsymbol{A}^{\mathrm{T}}$ 的一个特征值，$\boldsymbol{x}\neq\boldsymbol{0}$ 为 $\boldsymbol{A}^{\mathrm{T}}$ 的特征向量，即 $\boldsymbol{A}^{\mathrm{T}}\boldsymbol{x}=\lambda\boldsymbol{x}$，两边同乘正对角矩阵 $\boldsymbol{D}$，可得 $\boldsymbol{DA}^{\mathrm{T}}\boldsymbol{x}=\lambda\boldsymbol{Dx}$，两边再取共轭转置 $\boldsymbol{x}^*\boldsymbol{AD}=\bar{\lambda}\,\boldsymbol{x}^*\boldsymbol{D}$，于是有 $\boldsymbol{x}^*\boldsymbol{DA}^{\mathrm{T}}\boldsymbol{x}=\lambda\,\boldsymbol{x}^*\boldsymbol{Dx}$ 以及 $\boldsymbol{x}^*\boldsymbol{ADx}=\bar{\lambda}\,\boldsymbol{x}^*\boldsymbol{Dx}$，将两式相加则有

$$\boldsymbol{x}^*(\boldsymbol{DA}^{\mathrm{T}}+\boldsymbol{AD})\boldsymbol{x}=(\bar{\lambda}+\lambda)\boldsymbol{x}^*\boldsymbol{Dx}=2Re(\lambda)\boldsymbol{x}^*\boldsymbol{Dx}.$$

由于 $\boldsymbol{DA}^{\mathrm{T}}+\boldsymbol{AD}$，$\boldsymbol{D}$ 都是正定矩阵，所以 $\boldsymbol{x}^*(\boldsymbol{DA}^{\mathrm{T}}+\boldsymbol{AD})\boldsymbol{x}>0$，$\boldsymbol{x}^*\boldsymbol{Dx}>0$，因而有 $Re(\lambda)>0$，由此说明 $\boldsymbol{A}$ 是正稳定矩阵，再由定理 1.5.17 可知 $\boldsymbol{A}$ 是非奇异 M 矩阵.

必要性：由 $\boldsymbol{A}$ 是非奇异 M 矩阵 $\boldsymbol{A}=s\boldsymbol{E}-\boldsymbol{B}$，$s>\rho(\boldsymbol{B})$ 且 $\boldsymbol{B}$ 是非负矩阵，再由定理 1.5.19 可知，存在正对角矩阵 $\boldsymbol{D}$，使得 $\boldsymbol{C}=\boldsymbol{AD}$ 是 Z 矩阵且是行对角占优矩阵，即

$$c_{ii}>-\sum_{j\neq i}c_{ij},\quad i=1,2,\cdots,n\,.$$

同理 $\boldsymbol{C}=\boldsymbol{AD}$ 也是 Z 矩阵且是列对角占优矩阵，即

$$c_{ii}>-\sum_{j\neq i}c_{ji},\quad i=1,2,\cdots,n\,.$$

将以上两式相加，可得

$$2c_{ii}>-\sum_{j\neq i}(c_{ij}+c_{ji}),\quad i=1,2,\cdots,n\,,$$

说明 $\boldsymbol{B}^{\mathrm{T}}+\boldsymbol{B}=\boldsymbol{DA}^{\mathrm{T}}+\boldsymbol{AD}$ 为对角占优矩阵，于是 $\boldsymbol{DA}^{\mathrm{T}}+\boldsymbol{AD}$ 各阶主子式都为正，又由 $\boldsymbol{DA}^{\mathrm{T}}+\boldsymbol{AD}$ 是实对称矩阵，所以 $\boldsymbol{DA}^{\mathrm{T}}+\boldsymbol{AD}$ 正定.

(2)充分性：假设存在一个正对角矩阵 $\boldsymbol{D}$，使得 $\boldsymbol{D}^{-1}\boldsymbol{AD}$ 是严格对角占优矩阵，由 $\boldsymbol{A}$ 是 Z 矩阵 $\boldsymbol{A}=s\boldsymbol{E}-\boldsymbol{B}$，$s\geqslant\rho(\boldsymbol{B})$ 且 $\boldsymbol{B}$ 是非负矩阵，即 $\boldsymbol{D}^{-1}\boldsymbol{AD}=s\boldsymbol{E}-\boldsymbol{D}^{-1}\boldsymbol{BD}$ 是严格对角占优矩

阵,于是有 $\det(\boldsymbol{D}^{-1}\boldsymbol{AD})=\det(s\boldsymbol{E}-\boldsymbol{D}^{-1}\boldsymbol{BD})\neq 0$,从而说明 $s\neq\rho(\boldsymbol{D}^{-1}\boldsymbol{BD})$,即 $s\neq\rho(\boldsymbol{B})$,再由 $s\geqslant\rho(\boldsymbol{B})$ 可知 $s>\rho(\boldsymbol{B})$,可以证明 $\boldsymbol{A}$ 是非奇异 M 矩阵.

必要性:由 $\boldsymbol{A}$ 是非奇异 M 矩阵,借助定理 1.5.17 可知存在向量 $\boldsymbol{x}=[x_1,x_2,\cdots x_n]^{\mathrm{T}}>\boldsymbol{0}$,使得 $\boldsymbol{Ax}>\boldsymbol{0}$. 取 $\boldsymbol{D}=\mathrm{diag}(x_1,x_2,\cdots x_n)$,再令 $\boldsymbol{C}=\boldsymbol{D}^{-1}\boldsymbol{AD}$,则由 $\boldsymbol{A}$ 是 Z 矩阵,可知 $\boldsymbol{C}$ 也是 Z 矩阵($c_{ij}\leqslant 0,i\neq j$),同时 $\boldsymbol{C}\boldsymbol{1}_n=\boldsymbol{D}^{-1}\boldsymbol{AD}\,\boldsymbol{1}_n=\boldsymbol{D}^{-1}\boldsymbol{Ax}>\boldsymbol{0}$ 说明 $\boldsymbol{C}$ 的行和为正,即

$$0<\sum_j c_{ij}=c_{ii}+\sum_{j\neq i}c_{ij},\quad i=1,2,\cdots,n\,.$$

由此可得,

$$c_{ii}>-\sum_{j\neq i}c_{ij}=\sum_{j\neq i}|c_{ij}|,\quad i=1,2,\cdots,n\,.$$

即 $\boldsymbol{C}=\boldsymbol{D}^{-1}\boldsymbol{AD}$ 是严格对角占优矩阵.

习题 1.19 给定方程 $\boldsymbol{x}^{\mathrm{T}}\boldsymbol{Ax}+2\,\boldsymbol{b}^{\mathrm{T}}\boldsymbol{x}=1$,其中

$$\boldsymbol{A}=\begin{bmatrix}0&0&1\\0&1&0\\1&0&0\end{bmatrix},\boldsymbol{b}=\begin{bmatrix}\sqrt{2}\\0\\-\sqrt{2}\end{bmatrix},$$

将该方程正交标准化并编写 Matlab 程序绘制原图形和标准化后的图形.

解:取正交矩阵 $\boldsymbol{U}$,

$$\boldsymbol{U}=\begin{bmatrix}\frac{\sqrt{2}}{2}&\frac{\sqrt{2}}{2}&0\\0&0&-1\\-\frac{\sqrt{2}}{2}&\frac{\sqrt{2}}{2}&0\end{bmatrix},\text{则有}\boldsymbol{U}^{\mathrm{T}}\boldsymbol{AU}=\begin{bmatrix}-1&0&0\\0&1&0\\0&0&1\end{bmatrix},\boldsymbol{c}=\begin{bmatrix}2\\0\\0\end{bmatrix},$$

则原方程可以化为$\frac{1}{3}y_2^2+\frac{1}{3}y_3^2-\frac{1}{3}(y_1-2)^2=-1$,其对应的参数方程为

$$\begin{cases}y_1=\sqrt{3}\sinh v\cos\theta+2\\y_2=\sqrt{3}\sinh v\cos\theta & ,v\in[0,2],\theta\in[0,2\pi).\\y_3=\pm\sqrt{3}\cosh v\end{cases}$$

借助习题程序 1.6 绘制图形,可以看出该方程所对应的图形为一个双叶双曲面,参见图 1.8.

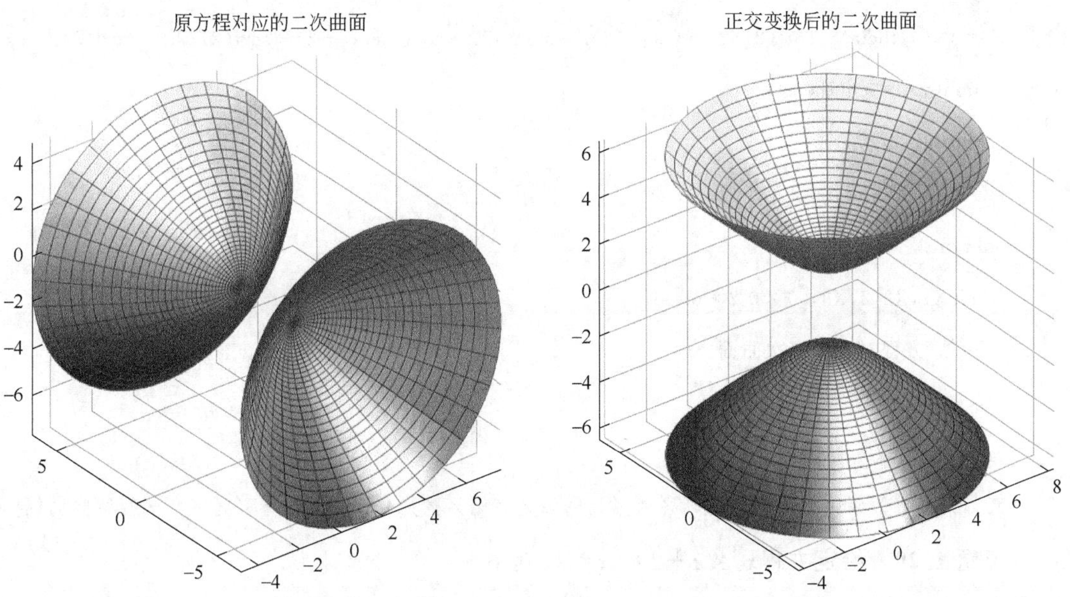

图 1.8　二次方程对应的二次曲面

习题程序 1.6　绘制本例原方程及变换后的方程所对应的二次曲面

```
%%%%%%%%%%%%%%%%%%%%%%%%%%%%%%%%%%%%%%%
function[]=exe1_19()
funx=@(v,theta) sqrt(3). * sinh(v). * cos(theta)+2;
funy=@(v,theta) sqrt(3). * sinh(v). * sin(theta);
funz=@(v,theta) sqrt(3). * cosh(v);
funz_2=@(v,theta) sqrt(3). * -cosh(v);
subplot(1,2,2);
fsurf(funx,funy,funz,[0 2 0 2 * pi]);
hold on;
fsurf(funx,funy,funz_2,[0 2 0 2 * pi]);
title('正交变换后的二次曲面');
axis equal;
camlight;
X1=@(v,theta)sqrt(2)/2. * ( sqrt(3). * sinh(v). * cos(theta) + 2) + sqrt(2)/2. *  sqrt(3). * sinh(v). * sin(theta);
X2=@(v,theta)-sqrt(3). * cosh(v);
```

习题 1.19

```
X2_2=@(v,theta)sqrt(3). * cosh(v);
X3=@(v,theta)-sqrt(2)/2. *( sqrt(3). * sinh(v). * cos(theta)+2)+sqrt(2)/2. * sqrt(3).
 * sinh(v). * sin(theta);
subplot(1,2,1);
fsurf(X1,X2,X3,[0 2 0 2 * pi]);
hold on;
fsurf(X1,X2_2,X3,[0 2 0 2 * pi]);
title('原方程对应的二次曲面');
axis equal;
camlight;
%%%%%%%%%%%%%%%%%%%%%%%%%%%%%%%%%%%%%%%%
```

习题 1.20 给定方程$x^{\mathrm{T}}Ax+2b^{\mathrm{T}}x=1$,其中

$$A=\begin{bmatrix}2&0&0\\0&-1&-1\\0&-1&-1\end{bmatrix},b=\frac{\sqrt{2}}{2}\begin{bmatrix}0\\-1\\1\end{bmatrix},$$

将该方程正交标准化并编写 Matlab 程序绘制原图形和标准化后的图形.

解:取正交矩阵U,

$$U=\begin{bmatrix}0&0&1\\-\frac{\sqrt{2}}{2}&\frac{\sqrt{2}}{2}&0\\\frac{\sqrt{2}}{2}&\frac{\sqrt{2}}{2}&0\end{bmatrix},\text{则有}U^{\mathrm{T}}AU=\begin{bmatrix}0&0&0\\0&-2&0\\0&0&2\end{bmatrix},c=\begin{bmatrix}1\\0\\0\end{bmatrix},$$

则原方程可以化为 $2(y_1-\frac{1}{2})=2y_2^2-2y_3^2$,其对应的参数方程为

$$\begin{cases}y_1=\frac{\sqrt{2}}{2}(u+v)+\frac{1}{2}\\y_2=\frac{\sqrt{2}}{2}(u-v)\\y_3=2uv\end{cases},u\in[-2,2],v\in[-2,2].$$

借助习题程序 1.7 绘制图形,可以看出该方程所对应的图形为一个双曲抛物面,即马鞍面,参见图 1.9.

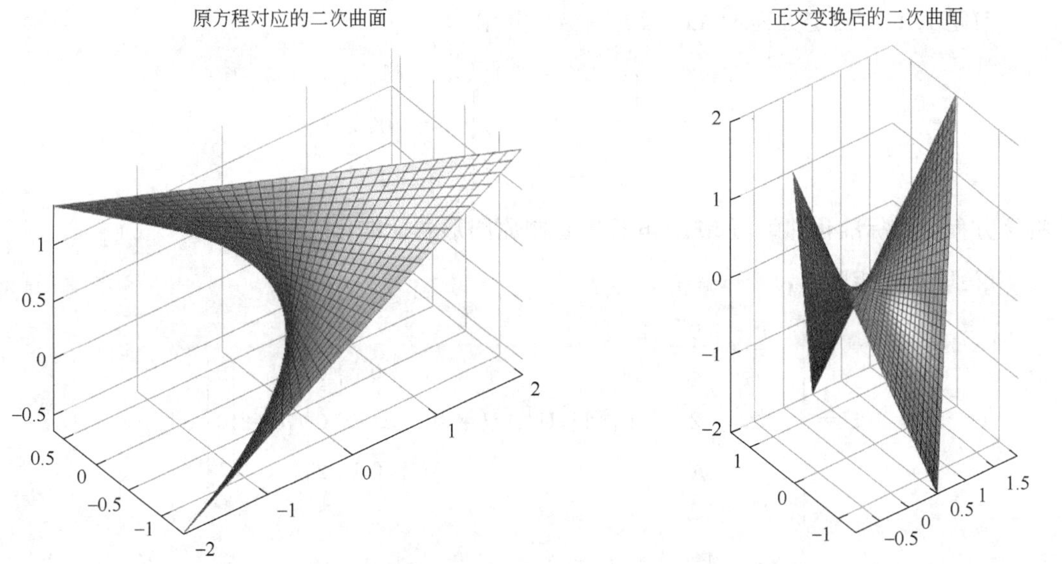

图 1.9 二次方程对应的二次曲面

习题程序 1.7 绘制本例原方程及变换后的方程所对应的二次曲面

习题 1.20

```
%%%%%%%%%%%%%%%%%%%%%%%%%%%%%%%%%%%%%%%%
function[]=exe1_20
funx=@(u,v) sqrt(2)/2.*(u+v)+1/2;
funy=@(u,v) sqrt(2)/2.*(u-v);
funz=@(u,v) 2.*u.*v;
subplot(1,2,2);
fsurf(funx,funy,funz,[-1 1 -1 1]);
title('正交变换后的二次曲面');
axis equal;
camlight;
X1=@(u,v) 2.*u.*v;
X2=@(u,v) -sqrt(2)/2.*( sqrt(2)/2.*(u+v)+1/2)+sqrt(2)/2.* sqrt(2)/2.*(u-v);
X3=@(u,v) sqrt(2)/2.*( sqrt(2)/2.*(u+v)+1/2)+sqrt(2)/2.* sqrt(2)/2.*(u-v);
subplot(1,2,1);
fsurf(X1,X2,X3,[-1 1 -1 1]);
title('原方程对应的二次曲面');
axis equal;
camlight;
%%%%%%%%%%%%%%%%%%%%%%%%%%%%%%%%%%%%%%%%
```

习题 1.21 给定方程$x^{T}Ax+2b^{T}x=1$,其中

$$A=\begin{bmatrix}2&0&0\\0&-1&-1\\0&-1&-1\end{bmatrix},b=\begin{bmatrix}1\\0\\0\end{bmatrix},$$

将该方程正交标准化并编写 Matlab 程序绘制原图形和标准化后的图形.

解:取正交矩阵U,

$$U=\begin{bmatrix}0&0&1\\-\frac{\sqrt{2}}{2}&\frac{\sqrt{2}}{2}&0\\\frac{\sqrt{2}}{2}&\frac{\sqrt{2}}{2}&0\end{bmatrix},\text{则有}U^{T}AU=\begin{bmatrix}0&0&0\\0&-2&0\\0&0&2\end{bmatrix},c=\begin{bmatrix}0\\0\\1\end{bmatrix},$$

则原方程可以化为$-\frac{4}{3}y_2^2+\frac{4}{3}\left(y_3+\frac{1}{2}\right)^2=1$,其对应的参数方程为

$$\begin{cases}y_1=v,\\y_2=\frac{\sqrt{3}}{2}\tan u\\y_3=\frac{\sqrt{3}}{2}\sec u-\frac{1}{2},\end{cases},u\in\left[-\frac{\pi}{4},\frac{\pi}{4}\right],v\in[-2,2].$$

借助习题程序 1.8 绘制图形,可以看出该方程所对应的图形为一个双曲柱面,参见图 1.10.

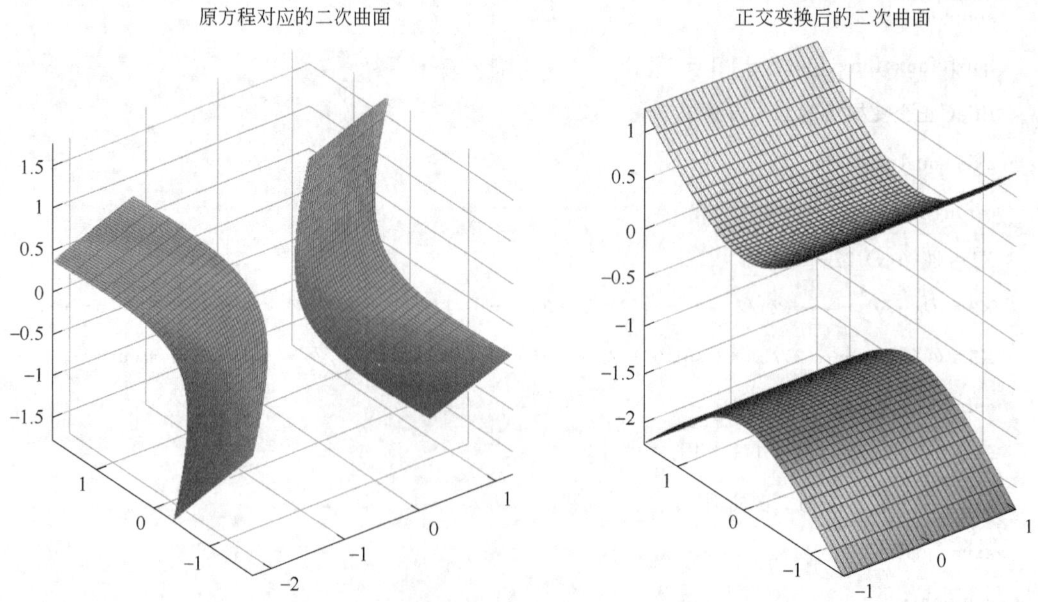

图 1.10 二次方程对应的二次曲面

习题程序 1.8　绘制本例原方程及变换后的方程所对应的二次曲面

习题 1.21

```
%%%%%%%%%%%%%%%%%%%%%%%%%%%%%%%%%%%%%%%%%%%%
function[]=exe1_21
funx=@(u,v) v;
funy=@(u,v) sqrt(3)/2.*tan(u);
funz=@(u,v) sqrt(3)/2.*sec(u)-1/2;
subplot(1,2,2);
fsurf(funx,funy,funz,[-pi/3 pi/3 -1 1]);
hold on;
fsurf(funx,funy,funz,[2*pi/3 4*pi/3 -1 1]);
title('正交变换后的二次曲面');
axis equal;
camlight;
X1=@(u,v) sqrt(3)/2.*sec(u)-1/2;
X2=@(u,v) -sqrt(2)/2.*v+sqrt(2)/2.*( sqrt(3)/2.*tan(u));
X3=@(u,v) sqrt(2)/2.*v+sqrt(2)/2.*( sqrt(3)/2.*tan(u));
subplot(1,2,1);
fsurf(X1,X2,X3,[-pi/3 pi/3 -1 1]);
hold on;
fsurf(X1,X2,X3,[2*pi/3 4*pi/3 -1 1]);
title('原方程对应的二次曲面');
axis equal;
camlight;
%%%%%%%%%%%%%%%%%%%%%%%%%%%%%%%%%%%%%%%%%%%%
```

习题 1.22　给定二次方程 $\boldsymbol{x}^{\mathrm{T}}\boldsymbol{A}\boldsymbol{x}+2\boldsymbol{b}^{\mathrm{T}}\boldsymbol{x}=1$，其中 $\boldsymbol{A}\in\mathbf{R}^{2\times 2}$，$\boldsymbol{A}^{\mathrm{T}}=\boldsymbol{A}$，$\boldsymbol{b}\in\mathbf{R}^{2}$，根据 $\boldsymbol{A}$ 的特征值试将该二次方程所对应的二次曲线进行分类.

解：由于 $\boldsymbol{A}$ 是一个二阶实对称矩阵，因此存在正交变换 $\boldsymbol{U}$，使得 $\boldsymbol{U}^{\mathrm{T}}\boldsymbol{A}\boldsymbol{U}=\begin{bmatrix}\lambda_1 & 0\\ 0 & \lambda_2\end{bmatrix}$，其中 λ_1,λ_2 是 $\boldsymbol{A}$ 的两个实特征值. 将正交变换 $\boldsymbol{x}=\boldsymbol{U}\boldsymbol{y}$ 代入二次方程 $\boldsymbol{x}^{\mathrm{T}}\boldsymbol{A}\boldsymbol{x}+2\boldsymbol{b}^{\mathrm{T}}\boldsymbol{x}=1$，则有 $\boldsymbol{y}^{\mathrm{T}}\begin{bmatrix}\lambda_1 & 0\\ 0 & \lambda_2\end{bmatrix}\boldsymbol{y}+2\boldsymbol{c}^{\mathrm{T}}\boldsymbol{y}=1$，其中 $\boldsymbol{c}=\boldsymbol{U}^{\mathrm{T}}\boldsymbol{b}$，即 $\lambda_1 y_1^2+\lambda_2 y_2^2+2c_1y_1+2c_2y_2=1$.

(1)假设 $\lambda_1>0,\lambda_2>0$，则有

$$\frac{\lambda_1}{1+\frac{c_1^2}{\lambda_1}+\frac{c_2^2}{\lambda_2}}\left(y_1+\frac{c_1}{\lambda_1}\right)^2+\frac{\lambda_2}{1+\frac{c_1^2}{\lambda_1}+\frac{c_2^2}{\lambda_2}}\left(y_2+\frac{c_2}{\lambda_2}\right)^2=1,$$

此时原二次方程为一个椭圆.

(2)假设 $\lambda_1<0,\lambda_2<0$,则有

$$\lambda_1\left(y_1+\frac{c_1}{\lambda_1}\right)^2+\lambda_2\left(y_2+\frac{c_2}{\lambda_2}\right)^2=1+\frac{c_1^2}{\lambda_1}+\frac{c_2^2}{\lambda_2},$$

如果 $1+\frac{c_1^2}{\lambda_1}+\frac{c_2^2}{\lambda_2}<0$,此时原二次方程为一个椭圆;如果 $1+\frac{c_1^2}{\lambda_1}+\frac{c_2^2}{\lambda_2}>0$,此时原二次方程为一个虚椭圆;如果 $1+\frac{c_1^2}{\lambda_1}+\frac{c_2^2}{\lambda_2}=0$,此时原二次方程为一个点 $\left(-\frac{c_1}{\lambda_1},-\frac{c_2}{\lambda_2}\right)$.

(3)假设 $\lambda_1>0,\lambda_2<0$ 或 $\lambda_1<0,\lambda_2>0$,则有

$$\lambda_1\left(y_1+\frac{c_1}{\lambda_1}\right)^2+\lambda_2\left(y_2+\frac{c_2}{\lambda_2}\right)^2=1+\frac{c_1^2}{\lambda_1}+\frac{c_2^2}{\lambda_2},$$

如果 $1+\frac{c_1^2}{\lambda_1}+\frac{c_2^2}{\lambda_2}\neq 0$,此时原二次方程为一条双曲线;如果 $1+\frac{c_1^2}{\lambda_1}+\frac{c_2^2}{\lambda_2}=0$,$y_1=\pm\sqrt{-\frac{\lambda_2}{\lambda_1}}\left(y_2+\frac{c_2}{\lambda_2}\right)-\frac{c_1}{\lambda_1}$,此时原二次方程为两条相交的直线.

(4)假设 $\lambda_1=0,\lambda_2\neq 0$,则有 $\lambda_2 y_2^2+2c_1y_1+2c_2y_2=1$,若 $c_1\neq 0$,则有 $y_1=\frac{1}{2c_1}(1-\lambda_2 y_2^2-2c_2y_2)$,此时原二次方程为一条抛物线;若 $c_1=0$,则有 $\lambda_2y_2^2+2c_2y_2=1$,此时为两条直线(若前方程有两个不同实根)、一条直线(若前方程有一个实根)或两条虚直线(若前方程有两个共轭复根).

(5)假设 $\lambda_1\neq 0,\lambda_2=0$,则有 $\lambda_1 y_1^2+2c_1y_1+2c_2y_2=1$,若 $c_2\neq 0$,则有 $y_2=\frac{1}{2c_2}(1-\lambda_1 y_1^2-2c_1y_1)$,此时原二次方程为一条抛物线;若 $c_2=0$,则有 $\lambda_1y_1^2+2c_1y_1=1$,此时为两条直线(若前方程有两个不同实根)、一条直线(若前方程有一个实根)或两条虚直线(若前方程有两个共轭复根).

(6)假设 $\lambda_1=0,\lambda_2=0$,则有 $2c_1y_1+2c_2y_2=1$,若 c_1,c_2 至少有一个不为零,则为一条直线;若 $c_1=0,c_2=0$,则方程无解.

习题 1.23 借助程序 1.7.2 观察仿射变换 $\boldsymbol{y}=\boldsymbol{A}\boldsymbol{x}+\boldsymbol{b}$,其中 $\boldsymbol{b}=\boldsymbol{0}$,而 $\boldsymbol{A}$ 分别取 $\begin{bmatrix}1&0\\0&0\end{bmatrix}$,

$\begin{bmatrix}0&0\\0&1\end{bmatrix}$，$\begin{bmatrix}0&1\\0&0\end{bmatrix}$，$\begin{bmatrix}0&0\\1&0\end{bmatrix}$，$\begin{bmatrix}1&1\\1&1\end{bmatrix}$，$\begin{bmatrix}1&1\\-1&-1\end{bmatrix}$，$\begin{bmatrix}-1&-1\\1&1\end{bmatrix}$，$\begin{bmatrix}-1&1\\-1&1\end{bmatrix}$，$\begin{bmatrix}1&-1\\1&-1\end{bmatrix}$时的仿射变换结果.

解:调用习题程序 1.9(教材程序 1.7.2)显示放射变换结果,参见图 1.11.

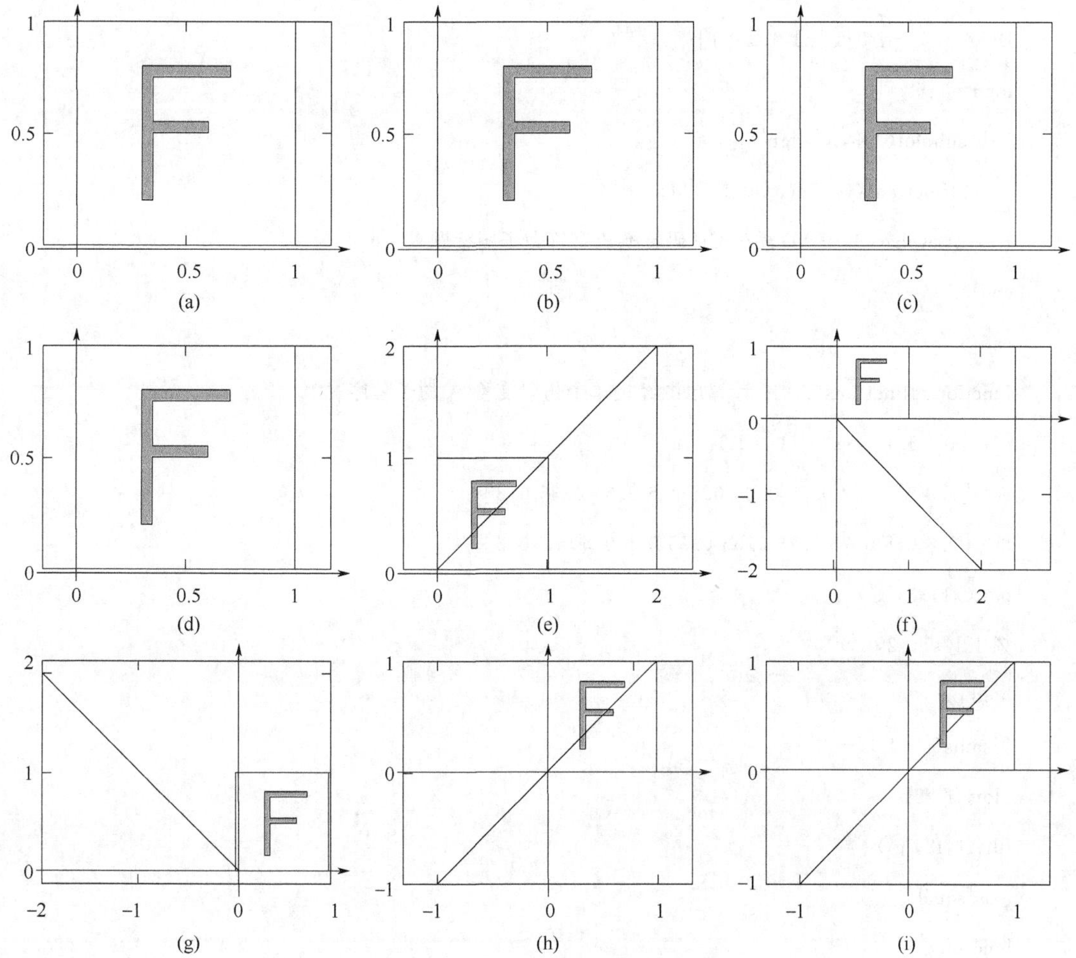

图 1.11　九种仿射变换后的结果

习题程序 1.9　平面仿射变换

```
%%%%%%%%%%%%%%%%%%%%%%%%%%%%%%%%%%%%%%%%%%%%%%%%%%%%
function affinetrans_example
D=cell(1,9);%每一个元胞是一个仿射变换矩阵
D{1}=[1 0 0;0 0 0;0 0 1];
D{2}=[0 1 0;0 0 0;0 0 1];
D{3}=[0 0 0;0 1 0;0 0 1];
```

习题 1.23

```
D{4}=[0 0 0;1 0 0;0 0 1];
D{5}=[1 1 0;1 1 0;0 0 1];
D{6}=[1 1 0;-1 -1 0;0 0 1];
D{7}=[-1 -1 0;1 1 0;0 0 1];
D{8}=[-1 1 0;-1 1 0;0 0 1];
D{9}=[1 -1 0;1 -1 0;0 0 1];
for i=1:9
    subplot(3,3,i,'align');
    affinetrans(cell2mat(D(1,i)));
    title(char(96+i));%ASCII码转换成字符做子图标题
end
end
function affinetrans(A)% 计算原图经过单个仿射变换 A 的子程序
x1=[0 1 1 0 0];x2=[0 0 1 1 0];
f1=[0.3 0.7 0.7 0.35 0.35 0.6 0.6 0.35 0.35 0.3];
f2=[0.8 0.8 0.75 0.75 0.55 0.55 0.5 0.5 0.2 0.2];
plot(x1,x2,'g')
% fill(x1,x2,'r')
hold on
% axis([-1 1 -1 1])
plot(f1,f2)
fill(f1,f2,'g')
axis equal
hold on
x=[x1;x2;ones(1,5)];
f=[f1;f2;ones(1,10)];
y=A*x;
g=A*f;
plot(y(1,:),y(2,:),'r');
% fill(y(1,:),y(2,:),'g')
hold on
plot(g(1,:),g(2,:));
```

```
fill(g(1,:),g(2,:),'r');
ax=gca;%自此到程序结尾为调整坐标轴位置及加箭头
ax.XAxisLocation='origin';
ax.YAxisLocation='origin';
ax.Box='off';
pos=get(gca,'Position');
x_Lim=get(gca,'Xlim');
y_Lim=get(gca,'Ylim');
if prod(y_Lim)>0
    position_x=[pos(1),pos(2)+pos(4)/2,pos(3),eps];
else
    position_x=[pos(1),pos(2)-y_Lim(1)/diff(y_Lim)*pos(4),pos(3),eps];
end
if prod(x_Lim)>0
    position_y=[pos(1)+pos(3)/2,pos(2),eps,pos(4)];
else
    position_y=[pos(1)-x_Lim(1)/diff(x_Lim)*pos(3),pos(2),eps,pos(4)];
end
annotation('arrow',[pos(1)-0.065*pos(3),pos(1)+pos(3)+0.065*pos(3)],...
[position_x(2)-0.001,position_x(2)-0.001],'HeadLength',6,'HeadWidth',6);
annotation('arrow',[position_y(1)+0.001,position_y(1)+0.001],...
[pos(2)-0.065*pos(4),pos(2)+pos(4)+0.065*pos(4)],...
'HeadLength',6,'HeadWidth',6);
hold off;
end
%%%%%%%%%%%%%%%%%%%%%%%%%%%%%%%%%%%%%%%%%%%%%%%%
```

习题 1.24　借助程序 1.7.2(习题程序 1.9)观察字母 F 经仿射变换 $\boldsymbol{y}=\boldsymbol{A}\boldsymbol{x}+\boldsymbol{b}$ 后的结果,其中 $\boldsymbol{A}=\begin{bmatrix}0.2 & 0.3\\ -0.4 & -0.1\end{bmatrix}$,$\boldsymbol{b}=\begin{bmatrix}0.6\\ -0.5\end{bmatrix}$.

习题 1.24

解:由变换图形结果可知,正方形经过仿射变换后变成一个平行四边形,字母 F 也进行了相应的仿射变换(图 1.12).

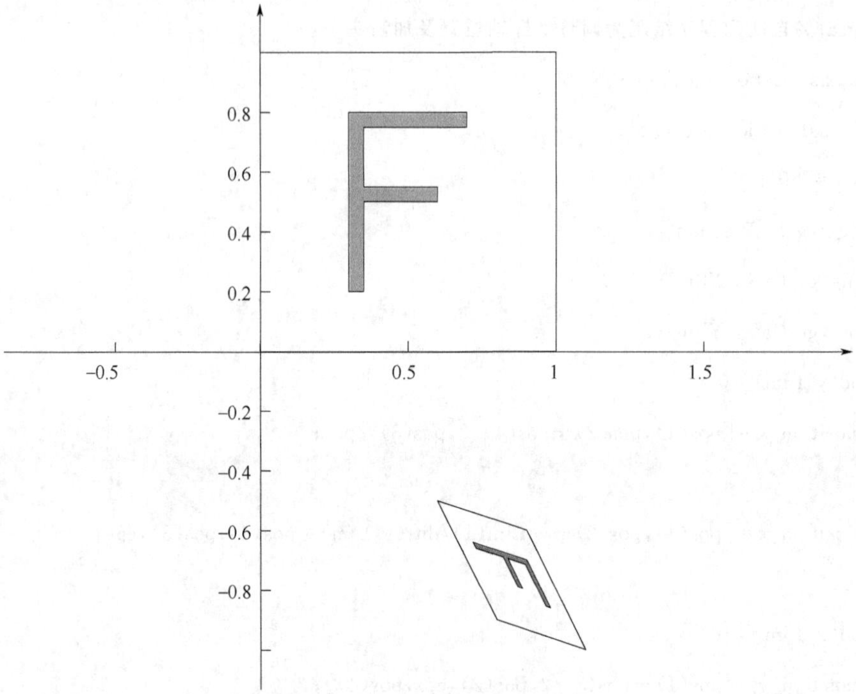

图 1.12　仿射变换后的结果

习题 1.25

习题 1.25　借助程序 1.7.3 观察 $v=\frac{1}{3}[1\quad 1\quad 1]^T$ 分别绕 x 轴、y 轴和 z 轴逆时针旋转一周的结果.

解: 调用程序 1.7.3(习题程序 1.10)可得图 1.13.

习题程序 1.10　空间向量绕旋转轴旋转的仿射变换

```
%%%%%%%%%%%%%%%%%%%%%%%%%%%%%%%%%%%%%%%%%%%%%%%%
function [V]=space_rotate(b,k,v)
if norm(k)==0
    disp('旋转轴不能为零向量')
    return;
end
k=k/norm(k);
K=[0 -k(3) k(2);k(3) 0 -k(1);-k(2) k(1) 0];
quiver3(b(1), b(2), b(3), k(1), k(2), k(3),'r','linewidth', 2,'MaxHeadSize', 0.5,'AutoScale','off');
axis equal;
```

```
hold on;
V=[];
for theta=0:2*pi/80:2*pi
    Rtheta=eye(3)+K*sin(theta)+K^2*(1-cos(theta));
    vtheta=Rtheta*v+(eye(3)-Rtheta)*b;
    V=[V vtheta];
    quiver3(b(1),b(2),b(3),vtheta(1)-b(1),vtheta(2)-b(2),vtheta(3)-b(3),...
'b','MaxHeadSize',0.3,'AutoScale','off');
    axis equal;
    pause(0.05)
    hold on;
end
plot3([V(1,:) V(1,1)],[V(2,:) V(2,1)],[V(3,:) V(3,1)],'r','linewidth',1);
hold off;
%%%%%%%%%%%%%%%%%%%%%%%%%%%%%%%%%%%%%%%%%%
```

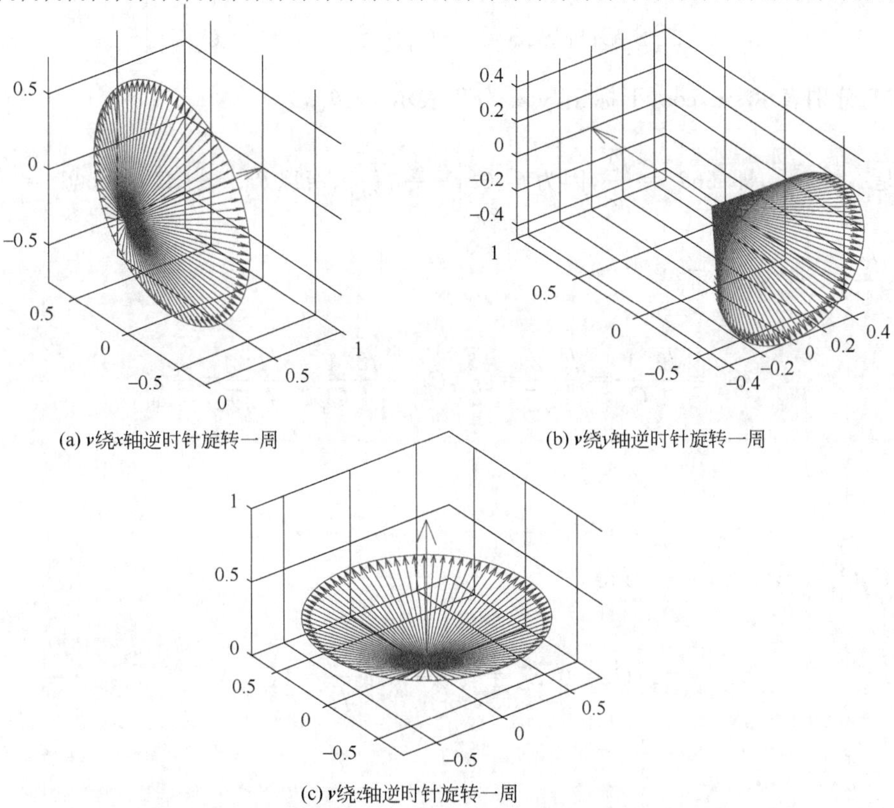

(a) v绕x轴逆时针旋转一周　　(b) v绕y轴逆时针旋转一周

(c) v绕z轴逆时针旋转一周

图 1.13　向量 $\boldsymbol{v}$ 分别绕 x 轴，y 轴和 z 轴逆时针旋转一周的图形

习题 1.26 给定一个三阶正交矩阵

$$\boldsymbol{R}=\frac{1}{4}\begin{bmatrix}0 & 2\sqrt{2} & 2\sqrt{2}\\ -2 & -\sqrt{6} & \sqrt{6}\\ 2\sqrt{3} & -\sqrt{2} & \sqrt{2}\end{bmatrix},$$

试将 $\boldsymbol{R}$ 分解成如下三个旋转矩阵乘积形式

$$\boldsymbol{R}=\begin{bmatrix}1 & 0 & 0\\ 0 & \cos\theta_x & \sin\theta_x\\ 0 & -\sin\theta_x & \cos\theta_x\end{bmatrix}\begin{bmatrix}\cos\theta_y & 0 & \sin\theta_y\\ 0 & 1 & 0\\ -\sin\theta_y & 0 & \cos\theta_y\end{bmatrix}\begin{bmatrix}\cos\theta_z & \sin\theta_z & 0\\ -\sin\theta_z & \cos\theta_z & 0\\ 0 & 0 & 1\end{bmatrix},$$

同时求出 Tait−Bryan 角,$\theta_x,\theta_y,\theta_z$,其中 $\theta_x\in[0,2\pi)$,$\theta_y\in\left[-\frac{\pi}{2},\frac{\pi}{2}\right]$,$\theta_z\in[0,2\pi)$.

解:由于

$$\boldsymbol{R}=\begin{bmatrix}C_yC_z & C_yS_z & S_y\\ -S_xS_yC_z-C_xS_z & -S_xS_yS_z+C_xC_z & S_xC_y\\ -C_xS_yC_z+S_xS_z & -C_xS_yS_z-S_xC_z & C_xC_y\end{bmatrix},$$

其中 S,C 分别表示 sin,cos,下标 x,y,z 分别表示 $\theta_x,\theta_y,\theta_z$.

于是 $S_y=\frac{\sqrt{2}}{2}$,即 $\sin\theta_y=\frac{\sqrt{2}}{2}$,因为 $\theta_y\in\left[-\frac{\pi}{2},\frac{\pi}{2}\right]$,所以 $\theta_y=\frac{\pi}{4}$,$C_y=\cos\theta_y=\frac{\sqrt{2}}{2}$,再由 $S_xC_y=\frac{\sqrt{6}}{4}$,$C_xC_y=\frac{\sqrt{2}}{4}$ 可得

$$S_x=\frac{\sqrt{6}}{4}\frac{1}{C_y}=\frac{\sqrt{6}}{4}\frac{2}{\sqrt{2}}=\frac{\sqrt{3}}{2},C_x=\frac{\sqrt{2}}{4}\frac{1}{C_y}=\frac{\sqrt{2}}{4}\frac{2}{\sqrt{2}}=\frac{1}{2},$$

所以 $\theta_x=\frac{\pi}{3}$.

由 $C_yC_z=0$,$C_yS_z=\frac{\sqrt{2}}{2}$ 可得

$$C_z=0,S_z=\frac{\sqrt{2}}{2}\frac{1}{C_y}=\frac{\sqrt{2}}{2}\frac{2}{\sqrt{2}}=1,$$

所以 $\theta_z=\frac{\pi}{2}$.

习题 1.27 证明在 $\boldsymbol{P}^2$ 中通过两个点 $\boldsymbol{x}$、$\boldsymbol{y}$ 的直线可以用 $\boldsymbol{l}=\boldsymbol{x}\times\boldsymbol{y}$ 表示,两条直线 $\boldsymbol{l}$ 与

$\boldsymbol{m}$ 的交点可以用 $\boldsymbol{x}=\boldsymbol{l}\times\boldsymbol{m}$ 表示.

证明:假设两个点 $\boldsymbol{x},\boldsymbol{y}$ 在射影平面 $\boldsymbol{P}^2$ 上的坐标分别为 $\boldsymbol{x}=(x_1,y_1,1)$,$\boldsymbol{y}=(x_2,y_2,1)$,则通过 $\boldsymbol{x},\boldsymbol{y}$ 的直线方程为 $\dfrac{x-x_1}{x_2-x_1}=\dfrac{y-y_1}{y_2-y_1}$,$z=1$ 即

$$\begin{cases}(y_2-y_1)x+(x_1-x_2)y-y_2x_1+x_2y_1=0\\ z=1.\end{cases},$$

由此确定在射影平面 $\boldsymbol{P}^2$ 上($z=1$)的直线为 $\boldsymbol{l}=[y_1-y_2\quad x_2-x_1\quad x_1y_2-x_2y_1]$,另外通过计算可得 $\boldsymbol{x}\times\boldsymbol{y}=[y_1-y_2\quad x_2-x_1\quad x_1y_2-x_2y_1]$,因此 $\boldsymbol{l}=\boldsymbol{x}\times\boldsymbol{y}$.

假设两条直线 $\boldsymbol{l},\boldsymbol{m}$ 在射影平面 $\boldsymbol{P}^2$ 上的坐标分别为 $\boldsymbol{l}=(l_1,p_1,q_1)$,$\boldsymbol{m}=(l_2,p_2,q_2)$,由于 $\boldsymbol{x}$ 是 $\boldsymbol{l}$ 与 $\boldsymbol{m}$ 的交点,所以满足如下两个方程组

$$\begin{cases}l_1x+p_1y+q_1=0\\ z=1\end{cases},\qquad \begin{cases}l_2x+p_2y+q_2=0\\ z=1\end{cases}.$$

由此解出

$$x=\frac{-q_1p_2+q_2p_1}{l_1p_2-l_2p_1},y=\frac{-q_2l_1+q_1l_2}{l_1p_2-l_2p_1},z=1.$$

即 $\boldsymbol{x}=\left[\dfrac{-q_1p_2+q_2p_1}{l_1p_2-l_2p_1}\quad\dfrac{-q_2l_1+q_1l_2}{l_1p_2-l_2p_1}\quad 1\right]$是射影平面 $\boldsymbol{P}^2$ 上的点,另外通过计算可得 $\boldsymbol{l}\times\boldsymbol{m}=[-q_1p_2+q_2p_1\quad -q_2l_1+q_1l_2\quad l_1p_2-l_2p_1]$,由于 $\boldsymbol{x}$ 与 $\boldsymbol{l}\times\boldsymbol{m}$ 等价,所以在 $\boldsymbol{P}^2$ 中 $\boldsymbol{x}=\boldsymbol{l}\times\boldsymbol{m}$.

习题 1.28　证明射影变换具有密切性:如果点 $\boldsymbol{u}$ 与超平面 $\boldsymbol{a}$ 是密切的,即 $\boldsymbol{a}^{\mathrm{T}}\boldsymbol{u}=0$,那么经过射影变换后仍然是密切的,即 $\boldsymbol{a}'^{\mathrm{T}}\boldsymbol{u}'=0$,由此证明 $\boldsymbol{a}'\simeq\boldsymbol{H}^{-\mathrm{T}}\boldsymbol{a}$.

证明:使用齐次坐标,如果点 $\boldsymbol{u}$ 与超平面 $\boldsymbol{a}$ 是密切的,即 $\boldsymbol{a}^{\mathrm{T}}\boldsymbol{u}=0$,则经过任意一个射影变换 $\boldsymbol{H}$,$k\boldsymbol{u}'=\boldsymbol{H}\boldsymbol{u}$,$k\neq0$,由此可得 $\boldsymbol{u}=k\boldsymbol{H}^{-1}\boldsymbol{u}'$,将其代入 $\boldsymbol{a}^{\mathrm{T}}\boldsymbol{u}=0$,可得 $k\boldsymbol{a}^{\mathrm{T}}\boldsymbol{H}^{-1}\boldsymbol{u}'=0$,令 $(\boldsymbol{a}')^{\mathrm{T}}=k\boldsymbol{a}^{\mathrm{T}}\boldsymbol{H}^{-1}$,则有 $\boldsymbol{a}'^{\mathrm{T}}\boldsymbol{u}'=0$,故 $\boldsymbol{a}'=k\boldsymbol{H}^{-\mathrm{T}}\boldsymbol{a}$,即 $\boldsymbol{a}'\simeq\boldsymbol{H}^{-\mathrm{T}}\boldsymbol{a}$.

习题 1.29　假设 $\boldsymbol{a}=[a_1,a_2,a_3]^{\mathrm{T}}$ 和 $\boldsymbol{b}=[b_1,b_2,b_3]^{\mathrm{T}}$ 是 $\mathbf{R}^3$ 中的向量,证明 $\boldsymbol{a}\times\boldsymbol{b}$ 可以表示成一个反对称矩阵与一个向量的乘积形式,即

$$\boldsymbol{a}\times\boldsymbol{b}=[\boldsymbol{a}]_{\times}\boldsymbol{b}=\begin{bmatrix}0&-a_3&a_2\\ a_3&0&-a_1\\ -a_2&a_1&0\end{bmatrix}\begin{bmatrix}b_1\\ b_2\\ b_3\end{bmatrix},$$

$$\boldsymbol{a}\times\boldsymbol{b}=[\boldsymbol{b}]_{\times}^{\mathrm{T}}\boldsymbol{a}=\begin{bmatrix}0 & b_3 & -b_2\\ -b_3 & 0 & b_1\\ b_2 & -b_1 & 0\end{bmatrix}\begin{bmatrix}a_1\\ a_2\\ a_3\end{bmatrix},$$

其中

$$[\boldsymbol{a}]_{\times}=\begin{bmatrix}0 & -a_3 & a_2\\ a_3 & 0 & -a_1\\ -a_2 & a_1 & 0\end{bmatrix},[\boldsymbol{b}]_{\times}^{\mathrm{T}}=\begin{bmatrix}0 & b_3 & -b_2\\ -b_3 & 0 & b_1\\ b_2 & -b_1 & 0\end{bmatrix}.$$

证明:

$$[\boldsymbol{a}]_{\times}\boldsymbol{b}=\begin{bmatrix}0 & -a_3 & a_2\\ a_3 & 0 & -a_1\\ -a_2 & a_1 & 0\end{bmatrix}\begin{bmatrix}b_1\\ b_2\\ b_3\end{bmatrix}=\begin{bmatrix}-a_3b_2+a_2b_3\\ a_3b_1-a_1b_3\\ -a_2b_1+a_1b_2\end{bmatrix},$$

$$\boldsymbol{a}\times\boldsymbol{b}=\begin{vmatrix}\boldsymbol{e}_1 & \boldsymbol{e}_2 & \boldsymbol{e}_3\\ a_1 & a_2 & a_3\\ b_1 & b_2 & b_3\end{vmatrix}=\begin{vmatrix}a_2 & a_3\\ b_2 & b_3\end{vmatrix}\boldsymbol{e}_1+\begin{vmatrix}a_3 & a_1\\ b_3 & b_1\end{vmatrix}\boldsymbol{e}_2+\begin{vmatrix}a_1 & a_2\\ b_1 & b_2\end{vmatrix}\boldsymbol{e}_3=\begin{bmatrix}-a_3b_2+a_2b_3\\ a_3b_1-a_1b_3\\ -a_2b_1+a_1b_2\end{bmatrix},$$

故 $\boldsymbol{a}\times\boldsymbol{b}=[\boldsymbol{a}]_{\times}\boldsymbol{b},\boldsymbol{a}\times\boldsymbol{b}=-\boldsymbol{b}\times\boldsymbol{a}=[-\boldsymbol{b}]_{\times}\boldsymbol{a}=[\boldsymbol{b}]_{\times}^{\mathrm{T}}\boldsymbol{a}$.

习题 1.30 假设 $\boldsymbol{a}=[a_1,a_2,a_3]^{\mathrm{T}}$ 和 $\boldsymbol{b}=[b_1,b_2,b_3]^{\mathrm{T}}$ 是 $\mathbf{R}^3$ 中的向量,$\boldsymbol{c}=\boldsymbol{a}\times\boldsymbol{b}$,证明:(1)$[\boldsymbol{a}]_{\times,i}=\boldsymbol{a}\times\boldsymbol{e}_i,i=1,2,3$,其中$[\boldsymbol{a}]_{\times,i}$ 表示$[\boldsymbol{a}]_{\times}$的第 i 列,$\boldsymbol{e}_i$ 为第 i 个分量为 1、其他分量为 0 的三维单位向量;(2) $[\boldsymbol{a}]_{\times}=\sum\limits_{i=1}^{3}(\boldsymbol{a}\times\boldsymbol{e}_i)\boldsymbol{e}_i^{\mathrm{T}}$;(3)$[\boldsymbol{c}]_{\times}=\boldsymbol{b}\boldsymbol{a}^{\mathrm{T}}-\boldsymbol{a}\boldsymbol{b}^{\mathrm{T}}$.

证明:

$$(1)\boldsymbol{a}\times\boldsymbol{e}_1=\begin{vmatrix}\boldsymbol{e}_1 & \boldsymbol{e}_2 & \boldsymbol{e}_3\\ a_1 & a_2 & a_3\\ 1 & 0 & 0\end{vmatrix}=\begin{vmatrix}\boldsymbol{e}_2 & \boldsymbol{e}_3\\ a_2 & a_3\end{vmatrix}=a_3\boldsymbol{e}_2-a_2\boldsymbol{e}_3=\begin{bmatrix}0\\ a_3\\ -a_2\end{bmatrix}=[\boldsymbol{a}]_{\times,1},$$

同理可证 $\boldsymbol{a}\times\boldsymbol{e}_2=[\boldsymbol{a}]_{\times,2},\boldsymbol{a}\times\boldsymbol{e}_3=[\boldsymbol{a}]_{\times,3}$,故$[\boldsymbol{a}]_{\times,i}=\boldsymbol{a}\times\boldsymbol{e}_i,i=1,2,3$.

$$(2)(\boldsymbol{a}\times\boldsymbol{e}_1)\boldsymbol{e}_1^{\mathrm{T}}=\begin{bmatrix}0\\ a_3\\ -a_2\end{bmatrix}[1\quad 0\quad 0]=\begin{bmatrix}0 & 0 & 0\\ a_3 & 0 & 0\\ -a_2 & 0 & 0\end{bmatrix},$$ 同理可证

$$(\boldsymbol{a}\times\boldsymbol{e}_2)\boldsymbol{e}_2^{\mathrm{T}}=\begin{bmatrix}0 & -a_3 & 0\\ 0 & 0 & 0\\ 0 & a_1 & 0\end{bmatrix},(\boldsymbol{a}\times\boldsymbol{e}_3)\boldsymbol{e}_3^{\mathrm{T}}=\begin{bmatrix}0 & 0 & a_2\\ 0 & 0 & -a_1\\ 0 & 0 & 0\end{bmatrix},$$ 故$[\boldsymbol{a}]_{\times}=\sum\limits_{i=1}^{3}(\boldsymbol{a}\times\boldsymbol{e}_i)\boldsymbol{e}_i^{\mathrm{T}}$.

$$(3)\boldsymbol{c}=\boldsymbol{a}\times\boldsymbol{b}=\begin{bmatrix}-a_3b_2+a_2b_3\\a_3b_1-a_1b_3\\-a_2b_1+a_1b_2\end{bmatrix},[\boldsymbol{c}]_\times=\begin{bmatrix}0&a_2b_1-a_1b_2&a_3b_1-a_1b_3\\-a_2b_1+a_1b_2&0&a_3b_2-a_2b_3\\-a_3b_1+a_1b_3&-a_3b_2+a_2b_3&0\end{bmatrix},$$

$$\begin{aligned}\boldsymbol{b}\boldsymbol{a}^{\mathrm{T}}-\boldsymbol{a}\boldsymbol{b}^{\mathrm{T}}&=\begin{bmatrix}b_1\\b_2\\b_3\end{bmatrix}\begin{bmatrix}a_1&a_2&a_3\end{bmatrix}-\begin{bmatrix}a_1\\a_2\\a_3\end{bmatrix}\begin{bmatrix}b_1&b_2&b_3\end{bmatrix}\\&=\begin{bmatrix}b_1a_1-a_1b_1&b_1a_2-a_1b_2&b_1a_3-a_1b_3\\b_2a_1-a_2b_1&b_2a_2-a_2b_2&b_2a_3-a_2b_3\\b_3a_1-a_3b_1&b_3a_2-a_3b_2&b_3a_3-a_3b_3\end{bmatrix}=[\boldsymbol{c}]_\times.\end{aligned}$$

习题 1.31　证明广义 Sherman-Morrison 公式：假定 $\boldsymbol{A}\in\mathbf{R}^{n\times n}$ 是一个可逆方阵，$\boldsymbol{U}\in\mathbf{R}^{n\times k}$，$\boldsymbol{V}\in\mathbf{R}^{k\times n}$，$\boldsymbol{B}=\boldsymbol{A}+\boldsymbol{U}\boldsymbol{V}$，若 $\boldsymbol{E}_k+\boldsymbol{V}\boldsymbol{A}^{-1}\boldsymbol{U}$ 可逆，则 $\boldsymbol{B}$ 可逆，且

$$\boldsymbol{B}^{-1}=\boldsymbol{A}^{-1}-\boldsymbol{A}^{-1}\boldsymbol{U}(\boldsymbol{E}_k+\boldsymbol{V}\boldsymbol{A}^{-1}\boldsymbol{U})^{-1}\boldsymbol{V}\boldsymbol{A}^{-1}.$$

特别当 $\boldsymbol{A}=\boldsymbol{E}_n$ 时，可得该公式的特殊形式：$\boldsymbol{U}\in\mathbf{R}^{n\times k}$，$\boldsymbol{V}\in\mathbf{R}^{k\times n}$，$\boldsymbol{B}=\boldsymbol{E}_n+\boldsymbol{U}\boldsymbol{V}$，若 $\boldsymbol{E}_k+\boldsymbol{V}\boldsymbol{U}$ 可逆，则 $\boldsymbol{B}$ 可逆，且

$$\boldsymbol{B}^{-1}=\boldsymbol{E}_n-\boldsymbol{U}(\boldsymbol{E}_k+\boldsymbol{V}\boldsymbol{U})^{-1}\boldsymbol{V}.$$

证明：由于

$$\begin{aligned}&[\boldsymbol{A}^{-1}-\boldsymbol{A}^{-1}\boldsymbol{U}(\boldsymbol{E}_k+\boldsymbol{V}\boldsymbol{A}^{-1}\boldsymbol{U})^{-1}\boldsymbol{V}\boldsymbol{A}^{-1}]\boldsymbol{B}\\&=[\boldsymbol{A}^{-1}-\boldsymbol{A}^{-1}\boldsymbol{U}(\boldsymbol{E}_k+\boldsymbol{V}\boldsymbol{A}^{-1}\boldsymbol{U})^{-1}\boldsymbol{V}\boldsymbol{A}^{-1}](\boldsymbol{A}+\boldsymbol{U}\boldsymbol{V})\\&=\boldsymbol{E}_n+\boldsymbol{A}^{-1}\boldsymbol{U}\boldsymbol{V}-\boldsymbol{A}^{-1}\boldsymbol{U}(\boldsymbol{E}_k+\boldsymbol{V}\boldsymbol{A}^{-1}\boldsymbol{U})^{-1}\boldsymbol{V}-\boldsymbol{A}^{-1}\boldsymbol{U}(\boldsymbol{E}_k+\boldsymbol{V}\boldsymbol{A}^{-1}\boldsymbol{U})^{-1}\boldsymbol{V}\boldsymbol{A}^{-1}\boldsymbol{U}\boldsymbol{V}\\&=\boldsymbol{E}_n+\boldsymbol{A}^{-1}\boldsymbol{U}\boldsymbol{V}-\boldsymbol{A}^{-1}\boldsymbol{U}(\boldsymbol{E}_k+\boldsymbol{V}\boldsymbol{A}^{-1}\boldsymbol{U})^{-1}(\boldsymbol{E}_k+\boldsymbol{V}\boldsymbol{A}^{-1}\boldsymbol{U})\boldsymbol{V}\\&=\boldsymbol{E}_n+\boldsymbol{A}^{-1}\boldsymbol{U}\boldsymbol{V}-\boldsymbol{A}^{-1}\boldsymbol{U}\boldsymbol{V}=\boldsymbol{E}_n,\end{aligned}$$

所以 $\boldsymbol{B}$ 可逆，且 $\boldsymbol{B}^{-1}=\boldsymbol{A}^{-1}-\boldsymbol{A}^{-1}\boldsymbol{U}(\boldsymbol{E}_k+\boldsymbol{V}\boldsymbol{A}^{-1}\boldsymbol{U})^{-1}\boldsymbol{V}\boldsymbol{A}^{-1}$.

特别取 $\boldsymbol{A}=\boldsymbol{E}_n$，则有 $\boldsymbol{B}^{-1}=\boldsymbol{E}_n-\boldsymbol{U}(\boldsymbol{E}_k+\boldsymbol{V}\boldsymbol{U})^{-1}\boldsymbol{V}$.

第 2 章　线性空间与线性变换

习题 2.1　设 $S^{n\times n}(\mathbf{R})$是所有 n 阶实对称矩阵所组成的集合，

(1)证明 $S^{n\times n}(\mathbf{R})$对矩阵的加法和数乘运算构成一个线性空间；

(2)求 $S^{n\times n}(\mathbf{R})$的维数.

(1)**证明**：首先证明 $S^{n\times n}(\mathbf{R})$对矩阵加法和数乘封闭. 任取

$\boldsymbol{A}=[a_{ij}]\in S^{n\times n}(\mathbf{R})$，$\boldsymbol{B}=[b_{ij}]\in S^{n\times n}(\mathbf{R})$，$k\in\mathbf{R}$，有

$$\boldsymbol{A}+\boldsymbol{B}=[a_{ij}]+[b_{ij}]=[a_{ji}]+[b_{ji}]=[a_{ji}+b_{ji}]=(\boldsymbol{A}+\boldsymbol{B})^{\mathrm{T}}\in S^{n\times n}(\mathbf{R}),$$

$$k\boldsymbol{A}=k[a_{ij}]=k[a_{ji}]=[ka_{ji}]=(k\boldsymbol{A})^{\mathrm{T}}\in S^{n\times n}(\mathbf{R}).$$

再证明 $S^{n\times n}(\mathbf{R})$满足下述 8 条性质：

对任意 $\boldsymbol{A}=[a_{ij}]$，$\boldsymbol{B}=[b_{ij}]$，$\boldsymbol{C}=[c_{ij}]\in S^{n\times n}(\mathbf{R})$，$k,l\in\mathbf{R}$ 都有

① $\boldsymbol{A}+\boldsymbol{B}=\boldsymbol{B}+\boldsymbol{A}$(矩阵加法的交换律)；

② $\boldsymbol{A}+(\boldsymbol{B}+\boldsymbol{C})=(\boldsymbol{A}+\boldsymbol{B})+\boldsymbol{C}$(矩阵加法的结合律)；

③ 存在零矩阵 $\boldsymbol{O}=[0_{ij}]\in S^{n\times n}(\mathbf{R})$，$\boldsymbol{A}+\boldsymbol{O}=\boldsymbol{A}$；

④ 存在 $\boldsymbol{D}=[-a_{ij}]=[-a_{ji}]\in S^{n\times n}(\mathbf{R})$，使得 $\boldsymbol{A}+\boldsymbol{D}=\boldsymbol{O}$；

⑤ 存在 $\mathbf{1}\in\mathbf{R}$，使得 $\mathbf{1}\cdot\boldsymbol{A}=\boldsymbol{A}$；

⑥ $(kl)\boldsymbol{A}=k(l\boldsymbol{A})$(矩阵数乘的结合律)；

⑦ $(k+l)\boldsymbol{A}=k\boldsymbol{A}+l\boldsymbol{A}$(矩阵数乘的左分配律)；

⑧ $k(\boldsymbol{A}+\boldsymbol{B})=k\boldsymbol{A}+k\boldsymbol{B}$(矩阵数乘的右分配律)；

所以 $S^{n\times n}(\mathbf{R})$对矩阵的加法和数乘运算构成一个线性空间.

(2)**解**：构造矩阵族 $\boldsymbol{M}=\{\boldsymbol{M}^{(p,q)},p=1,2,\cdots,n,q\geqslant p\}$，其中矩阵 $\boldsymbol{M}^{(p,q)}$ 的元素满足

$$\boldsymbol{M}_{ij}^{(p,q)}=m_{ij}^{(p,q)}=\begin{cases}1, & i=p,j=q \quad 或 \quad i=q,j=p,\\ 0, & 其他.\end{cases}$$

易证 $\boldsymbol{M}^{(p,q)}\in S^{n\times n}(\mathbf{R})$且该矩阵族中所有矩阵线性无关. 另外，易知 $\boldsymbol{M}$ 中共有$\dfrac{n(n+1)}{2}$个矩阵. 对于任意 $\boldsymbol{A}=[a_{ij}]\in S^{n\times n}(\mathbf{R})$，可得 $\boldsymbol{A}=\sum\limits_{q\geqslant p}\sum\limits_{q=1}^{n}a_{pq}\boldsymbol{M}^{(p,q)}$，即 $\boldsymbol{A}$ 是矩阵族 $\boldsymbol{M}$ 中矩阵的线性组合，故 $\boldsymbol{M}$ 是 $S^{n\times n}(\mathbf{R})$的一组基，$S^{n\times n}$ 的维数即为矩阵族 $\boldsymbol{M}$ 中的元素个

数$\frac{n(n+1)}{2}$.

习题 2.2　设 $L^2(\Omega)=\left\{f(x)\left|\int_\Omega f^2(x)\mathrm{d}\Omega<+\infty\right.\right\}$,其中 $\Omega\subseteq\mathbf{R}^2$ 是一个有界闭区域.

(1)证明 $\forall f(x),g(x)\in L^2(\Omega)$满足如下 Cauchy－Schwartz 不等式,即

$$\left[\int_\Omega f(x)g(x)\mathrm{d}\Omega\right]^2\leqslant\int_\Omega f^2(x)\mathrm{d}\Omega\int_\Omega g^2(x)\mathrm{d}\Omega\ ;$$

(2)证明 $L^2(\Omega)$是一个线性空间;

(3)证明 $L_0^2(\Omega)=\left\{f(x)\left|\int_\Omega f^2(x)\mathrm{d}\Omega<+\infty,f\right|_{\partial\Omega}=0\right\}$ 也是一个线性空间,其中$\partial\Omega$表示有界区域Ω 的边界.

证明:(1) $\forall f(x),g(x)\in L^2(\Omega)$都有$[\lambda f(x)+g(x)]^2\geqslant0$,所以

$$\int_\Omega[\lambda f(x)+g(x)]^2\mathrm{d}\Omega=\lambda^2\int_\Omega f^2(x)\mathrm{d}\Omega+2\lambda\int_\Omega f(x)g(x)\mathrm{d}\Omega+\int_\Omega g^2(x)\mathrm{d}\Omega\geqslant0\ .$$

由于上式是关于 λ 的二次非负函数,所以二次判别式不大于零,即

$$\Delta=4\left(\int_\Omega f(x)g(x)\mathrm{d}\Omega\right)^2-4\left(\int_\Omega f^2(x)\mathrm{d}\Omega\right)\left(\int_\Omega g^2(x)\mathrm{d}\Omega\right)\leqslant0\ ,$$

由此可得 Cauchy－Schwartz 不等式

$$\left(\int_\Omega f(x)g(x)\mathrm{d}\Omega\right)^2\leqslant\int_\Omega f^2(x)\mathrm{d}\Omega\int_\Omega g^2(x)\mathrm{d}\Omega\ .$$

(2)首先证明 $L^2(\Omega)$关于加法和数乘封闭,这是因为 $\forall f(x),g(x)\in L^2(\Omega),k\in\mathbf{R}$,都有

$$\int_\Omega[f(x)+g(x)]^2\mathrm{d}\Omega=\int_\Omega f^2(x)\mathrm{d}\Omega+\int_\Omega g^2(x)\mathrm{d}\Omega+2\int_\Omega f(x)g(x)\mathrm{d}\Omega\ .$$

因为 $f(x),g(x)\in L^2(\Omega)$,所以 $\int_\Omega f^2(x)\mathrm{d}\Omega<+\infty,\int_\Omega g^2(x)\mathrm{d}\Omega<+\infty$. 又由(1)的结论可知 $\int_\Omega f(x)g(x)\mathrm{d}\Omega\leqslant\sqrt{\int_\Omega f^2(x)\mathrm{d}\Omega\int_\Omega g^2(x)\mathrm{d}\Omega}<+\infty$,所以

$$\int_\Omega[f(x)+g(x)]^2\mathrm{d}\Omega<+\infty\ ,$$

故 $f(x)+g(x)\in L^2(\Omega)$. 且有

$$\int_\Omega[kf(x)]^2\mathrm{d}\Omega=k^2\int_\Omega f^2(x)\mathrm{d}\Omega<+\infty\ ,$$

故 $kf(x)\in L^2(\Omega)$.

易证 $L^2(\Omega)$满足线性空间的 8 条运算性质,综上可知 $L^2(\Omega)$是一个线性空间.

(3)首先证明 $L_0^2(\Omega)$对加法和数乘封闭. 这是因为 $\forall f(x),g(x)\in L_0^2(\Omega),k\in\mathbf{R}$,由

(2)的结论可知 $f(x)+g(x)\in L^2(\Omega)$, $kf(x)\in L^2(\Omega)$,且由 $f|_{\partial\Omega}=0$, $g|_{\partial\Omega}=0$ 可知 $(f+g)|_{\partial\Omega}=0$, $kf|_{\partial\Omega}=0$,故 $f(x)+g(x)\in L_0^2(\Omega)$, $kf(x)\in L_0^2(\Omega)$.

易证 $L_0^2(\Omega)$ 满足线性空间的 8 条运算性质,综上可知 $L_0^2(\Omega)$ 是一个线性空间.

习题 2.3 对于线性空间 $P_n[x]$,任给 $n+1$ 个两两不同的节点 $x_0,x_1,\cdots,x_n$,构造如下 $n+1$ 个 Lagrange 多项式

$$L_{n,k}(x)=\frac{\prod_{\substack{j=0\\ j\neq k}}^{n}(x-x_j)}{\prod_{\substack{j=0\\ j\neq k}}^{n}(x_k-x_j)},k=0,1,\cdots,n\ ,$$

证明 Lagrange 多项式满足如下性质:

(1) $L_{n,k}(x_i)=\delta_{ki}=\begin{cases}1, & i=k\\ 0, & i\neq k\end{cases}$;

(2) $f(x)=\sum\limits_{k=0}^{n}y_kL_{n,k}(x)$ 为过点 $(x_0,y_0),(x_1,y_1),\cdots,(x_n,y_n)$ 的次数不超过 n 的多项式;

(3)证明多项式 $L_{n,k}(x),k=0,1,\cdots,n$ 是 $P_n[x]$ 的一组基.

证明:(1) $i=k$ 时, $L_{n,k}(x_i)=\dfrac{\prod_{\substack{j=0\\ j\neq k}}^{n}(x_k-x_j)}{\prod_{\substack{j=0\\ j\neq k}}^{n}(x_k-x_j)}=1$; $i\neq k$ 时,乘积 $\prod_{\substack{j=0\\ j\neq k}}^{n}(x_i-x_j)$ 中存在一项 $x_i-x_i=0$,故 $\prod_{\substack{j=0\\ j\neq k}}^{n}(x_i-x_j)=0$, $L_{n,k}(x_i)=\dfrac{\prod_{\substack{j=0\\ j\neq k}}^{n}(x_i-x_j)}{\prod_{\substack{j=0\\ j\neq k}}^{n}(x_k-x_j)}=0$.

(2) $L_{n,k}(x)=\dfrac{\prod_{\substack{j=0\\ j\neq k}}^{n}(x-x_j)}{\prod_{\substack{j=0\\ j\neq k}}^{n}(x_k-x_j)}$ 是 n 次多项式, $f(x)=\sum\limits_{k=0}^{n}y_kL_{n,k}(x)$ 是 $L_{n,k}(x)$ 的线性组合,所以是次数不超过 n 的多项式. 又由(1)可知

$$f(x_i)=\sum_{k=0}^{n}y_kL_{n,k}(x_i)=y_kL_{n,i}(x_i)=y_k,i=0,1,\cdots,n\ .$$

所以 $f(x)=\sum\limits_{k=0}^{n}y_kL_{n,k}(x)$ 为过点 $(x_0,y_0),(x_1,y_1),\cdots,(x_n,y_n)$ 的次数不超过 n 的多项式.

(3)首先证明 $L_{n,k}(x),k=0,1,\cdots,n$ 线性无关. 因为若 $L_{n,k}(x),k=0,1,\cdots,n$ 线性相关,则存在不全为零的 $a_i\in\mathbf{R},i=0,1,2,\cdots,n$,使得 $\forall x\in\mathbf{R}$, $\sum\limits_{i=0}^{n}a_iL_{n,i}(x)\equiv 0$,由(1)可

知，$\sum_{i=0}^{n}a_iL_{n,i}(x_i)=a_iL_{n,i}(x_i)=a_i=0,i=0,1,\cdots,n$ 与 a_i 不全为零矛盾，故 $L_{n,k}(x)$，$k=0,1,\cdots,n$ 线性无关. 又由于 $\dim P_n[x]=n+1$，所以多项式 $L_{n,k}(x),k=0,1,\cdots,n$ 是 $P_n[x]$的一组基.

习题 2.4　给定 $P_2[t]$ 中两组多项式

$$\boldsymbol{\alpha}=\{1,t-1,(t-2)(t-1)\},$$

$$\boldsymbol{\beta}=\{t,t+1,t^2-1\}.$$

试证明：

(1) $\boldsymbol{\alpha}$ 与 $\boldsymbol{\beta}$ 是 $P_2[t]$ 中的两组基；

(2)求 $\boldsymbol{\alpha}$ 到 $\boldsymbol{\beta}$ 以及 $\boldsymbol{\beta}$ 到 $\boldsymbol{\alpha}$ 的过渡矩阵；

(3)求多项式 $1+t+t^2$ 分别在 $\boldsymbol{\alpha}$ 和 $\boldsymbol{\beta}$ 下所对应的坐标.

证明:(1)先求 $\boldsymbol{\alpha}$ 到 $\boldsymbol{\gamma}=\{1,t,t^2\}$ 的过渡矩阵，即

$$\boldsymbol{\alpha}=\{1,t-1,(t-2)(t-1)\}=\{1,t,t^2\}\begin{bmatrix}1&-1&2\\0&1&-3\\0&0&1\end{bmatrix}.$$

再求 $\boldsymbol{\beta}$ 到 $\boldsymbol{\gamma}=\{1,t,t^2\}$ 的过渡矩阵，即

$$\boldsymbol{\beta}=\{t,t+1,t^2-1\}=\{1,t,t^2\}\begin{bmatrix}0&1&-1\\1&1&0\\0&0&1\end{bmatrix}.$$

由于 $\begin{vmatrix}1&-1&2\\0&1&-3\\0&0&1\end{vmatrix}=1$，$\begin{vmatrix}0&1&-1\\1&1&0\\0&0&1\end{vmatrix}=-1$，故 $\boldsymbol{\gamma}$ 到 $\boldsymbol{\alpha}$ 以及 $\boldsymbol{\gamma}$ 到 $\boldsymbol{\beta}$ 的过渡矩阵都可逆，所以 $\boldsymbol{\alpha}$ 与 $\boldsymbol{\beta}$ 是 $P_2[t]$ 中的两组基.

(2)由 $\boldsymbol{\gamma}\begin{bmatrix}1&-1&2\\0&1&-3\\0&0&1\end{bmatrix}=\boldsymbol{\alpha}$，$\boldsymbol{\gamma}\begin{bmatrix}0&1&-1\\1&1&0\\0&0&1\end{bmatrix}=\boldsymbol{\beta}$ 可知

$$\boldsymbol{\alpha}\begin{bmatrix}1&-1&2\\0&1&-3\\0&0&1\end{bmatrix}^{-1}\begin{bmatrix}0&1&-1\\1&1&0\\0&0&1\end{bmatrix}=\boldsymbol{\beta},$$

即 $\boldsymbol{\alpha}\begin{bmatrix}1&2&0\\1&1&3\\0&0&1\end{bmatrix}=\boldsymbol{\beta}$，以及 $\boldsymbol{\beta}\begin{bmatrix}-1&2&-6\\1&-1&3\\0&0&1\end{bmatrix}=\boldsymbol{\alpha}$，由此可得 $\boldsymbol{\alpha}$ 到 $\boldsymbol{\beta}$ 的过渡矩阵为

$\begin{bmatrix}1&2&0\\1&1&3\\0&0&1\end{bmatrix}$，$\boldsymbol{\beta}$ 到 $\boldsymbol{\alpha}$ 的过渡矩阵为 $\begin{bmatrix}-1&2&-6\\1&-1&3\\0&0&1\end{bmatrix}$.

(3)由(1)中 $\boldsymbol{\gamma}\begin{bmatrix}1&-1&2\\0&1&-3\\0&0&1\end{bmatrix}=\boldsymbol{\alpha}$ 及 $\boldsymbol{\gamma}\begin{bmatrix}0&1&-1\\1&1&0\\0&0&1\end{bmatrix}=\boldsymbol{\beta}$ 可知

$$1+t+t^2=\{1,t,t^2\}\begin{bmatrix}1\\1\\1\end{bmatrix}=\boldsymbol{\alpha}\begin{bmatrix}1&-1&2\\0&1&-3\\0&0&1\end{bmatrix}^{-1}\begin{bmatrix}1\\1\\1\end{bmatrix}=\boldsymbol{\alpha}\begin{bmatrix}3\\4\\1\end{bmatrix},$$

$$1+t+t^2=\{1,t,t^2\}\begin{bmatrix}1\\1\\1\end{bmatrix}=\boldsymbol{\beta}\begin{bmatrix}0&1&-1\\1&1&0\\0&0&1\end{bmatrix}^{-1}\begin{bmatrix}1\\1\\1\end{bmatrix}=\boldsymbol{\beta}\begin{bmatrix}-1\\2\\1\end{bmatrix},$$

即多项式 $1+t+t^2$ 在基 $\boldsymbol{\alpha}$ 和基 $\boldsymbol{\beta}$ 下所对应的坐标分别为 $[3\quad 4\quad 1]^{\mathrm{T}}$ 和 $[-1\quad 2\quad 1]^{\mathrm{T}}$.

习题 2.5 已知矩阵空间 $\mathbf{R}^{2\times 2}$ 中的两组基

$$\boldsymbol{A}=\{\boldsymbol{A}_1,\boldsymbol{A}_2,\boldsymbol{A}_3,\boldsymbol{A}_4\},\boldsymbol{B}=\{\boldsymbol{B}_1,\boldsymbol{B}_2,\boldsymbol{B}_3,\boldsymbol{B}_4\},$$

其中

$$\boldsymbol{A}_1=\begin{bmatrix}1&1\\1&1\end{bmatrix},\boldsymbol{A}_2=\begin{bmatrix}1&1\\1&0\end{bmatrix},\boldsymbol{A}_3=\begin{bmatrix}1&1\\0&0\end{bmatrix},\boldsymbol{A}_4=\begin{bmatrix}1&0\\0&0\end{bmatrix},$$

$$\boldsymbol{B}_1=\begin{bmatrix}1&0\\0&1\end{bmatrix},\boldsymbol{B}_2=\begin{bmatrix}1&0\\0&-1\end{bmatrix},\boldsymbol{B}_3=\begin{bmatrix}0&1\\1&0\end{bmatrix},\boldsymbol{B}_4=\begin{bmatrix}0&1\\-1&0\end{bmatrix}.$$

(1)试求由 $\boldsymbol{A}$ 到 $\boldsymbol{B}$ 的过渡矩阵；

(2)试求矩阵 $\boldsymbol{H}=\begin{bmatrix}2&3\\4&2\end{bmatrix}$ 分别在基 $\boldsymbol{A}$ 与基 $\boldsymbol{B}$ 下所对应的坐标.

解:(1)令 $\boldsymbol{C}=\{\boldsymbol{C}_1,\boldsymbol{C}_2,\boldsymbol{C}_3,\boldsymbol{C}_4\}$，其中 $\boldsymbol{C}_1=\begin{bmatrix}1&0\\0&0\end{bmatrix},\boldsymbol{C}_2=\begin{bmatrix}0&1\\0&0\end{bmatrix},\boldsymbol{C}_3=\begin{bmatrix}0&0\\1&0\end{bmatrix},\boldsymbol{C}_4=\begin{bmatrix}0&0\\0&1\end{bmatrix}$ 是矩阵空间 $\mathbf{R}^{2\times 2}$ 的一组基，易知由 $\boldsymbol{C}$ 到 $\boldsymbol{A}$ 以及 $\boldsymbol{C}$ 到 $\boldsymbol{B}$ 过渡矩阵分别为

$$\mathbf{A}=\boldsymbol{C}\begin{bmatrix}1&1&1&1\\1&1&1&0\\1&1&0&0\\1&0&0&0\end{bmatrix},\quad \boldsymbol{B}=\boldsymbol{C}\begin{bmatrix}1&1&0&0\\0&0&1&1\\0&0&1&-1\\1&-1&0&0\end{bmatrix},$$

故 $\boldsymbol{A}\begin{bmatrix}1&1&1&1\\1&1&1&0\\1&1&0&0\\1&0&0&0\end{bmatrix}^{-1}\begin{bmatrix}1&1&0&0\\0&0&1&1\\0&0&1&-1\\1&-1&0&0\end{bmatrix}=\boldsymbol{B}$，即 $\boldsymbol{A}\begin{bmatrix}1&-1&0&0\\-1&1&1&-1\\0&0&0&2\\1&1&-1&-1\end{bmatrix}=\boldsymbol{B}$，$\boldsymbol{A}$ 到 $\boldsymbol{B}$ 的过渡矩阵为 $\begin{bmatrix}1&-1&0&0\\-1&1&1&-1\\0&0&0&2\\1&1&-1&-1\end{bmatrix}$.

(2)由 $\boldsymbol{A}=\boldsymbol{C}\begin{bmatrix}1&1&1&1\\1&1&1&0\\1&1&0&0\\1&0&0&0\end{bmatrix}$，$\boldsymbol{B}=\boldsymbol{C}\begin{bmatrix}1&1&0&0\\0&0&1&1\\0&0&1&-1\\1&-1&0&0\end{bmatrix}$ 可知

$$\boldsymbol{H}=\boldsymbol{C}\begin{bmatrix}2\\3\\4\\2\end{bmatrix}=\boldsymbol{A}\begin{bmatrix}1&1&1&1\\1&1&1&0\\1&1&0&0\\1&0&0&0\end{bmatrix}^{-1}\begin{bmatrix}2\\3\\4\\2\end{bmatrix}=\boldsymbol{A}\begin{bmatrix}2\\2\\-1\\-1\end{bmatrix},$$

$$\boldsymbol{H}=\boldsymbol{C}\begin{bmatrix}2\\3\\4\\2\end{bmatrix}=\boldsymbol{B}\begin{bmatrix}1&1&0&0\\0&0&1&1\\0&0&1&-1\\1&-1&0&0\end{bmatrix}^{-1}\begin{bmatrix}2\\3\\4\\2\end{bmatrix}=\boldsymbol{B}\begin{bmatrix}2\\0\\3.5\\-0.5\end{bmatrix},$$

即矩阵 $\boldsymbol{H}=\begin{bmatrix}2&3\\4&2\end{bmatrix}$ 在基 $\boldsymbol{A}$ 与基 $\boldsymbol{B}$ 下所对应的坐标分别为 $[2\quad 2\quad -1\quad -1]^{\mathrm{T}}$ 和 $[2\quad 0\quad 3.5\quad -0.5]^{\mathrm{T}}$.

习题 2.6　设线性空间 $V^4(\mathbf{R})$ 中有两组基

$$\boldsymbol{B}_x=\{\boldsymbol{x}_1,\boldsymbol{x}_2,\boldsymbol{x}_3,\boldsymbol{x}_4\},$$
$$\boldsymbol{B}_y=\{\boldsymbol{y}_1,\boldsymbol{y}_2,\boldsymbol{y}_3,\boldsymbol{y}_4\},$$

满足如下方程组

$$\begin{cases}\boldsymbol{x}_1+2\boldsymbol{x}_2=\boldsymbol{y}_3,\\ \boldsymbol{x}_2+2\boldsymbol{x}_3=\boldsymbol{y}_4,\\ \boldsymbol{y}_1+2\boldsymbol{y}_2=\boldsymbol{x}_3,\\ \boldsymbol{y}_2+2\boldsymbol{y}_3=\boldsymbol{x}_4.\end{cases}$$

(1)求由基 $\boldsymbol{B}_x$ 到 $\boldsymbol{B}_y$ 的过渡矩阵 $\boldsymbol{C}$；

(2)求向量 $\boldsymbol{x}=2\boldsymbol{y}_1-\boldsymbol{y}_2+\boldsymbol{y}_3+\boldsymbol{y}_4$ 在 $\boldsymbol{B}_x$ 下的坐标.

解:(1)$\begin{cases}\boldsymbol{x}_1+2\boldsymbol{x}_2=\boldsymbol{y}_3\\ \boldsymbol{x}_2+2\boldsymbol{x}_3=\boldsymbol{y}_4\\ \boldsymbol{y}_1+2\boldsymbol{y}_2=\boldsymbol{x}_3\\ \boldsymbol{y}_2+2\boldsymbol{y}_3=\boldsymbol{x}_4\end{cases}$ 等价于$\begin{cases}\boldsymbol{y}_3=\boldsymbol{x}_1+2\boldsymbol{x}_2\\ \boldsymbol{y}_4=\boldsymbol{x}_2+2\boldsymbol{x}_3\\ \boldsymbol{y}_1+2\boldsymbol{y}_2=\boldsymbol{x}_3\\ \boldsymbol{y}_2+2\boldsymbol{y}_3=\boldsymbol{x}_4\end{cases}$,即

$$\{\boldsymbol{y}_1,\boldsymbol{y}_2,\boldsymbol{y}_3,\boldsymbol{y}_4\}\begin{bmatrix}0&0&1&0\\0&0&2&1\\1&0&0&2\\0&1&0&0\end{bmatrix}=\{\boldsymbol{x}_1,\boldsymbol{x}_2,\boldsymbol{x}_3,\boldsymbol{x}_4\}\begin{bmatrix}1&0&0&0\\2&1&0&0\\0&2&1&0\\0&0&0&1\end{bmatrix},$$

故 $\boldsymbol{B}_y=\boldsymbol{B}_x\begin{bmatrix}1&0&0&0\\2&1&0&0\\0&2&1&0\\0&0&0&1\end{bmatrix}\begin{bmatrix}0&0&1&0\\0&0&2&1\\1&0&0&2\\0&1&0&0\end{bmatrix}^{-1}=\boldsymbol{B}_x\begin{bmatrix}4&-2&1&0\\8&-4&2&1\\1&0&0&2\\-2&1&0&0\end{bmatrix}$,即由基 $\boldsymbol{B}_x$ 到 $\boldsymbol{B}_y$ 的过渡矩阵 $\boldsymbol{C}$ 为 $\begin{bmatrix}4&-2&1&0\\8&-4&2&1\\1&0&0&2\\-2&1&0&0\end{bmatrix}$.

(2) 由 $\boldsymbol{B}_y=\boldsymbol{B}_x\begin{bmatrix}4&-2&1&0\\8&-4&2&1\\1&0&0&2\\-2&1&0&0\end{bmatrix}$得

$$\boldsymbol{x}=2\boldsymbol{y}_1-\boldsymbol{y}_2+\boldsymbol{y}_3+\boldsymbol{y}_4=\boldsymbol{B}_y\begin{bmatrix}2\\-1\\1\\1\end{bmatrix}=\boldsymbol{B}_x\begin{bmatrix}4&-2&1&0\\8&-4&2&1\\1&0&0&2\\-2&1&0&0\end{bmatrix}\begin{bmatrix}2\\-1\\1\\1\end{bmatrix}=\boldsymbol{B}_x\begin{bmatrix}11\\23\\4\\-5\end{bmatrix},$$

即向量 $\boldsymbol{x}=2\boldsymbol{y}_1-\boldsymbol{y}_2+\boldsymbol{y}_3+\boldsymbol{y}_4$ 在 $\boldsymbol{B}_x$ 下的坐标为 $[11\quad 23\quad 4\quad -5]^{\mathrm{T}}$.

习题 2.7 设 $\boldsymbol{B}_x=\{\boldsymbol{x}_1,\boldsymbol{x}_2,\boldsymbol{x}_3\}$是 $\mathbf{R}^3$ 上的一组基

$$\boldsymbol{y}_1=4\boldsymbol{x}_1+13\boldsymbol{x}_2,\boldsymbol{y}_2=\boldsymbol{x}_1-2\boldsymbol{x}_2+3\boldsymbol{x}_3,\boldsymbol{y}_3=2\boldsymbol{x}_1+3\boldsymbol{x}_2+2\boldsymbol{x}_3.$$

试求由 $\boldsymbol{y}_1,\boldsymbol{y}_2,\boldsymbol{y}_3$ 所张成的子空间 $\mathrm{span}\{\boldsymbol{y}_1,\boldsymbol{y}_2,\boldsymbol{y}_3\}$的一组基及维数.

解：$\{\boldsymbol{y}_1,\boldsymbol{y}_2,\boldsymbol{y}_3\}=\{\boldsymbol{x}_1,\boldsymbol{x}_2,\boldsymbol{x}_3\}\begin{bmatrix}4&1&2\\13&-2&3\\0&3&2\end{bmatrix}$. 因为 $\begin{vmatrix}4&1&2\\13&-2&3\\0&3&2\end{vmatrix}=0$，$\begin{vmatrix}4&1\\13&-2\end{vmatrix}\neq 0$，所以 $\text{rank}\left(\begin{bmatrix}4&1&2\\13&-2&3\\0&3&2\end{bmatrix}\right)=2$，即 $\dim\text{span}\{\boldsymbol{y}_1,\boldsymbol{y}_2,\boldsymbol{y}_3\}=2$，且 $\boldsymbol{y}_1,\boldsymbol{y}_2$ 是 $\text{span}\{\boldsymbol{y}_1,\boldsymbol{y}_2,\boldsymbol{y}_3\}$ 的一组基.

习题 2.8　在 $\mathbf{R}^4$ 中有两个子空间

$$\boldsymbol{V}_1=\{[x_1,x_2,x_3,x_4]^{\mathrm{T}}\mid x_1-x_2+x_3-x_4=0\},$$
$$\boldsymbol{V}_2=\{[x_1,x_2,x_3,x_4]^{\mathrm{T}}\mid x_1+x_2+x_3+x_4=0\},$$

求 $\boldsymbol{V}_1+\boldsymbol{V}_2$ 与 $\boldsymbol{V}_1\cap\boldsymbol{V}_2$ 的基和维数.

解：$\boldsymbol{V}_1\cap\boldsymbol{V}_2=\left\{[x_1,x_2,x_3,x_4]^{\mathrm{T}}\,\middle|\,\begin{cases}x_1-x_2+x_3-x_4=0\\x_1+x_2+x_3+x_4=0\end{cases}\right\}$，方程组的基础解系为 $\boldsymbol{\eta}_1=[-1,0,1,0]^{\mathrm{T}}$，$\boldsymbol{\eta}_2=[0,-1,0,1]^{\mathrm{T}}$，故 $\boldsymbol{V}_1\cap\boldsymbol{V}_2$ 的一组基为 $\{[-1,0,1,0]^{\mathrm{T}},[0,-1,0,1]^{\mathrm{T}}\}$，维数为 2. 再由维数公式 $\dim(\boldsymbol{V}_1+\boldsymbol{V}_2)+\dim(\boldsymbol{V}_1\cap\boldsymbol{V}_2)=\dim(\boldsymbol{V}_1)+\dim(\boldsymbol{V}_2)$ 可知

$$\dim(\boldsymbol{V}_1+\boldsymbol{V}_2)=\dim(\boldsymbol{V}_1)+\dim(\boldsymbol{V}_2)-\dim(\boldsymbol{V}_1\cap\boldsymbol{V}_2)=3+3-2=4,$$

故 $\{[1,0,0,0]^{\mathrm{T}},[0,1,0,0]^{\mathrm{T}},[0,0,1,0]^{\mathrm{T}},[0,0,0,1]^{\mathrm{T}}\}$ 是 $\boldsymbol{V}_1+\boldsymbol{V}_2$ 的一组基.

习题 2.9　证明对于实对称矩阵 $\boldsymbol{A}=[a_{ij}]\in\mathbf{R}^{n\times n}$，都有

$$R(\boldsymbol{A})+N(\boldsymbol{A})=R(\boldsymbol{A})\oplus N(\boldsymbol{A})=\mathbf{R}^n.$$

证明：首先证明 $\dim R(\boldsymbol{A})+\dim N(\boldsymbol{A})=n$. 由 $\dim R(\boldsymbol{A})=\text{rank}(\boldsymbol{A})$ 以及 $\dim N(\boldsymbol{A})=n-\text{rank}(\boldsymbol{A})$ 可知 $\dim R(\boldsymbol{A})+\dim N(\boldsymbol{A})=n$.

其次证明 $R(\boldsymbol{A})+N(\boldsymbol{A})$ 是直和，即 $R(\boldsymbol{A})\cap N(\boldsymbol{A})=\{\boldsymbol{0}\}$. 任取 $\boldsymbol{x}\in R(\boldsymbol{A})\cap N(\boldsymbol{A})$，由于 $\boldsymbol{x}\in R(\boldsymbol{A})$，故存在 $\boldsymbol{y}\in\mathbf{R}^n$ 使得 $\boldsymbol{x}=\boldsymbol{A}\boldsymbol{y}$，再由于 $\boldsymbol{x}\in N(\boldsymbol{A})$，因此 $\boldsymbol{A}\boldsymbol{x}=\boldsymbol{0}$，将 $\boldsymbol{x}=\boldsymbol{A}\boldsymbol{y}$ 代入 $\boldsymbol{A}\boldsymbol{x}=\boldsymbol{0}$ 可得 $\boldsymbol{A}^2\boldsymbol{y}=\boldsymbol{0}$，在该式左端乘以 $\boldsymbol{y}^{\mathrm{T}}$，由于 $\boldsymbol{A}$ 是实对称矩阵，则有 $\boldsymbol{y}^{\mathrm{T}}\boldsymbol{A}^2\boldsymbol{y}=\boldsymbol{y}^{\mathrm{T}}\boldsymbol{A}^{\mathrm{T}}\boldsymbol{A}\boldsymbol{y}=(\boldsymbol{A}\boldsymbol{y})^{\mathrm{T}}\boldsymbol{A}\boldsymbol{y}=\boldsymbol{x}^{\mathrm{T}}\boldsymbol{x}=\boldsymbol{0}$，由此可得 $\boldsymbol{x}=\boldsymbol{0}$，于是可证 $R(\boldsymbol{A})\cap N(\boldsymbol{A})=\{\boldsymbol{0}\}$，即 $R(\boldsymbol{A})+N(\boldsymbol{A})$ 是直和.

再由定理 2.6.2 可知 $\dim(R(\boldsymbol{A})+N(\boldsymbol{A}))=\dim R(\boldsymbol{A})+\dim N(\boldsymbol{A})=n=\dim\mathbf{R}^n$，于是 $R(\boldsymbol{A})+N(\boldsymbol{A})=\mathbf{R}^n$，另外由于 $R(\boldsymbol{A})+N(\boldsymbol{A})$ 是直和，因此可证

$$R(\boldsymbol{A})+N(\boldsymbol{A})=R(\boldsymbol{A})\oplus N(\boldsymbol{A})=\mathbf{R}^n.$$

习题 2.10　已知 $P_n[t]$，$t\in[-1,1]$ 是次数不超过 n 且定义在 $[-1,1]$ 的实多项式组

成的向量空间.

(1)假设

$$T:P_2[t]\to P_3[t],\forall p(t)\in P_2[t],\ Tp(t)=p(t)+p'(t)+\int_{-1}^{t}p(x)\mathrm{d}x\ ,$$

证明 $T:P_2[t]\to P_3[t]$是线性变换;

(2)求 T 相对于基偶$\boldsymbol{B}_1=\{1,t,t^2\},\boldsymbol{B}_2=\{1,t,t^2,t^3\}$所对应的矩阵.

(1)**证明:**只需证明 $T:P_2[t]\to P_3[t]$满足对加法以及数乘封闭,这是因为$\forall p(t)$,$q(t)\in P_2[t],\forall k\in\mathbf{R}$有

$$\begin{aligned}T(p(t)+q(t))&=p(t)+q(t)+(p(t)+q(t))'+\int_{-1}^{t}(p(x)+q(x))\mathrm{d}x\\&=p(t)+p'(t)+\int_{-1}^{t}p(x)\mathrm{d}x+q(t)+q'(t)+\int_{-1}^{t}q(x)\mathrm{d}x\\&=T(p(t))+T(q(t))\ ,\end{aligned}$$

以及

$$\begin{aligned}T(kp(t))&=kp(t)+(kp(t))'+\int_{-1}^{t}kp(x)\mathrm{d}x=k\left[p(t)+p'(t)+\int_{-1}^{t}p(x)\mathrm{d}x\right]\\&=kT(p(t)).\end{aligned}$$

(2)**解:**

当 $p(t)=1$ 时,$Tp(t)=p(t)+p'(t)+\int_{-1}^{t}p(x)\mathrm{d}x=1+0+t-1=t$,

当 $p(t)=t$ 时,$Tp(t)=p(t)+p'(t)+\int_{-1}^{t}p(x)\mathrm{d}x=t+1+\frac{1}{2}t^2-\frac{1}{2}=\frac{1}{2}+t+\frac{1}{2}t^2$,

当 $p(t)=t^2$ 时,$Tp(t)=p(t)+p'(t)+\int_{-1}^{t}p(x)\mathrm{d}x=t^2+2t+\frac{1}{3}t^3+\frac{1}{3}=\frac{1}{3}+2t+t^2+\frac{1}{3}t^3$,

即

$$T\{1,t,t^2\}=\{1,t,t^2,t^3\}\begin{bmatrix}0&1/2&1/3\\1&1&2\\0&1/2&1\\0&0&1/3\end{bmatrix}.$$

由此可知,T 在基偶$\boldsymbol{B}_1=\{1,t,t^2\},\boldsymbol{B}_2=\{1,t,t^2,t^3\}$下对应的矩阵 $\boldsymbol{A}$ 为

$$A=\begin{bmatrix}0 & 1/2 & 1/3\\ 1 & 1 & 2\\ 0 & 1/2 & 1\\ 0 & 0 & 1/3\end{bmatrix}.$$

习题 2.11　利用 Faddeev-LeVerrier 公式计算方阵 $A=\begin{bmatrix}3 & 1 & 5\\ 3 & 3 & 1\\ 4 & 6 & 4\end{bmatrix}$ 的逆，并用程序 2.8.2 加以验证.

解：首先，可以判断 A 的阶数为 3，且方阵 A 可逆，所以最终要计算得到 a_3 和 B_2. 根据 Faddeev-LeVerrier 公式，可得

$$a_1=-\text{trace}(A)=-10,$$

$$B_1=a_1E_3+A=\begin{bmatrix}-7 & 1 & 5\\ 3 & -7 & 1\\ 4 & 6 & -6\end{bmatrix}.$$

重复上述步骤进行迭代，可得

$$a_2=-\frac{1}{2}\text{trace}(AB_1)=4,$$

$$B_2=a_2E_3+AB_1=\begin{bmatrix}6 & 26 & -14\\ -8 & -8 & 12\\ 6 & -14 & 6\end{bmatrix},$$

$$a_3=-\frac{1}{3}\text{trace}(AB_2)=-40.$$

故方阵 A 的逆

$$A^{-1}=-\frac{1}{a_3}B_2=\frac{1}{40}\begin{bmatrix}6 & 26 & -14\\ -8 & -8 & 12\\ 6 & -14 & 6\end{bmatrix}=\begin{bmatrix}0.15 & 0.65 & -0.35\\ -0.2 & -0.2 & -0.3\\ 0.15 & -0.35 & 0.15\end{bmatrix}$$

使用习题程序 2.1（教材程序 2.8.2），在 Matlab 中调用程序 A=[3 1 5;3 3 1;4 6 4]；[a,invA,polya]=Faddeev(A)也可得上述结果.

习题程序 2.1　利用 Faddeev-LeVerrier 算法求方阵的特征多项式及其逆矩阵.

```
%%%%%%%%%%%%%%%%%%%%%%%%%%%%%%%%%%%%%%%%%%%%%%%%%%%%%%%%%%%%
function [a,invA,polya]=Faddeev(A)
[m,n]=size(A);
```

习题 2.11

```
if m~=n
    disp('Matrix must be square.');
    a=[];invA=[];polya=[];
    return;
end
a(1)=-trace(A);
B=a*eye(n)+A;
for i=2:n-1
    a(i)=-1/i*trace(A*B);
    B=a(i)*eye(n)+A*B;
end
a(n)=-1/n*trace(A*B);
if a(n)==0
    disp('The matrix is singular.');
    a=[];invA=[];polya=[];
    return;
end
invA=-1/a(n)*B;
showa=[1 a];
polya=poly2sym(showa);
%%%%%%%%%%%%%%%%%%%%%%%%%%%%%%%%%%%%%%%%%%
```

习题 2.12 利用 Faddeev-LeVerrier 公式计算方阵 $\boldsymbol{A}=\begin{bmatrix}1 & 1 & -1\\ 1 & 1 & 1\\ 0 & -1 & 2\end{bmatrix}$ 的逆,并用程序 2.8.2 加以验证.

解:首先,可以判断 $\boldsymbol{A}$ 的阶数为 3,且方阵 $\boldsymbol{A}$ 可逆,所以最终要计算得到 a_3 和 $\boldsymbol{B}_2$. 根据 Faddeev-LeVerrier 公式,可得

$$a_1=-\mathrm{trace}(\boldsymbol{A})=-4,$$

习题 2.12

$$\boldsymbol{B}_1=a_1\boldsymbol{E}_3+\boldsymbol{A}=\begin{bmatrix}-3 & 1 & -1\\ 1 & -3 & 1\\ 0 & -1 & -2\end{bmatrix}.$$

重复上述步骤进行迭代,可得

$$a_2=-\frac{1}{2}\text{trace}(\boldsymbol{AB}_1)=5,$$

$$\boldsymbol{B}_2=a_2\boldsymbol{E}_3+\boldsymbol{AB}_1=\begin{bmatrix}3 & -1 & 2\\-2 & 2 & -2\\-1 & 1 & 0\end{bmatrix},$$

$$a_3=-\frac{1}{3}\text{trace}(\boldsymbol{AB}_2)=-2.$$

故方阵 $\boldsymbol{A}$ 的逆

$$\boldsymbol{A}^{-1}=-\frac{1}{a_3}\boldsymbol{B}_2=\frac{1}{2}\begin{bmatrix}3 & -1 & 2\\-2 & 2 & -2\\-1 & 1 & 0\end{bmatrix}=\begin{bmatrix}1.5 & -0.5 & 1\\-1 & 1 & -1\\-0.5 & 0.5 & 0\end{bmatrix}.$$

使用习题程序 2.1(教材程序 2.8.2)，在 Matlab 中调用程序 A=[3 1 5;3 3 1;4 6 4]; [a,invA,polya]=Faddeev(A)也可得上述结果.

习题 2.13　证明定理 2.8.10 的推论

$$\boldsymbol{B}_k=\sum_{i=0}^{k}a_{k-i}\boldsymbol{A}^i,\qquad k=1,2,\cdots,n-1,$$

$$a_k=-\frac{1}{k}\sum_{i=1}^{k}a_{k-i}\text{trace}\boldsymbol{A}^i,\qquad k=1,2,\cdots,n,$$

其中 $a_0=1$.

证明:由教材定理 2.8.10

$$\begin{cases}a_1=-\text{trace}\boldsymbol{A},\\ a_k=-\dfrac{1}{k}\text{trace}(\boldsymbol{AB}_{k-1}),\quad k=2,3,\cdots,n,\end{cases}$$

$$\begin{cases}\boldsymbol{B}_1=a_1\boldsymbol{E}_n+\boldsymbol{A},\\ \boldsymbol{B}_k=a_k\boldsymbol{E}_n+\boldsymbol{AB}_{k-1},\quad k=2,3,\cdots,n-1.\end{cases}$$

易知 $k=1$ 时结论成立. 假设 $k=m$ 时结论成立，则 $k=m+1$ 时，

$$\boldsymbol{B}_{m+1}=a_{m+1}\boldsymbol{E}_n+\boldsymbol{AB}_m=a_{m+1}\boldsymbol{E}_n+\boldsymbol{A}\sum_{i=0}^{m}a_{m-i}\boldsymbol{A}^i=\sum_{i=0}^{m+1}a_{m+1-i}\boldsymbol{A}^i,$$

$$a_{m+1}=-\frac{1}{m+1}\text{trace}(\boldsymbol{AB}_m)=-\frac{1}{m+1}\text{trace}\Big(\boldsymbol{A}\sum_{i=0}^{m}a_{m-i}\boldsymbol{A}^i\Big)=-\frac{1}{m+1}\text{trace}\Big(\sum_{i=0}^{m+1}a_{m+1-i}\boldsymbol{A}^i\Big),$$

故 $k=m+1$ 时结论也成立，由数学归纳法命题得证.

习题 2.14　如果 $\boldsymbol{P}\in\mathbf{R}^{n\times n}$ 是幂等矩阵，即 $\boldsymbol{P}^2=\boldsymbol{P}$，证明其满足以下性质:

(1) $\boldsymbol{E}-\boldsymbol{P}$ 也是幂等矩阵,且 $\boldsymbol{P}(\boldsymbol{E}-\boldsymbol{P})=(\boldsymbol{E}-\boldsymbol{P})\boldsymbol{P}=\boldsymbol{O}$;

(2) $R(\boldsymbol{P})+N(\boldsymbol{P})=R(\boldsymbol{P})\oplus N(\boldsymbol{P})=\mathbf{R}^n$ 且有 $N(\boldsymbol{P})=R(\boldsymbol{E}-\boldsymbol{P})$;

(3) $\boldsymbol{Px}=\boldsymbol{x}$ 的充分必要条件为 $\boldsymbol{x}\in R(\boldsymbol{P})$;

(4) $\boldsymbol{P}$ 的特征值要么是 0 要么是 1,且是可对角化的;

(5) $\operatorname{rank}(\boldsymbol{P})=\operatorname{trace}(\boldsymbol{P})$.

证明:(1)由 $\boldsymbol{P}^2=\boldsymbol{P}$ 可知,$(\boldsymbol{E}-\boldsymbol{P})^2=\boldsymbol{E}-2\boldsymbol{P}+\boldsymbol{P}^2=\boldsymbol{E}-\boldsymbol{P}$. 另外 $\boldsymbol{P}(\boldsymbol{E}-\boldsymbol{P})=\boldsymbol{P}-\boldsymbol{P}^2=\boldsymbol{O}$,同理$(\boldsymbol{E}-\boldsymbol{P})\boldsymbol{P}=\boldsymbol{P}-\boldsymbol{P}^2=\boldsymbol{O}$,由此证明该结论.

(2) 由于 $\operatorname{rank}(\boldsymbol{P})=\operatorname{rank}(\boldsymbol{P}^2)$,由教材定理 2.6.7 可知,前一部分结论成立. 对于后一部分,$\forall \boldsymbol{x}\in N(\boldsymbol{P})$,必然满足 $\boldsymbol{Px}=\boldsymbol{0}$,从而有 $\boldsymbol{x}=(\boldsymbol{E}-\boldsymbol{P})\boldsymbol{x}$,即 $\boldsymbol{x}\in R(\boldsymbol{E}-\boldsymbol{P})$,由此说明 $N(\boldsymbol{P})\subseteq R(\boldsymbol{E}-\boldsymbol{P})$,类似可以证明 $R(\boldsymbol{E}-\boldsymbol{P})\subseteq N(\boldsymbol{P})$,于是可证明后一部分结论.

(3) 首先证明必要性,由 $\boldsymbol{Px}=\boldsymbol{x}$ 显然可以说明 $\boldsymbol{x}\in R(\boldsymbol{P})$,再证充分性,由 $\boldsymbol{x}\in R(\boldsymbol{P})$可知存在一个向量 $\boldsymbol{y}\in\mathbf{R}^n$,使得 $\boldsymbol{x}=\boldsymbol{Py}$,两边左侧乘以 $\boldsymbol{P}$ 得到 $\boldsymbol{Px}=\boldsymbol{P}^2\boldsymbol{y}=\boldsymbol{Py}=\boldsymbol{x}$,由此得证.

(4) 由(2)可知,可以在 $R(\boldsymbol{P})$中选择一组基 $\boldsymbol{X}_1=\{\boldsymbol{x}_1,\boldsymbol{x}_2,\cdots,\boldsymbol{x}_r\}$,同时在 $N(\boldsymbol{P})$中选择一组基 $\boldsymbol{X}_2=\{\boldsymbol{x}_{r+1},\boldsymbol{x}_{r+2},\cdots,\boldsymbol{x}_n\}$,使得 $\boldsymbol{B}=\{\boldsymbol{X}_1,\boldsymbol{X}_2\}=\{\boldsymbol{x}_1,\boldsymbol{x}_2,\cdots,\boldsymbol{x}_r,\boldsymbol{x}_{r+1},\boldsymbol{x}_{r+2},\cdots,\boldsymbol{x}_n\}$构成 $\mathbf{R}^n$ 中的一组基,构建矩阵 $\boldsymbol{T}=[\boldsymbol{X}_1,\boldsymbol{X}_2]=[\boldsymbol{x}_1,\boldsymbol{x}_2,\cdots,\boldsymbol{x}_r,\boldsymbol{x}_{r+1},\boldsymbol{x}_{r+2},\cdots,\boldsymbol{x}_n]$,则有

$$\begin{aligned}\boldsymbol{PT}&=\boldsymbol{P}[\boldsymbol{X}_1,\boldsymbol{X}_2]=[\boldsymbol{Px}_1,\boldsymbol{Px}_2,\cdots,\boldsymbol{Px}_r,\boldsymbol{Px}_{r+1},\boldsymbol{Px}_{r+2},\cdots,\boldsymbol{Px}_n]\\&=[\boldsymbol{x}_1,\boldsymbol{x}_2,\cdots,\boldsymbol{x}_r,\boldsymbol{0},\boldsymbol{0},\cdots,\boldsymbol{0}]=[\boldsymbol{X}_1,\boldsymbol{O}_{n\times(n-r)}]\\&=[\boldsymbol{X}_1,\boldsymbol{X}_2]\begin{bmatrix}\boldsymbol{E}_r & \boldsymbol{O}_{r\times(n-r)}\\ \boldsymbol{O}_{(n-r)\times r} & \boldsymbol{O}_{(n-r)\times(n-r)}\end{bmatrix}=\boldsymbol{T}\operatorname{diag}(\boldsymbol{E}_r,\boldsymbol{O}_{(n-r)\times(n-r)}).\end{aligned}$$

由于矩阵 $\boldsymbol{T}$ 是可逆的,所以 $\boldsymbol{P}=\boldsymbol{T}\operatorname{diag}(\boldsymbol{E}_r,\boldsymbol{O}_{(n-r)\times(n-r)})\boldsymbol{T}^{-1}$,由此说明 $\boldsymbol{P}$ 的特征值要么是 0 要么是 1,且是可对角化的,同时有 $\operatorname{rank}(\boldsymbol{P})=r$.

(5)由(4)可知 $\operatorname{trace}(\boldsymbol{P})=\operatorname{trace}(\operatorname{diag}(\boldsymbol{E}_r,\boldsymbol{O}_{(n-r)\times(n-r)}))=r=\operatorname{rank}(\boldsymbol{P})$.

习题 2.15 若 $\mathbf{R}^n$ 分解成两个子空间 L,M 的直和,即 $\mathbf{R}^n=L\oplus M$,则对任意向量 $\boldsymbol{z}\in\mathbf{R}^n$,都有唯一的分解 $\boldsymbol{z}=\boldsymbol{x}+\boldsymbol{y}$,$\boldsymbol{x}\in L$,$\boldsymbol{y}\in M$,由此可以定义沿 M 向 L 的投影算子 $\boldsymbol{P}_{L,M}$,即 $\boldsymbol{P}_{L,M}\boldsymbol{z}=\boldsymbol{x}$. 证明如果 $\boldsymbol{P}\in\mathbf{R}^{n\times n}$ 是幂等矩阵,则 $\boldsymbol{P}$ 是沿 $N(\boldsymbol{P})$向 $R(\boldsymbol{P})$的投影算子,即 $\boldsymbol{P}=\boldsymbol{P}_{R(P),N(P)}$. 反之,若 L 与 M 是互补的子空间,即 $\mathbf{R}^n=L\oplus M$,则一定存在幂等矩阵 $\boldsymbol{P}_{L,M}$,使得 $R(\boldsymbol{P}_{L,M})=L$,$N(\boldsymbol{P}_{L,M})=M$.

证明:前一部分的证明可由习题 2.14 直接得到. 下面只证明后一部分,若 L 与 M 是互补的子空间,即 $\mathbf{R}^n=L\oplus M$,不妨设$\{\boldsymbol{x}_1,\boldsymbol{x}_2,\cdots,\boldsymbol{x}_r\}$与$\{\boldsymbol{x}_{r+1},\boldsymbol{x}_{r+2},\cdots,\boldsymbol{x}_n\}$分别为 L,M 的

基，定义 $\boldsymbol{P}_{L,M}$ 如下：

$$\begin{cases}\boldsymbol{P}_{L,M}\boldsymbol{x}_i=\boldsymbol{x}_i, & i=1,2,\cdots,r,\\ \boldsymbol{P}_{L,M}\boldsymbol{x}_i=\boldsymbol{0}, & i=r+1,r+2,\cdots,n.\end{cases}$$

令 $\boldsymbol{X}_1=[\boldsymbol{x}_1,\boldsymbol{x}_2,\cdots,\boldsymbol{x}_r]$及 $\boldsymbol{X}_2=[\boldsymbol{x}_{r+1},\boldsymbol{x}_{r+2},\cdots,\boldsymbol{x}_n]$，则 $\boldsymbol{X}=[\boldsymbol{X}_1,\boldsymbol{X}_2]\in\mathbf{R}^{n\times n}$ 是一个可逆矩阵，且有 $\boldsymbol{P}_{L,M}\boldsymbol{X}=\boldsymbol{P}_{L,M}[\boldsymbol{X}_1,\boldsymbol{X}_2]=[\boldsymbol{X}_1,\boldsymbol{O}]$，于是有 $\boldsymbol{P}_{L,M}=[\boldsymbol{X}_1,\boldsymbol{O}]\boldsymbol{X}^{-1}$，另外对于任意向量 $\boldsymbol{z}\in\mathbf{R}^n$，都有唯一的分解 $\boldsymbol{z}=\boldsymbol{x}+\boldsymbol{y},\boldsymbol{x}\in L,\boldsymbol{y}\in M$，由此可知

$$\boldsymbol{P}_{L,M}\boldsymbol{z}=\boldsymbol{P}_{L,M}(\boldsymbol{x}+\boldsymbol{y})=\boldsymbol{P}_{L,M}\boldsymbol{x}=\boldsymbol{x},\boldsymbol{P}_{L,M}^2\boldsymbol{z}=\boldsymbol{P}_{L,M}\boldsymbol{P}_{L,M}(\boldsymbol{x}+\boldsymbol{y})=\boldsymbol{P}_{L,M}\boldsymbol{x}=\boldsymbol{x},$$

即对于任意向量 $\boldsymbol{z}\in\mathbf{R}^n$，都有 $\boldsymbol{P}_{L,M}^2\boldsymbol{z}=\boldsymbol{P}_{L,M}\boldsymbol{z}$，从而有 $\boldsymbol{P}_{L,M}^2=\boldsymbol{P}_{L,M}$，即 $\boldsymbol{P}_{L,M}$ 是一个幂等矩阵.

习题 2.16　若 $\boldsymbol{A}\in\boldsymbol{F}^{n\times n}$ 有 k 个两两不同的特征值 $\lambda_1,\lambda_2,\cdots,\lambda_k$，则 $\boldsymbol{A}$ 可对角化的充分必要条件是，存在 k 个投影算子 $\boldsymbol{P}_1,\boldsymbol{P}_2,\cdots,\boldsymbol{P}_k$，满足：

(1)分离性质：$\boldsymbol{P}_i\boldsymbol{P}_j=\boldsymbol{O},i\neq j$；(2)可加性：$\sum_{i=1}^{k}\boldsymbol{P}_i=\boldsymbol{E}$，其中 $\boldsymbol{E}$ 是恒等算子；(3)谱分解性质：$\boldsymbol{A}=\sum_{i=1}^{k}\lambda_i\boldsymbol{P}_i$.

证明：

充分性：设 $\mathrm{rank}(\boldsymbol{P}_i)=r_i,i=1,2,\cdots,k$，且令 $\boldsymbol{X}_i$ 是子空间 $R(\boldsymbol{P}_i)$的一组基组成的 $n\times r_i$ 的列满秩矩阵，构造 $\boldsymbol{X}=[\boldsymbol{X}_1,\boldsymbol{X}_2,\cdots,\boldsymbol{X}_k]$，由习题 2.14 可知 $\boldsymbol{X}$ 的列数为

$$\sum_{i=1}^{k}r_i=\sum_{i=1}^{k}\mathrm{rank}(\boldsymbol{P}_i)=\sum_{i=1}^{k}\mathrm{trace}(\boldsymbol{P}_i)=\mathrm{trace}\Big(\sum_{i=1}^{k}\boldsymbol{P}_i\Big)=\mathrm{trace}(\boldsymbol{E})=n,$$

此式说明 $\boldsymbol{X}\in\boldsymbol{F}^{n\times n}$. 下面证明

$$R(\boldsymbol{P}_1)+R(\boldsymbol{P}_2)+\cdots+R(\boldsymbol{P}_k)=R(\boldsymbol{P}_1)\oplus R(\boldsymbol{P}_2)\oplus\cdots\oplus R(\boldsymbol{P}_k)=\boldsymbol{F}^n,$$

这只需要证明 $R(\boldsymbol{P}_i)\cap R(\boldsymbol{P}_j)=\{\boldsymbol{0}\},i\neq j$. 对于 $\forall\,\boldsymbol{x}\in R(\boldsymbol{P}_i)\cap R(\boldsymbol{P}_j)$，可知 $\boldsymbol{x}\in R(\boldsymbol{P}_i)$且 $\boldsymbol{x}\in R(\boldsymbol{P}_j)$，于是有 $\boldsymbol{x}=\boldsymbol{P}_i\boldsymbol{x}$ 且 $\boldsymbol{x}=\boldsymbol{P}_j\boldsymbol{x}$，因此 $\boldsymbol{x}=\boldsymbol{P}_i\boldsymbol{x}=\boldsymbol{P}_i\boldsymbol{P}_j\boldsymbol{x}=\boldsymbol{0}$，由此证明 $R(\boldsymbol{P}_i)\cap R(\boldsymbol{P}_j)=\{\boldsymbol{0}\},i\neq j$，这说明 $\boldsymbol{X}=[\boldsymbol{X}_1,\boldsymbol{X}_2,\cdots,\boldsymbol{X}_k]$所有的列向量构成 $\boldsymbol{F}^n$ 的一组基，由此也说明 $\boldsymbol{X}$ 是可逆矩阵，另外

$$\begin{aligned}\boldsymbol{AX}&=\Big(\sum_{i=1}^{k}\lambda_i\boldsymbol{P}_i\Big)\boldsymbol{X}=\sum_{i=1}^{k}\lambda_i(\boldsymbol{P}_i\boldsymbol{X})=[\lambda_1\boldsymbol{X}_1,\lambda_2\boldsymbol{X}_2,\cdots,\lambda_k\boldsymbol{X}_k]\\&=[\boldsymbol{X}_1,\boldsymbol{X}_2,\cdots,\boldsymbol{X}_k]\mathrm{diag}(\lambda_1\boldsymbol{E}_{r_1},\lambda_2\boldsymbol{E}_{r_2},\cdots,\lambda_k\boldsymbol{E}_{r_k})=\boldsymbol{X\Lambda},\end{aligned}$$

其中 $\boldsymbol{\Lambda}=\mathrm{diag}(\lambda_1\boldsymbol{E}_{r_1},\lambda_2\boldsymbol{E}_{r_2},\cdots,\lambda_k\boldsymbol{E}_{r_k})$，即 $\boldsymbol{X}^{-1}\boldsymbol{AX}=\boldsymbol{\Lambda}$，由此证明 $\boldsymbol{A}$ 可对角化.

必要性：如果 $\boldsymbol{A}$ 可对角化，即存在可逆矩阵 $\boldsymbol{X}$，使得 $\boldsymbol{AX}=\boldsymbol{\Lambda X}$，且

$\boldsymbol{\Lambda}=\operatorname{diag}(\lambda_1\boldsymbol{E}_{r_1},\lambda_2\boldsymbol{E}_{r_2},\cdots,\lambda_k\boldsymbol{E}_{r_k})$. 再将 $\boldsymbol{X}$ 进行列的分块为 $\boldsymbol{X}=[\boldsymbol{X}_1,\boldsymbol{X}_2,\cdots,\boldsymbol{X}_k]$,其中 $\boldsymbol{X}_i$ 是 $n\times r_i$ 的矩阵,再对 $\boldsymbol{X}^{-1}$ 进行相应的行分块,即

$$\boldsymbol{X}^{-1}=\begin{bmatrix}\boldsymbol{Y}_1\\ \boldsymbol{Y}_2\\ \vdots\\ \boldsymbol{Y}_k\end{bmatrix}.$$

令 $\boldsymbol{P}_i=\boldsymbol{X}_i\boldsymbol{Y}_i$,则有 $\boldsymbol{E}=\boldsymbol{X}\boldsymbol{X}^{-1}=\sum\limits_{i=1}^{k}\boldsymbol{X}_i\boldsymbol{Y}_i=\sum\limits_{i=1}^{k}\boldsymbol{P}_i$,而另一方面

$$\boldsymbol{E}=\boldsymbol{X}^{-1}\boldsymbol{X}=\begin{bmatrix}\boldsymbol{Y}_1\boldsymbol{X}_1 & \boldsymbol{Y}_1\boldsymbol{X}_2 & \cdots & \boldsymbol{Y}_1\boldsymbol{X}_k\\ \boldsymbol{Y}_2\boldsymbol{X}_1 & \boldsymbol{Y}_2\boldsymbol{X}_2 & \cdots & \boldsymbol{Y}_2\boldsymbol{X}_k\\ \vdots & \vdots & & \vdots\\ \boldsymbol{Y}_k\boldsymbol{X}_1 & \boldsymbol{Y}_k\boldsymbol{X}_2 & \cdots & \boldsymbol{Y}_k\boldsymbol{X}_k\end{bmatrix},$$

由此可得 $\boldsymbol{X}_i\boldsymbol{Y}_i=\boldsymbol{E}_{r_i}$,$\boldsymbol{X}_i\boldsymbol{Y}_j=\boldsymbol{O},i\neq j$,进而推出

$$\boldsymbol{P}_i^2=\boldsymbol{X}_i\boldsymbol{Y}_i\boldsymbol{X}_i\boldsymbol{Y}_i=\boldsymbol{X}_i\boldsymbol{Y}_i=\boldsymbol{P}_i,\boldsymbol{P}_i\boldsymbol{P}_j=\boldsymbol{X}_i\boldsymbol{Y}_i\boldsymbol{X}_j\boldsymbol{Y}_j=\boldsymbol{X}_i\boldsymbol{O}\boldsymbol{Y}_j=\boldsymbol{O},i\neq j.$$

最后 $\boldsymbol{A}=\boldsymbol{X}\boldsymbol{\Lambda}\boldsymbol{X}^{-1}=\sum\limits_{i=1}^{k}\lambda_i\boldsymbol{X}_i\boldsymbol{Y}_i=\sum\limits_{i=1}^{k}\lambda_i\boldsymbol{P}_i$,由此证明必要性.

习题 2.17 证明:若 $\boldsymbol{A}\in\boldsymbol{F}^{n\times n}$ 可对角化,且有 k 个两两不同的特征值 $\lambda_1,\lambda_2,\cdots,\lambda_k$,则:

(1)$\boldsymbol{A}$ 的谱分解式 $\boldsymbol{A}=\sum\limits_{i=1}^{k}\lambda_i\boldsymbol{P}_i$ 中的幂等矩阵 $\boldsymbol{P}_i,i=1,2,\cdots,k$ 是由 $\boldsymbol{A}$ 唯一确定的;

(2)幂等矩阵 $\boldsymbol{P}_i,i=1,2,\cdots,k$ 是由如下公式表达

$$\boldsymbol{P}_i=L_{k,i}(\boldsymbol{A}),$$

其中 $L_{k,i}(\lambda)$是特征值 $\lambda_1,\lambda_2,\cdots,\lambda_k$ 的 Lagrange 插值多项式,即

$$L_{k,i}(\lambda)=\frac{\prod_{\substack{l=1\\ l\neq i}}^{k}(\lambda-\lambda_l)}{\prod_{\substack{l=1\\ l\neq i}}^{k}(\lambda_i-\lambda_l)};$$

(3) 若 $f(\lambda)$是任一多项式,则有 $f(\boldsymbol{A})=\sum\limits_{i=1}^{k}f(\lambda_i)\boldsymbol{P}_i$.

证明:(1)假设 $\boldsymbol{Q}_1,\boldsymbol{Q}_2,\cdots,\boldsymbol{Q}_k$ 也满足 $\boldsymbol{Q}_i^2=\boldsymbol{Q}_i,\boldsymbol{Q}_i\boldsymbol{Q}_j=\boldsymbol{O},i\neq j$, $\sum\limits_{i=1}^{k}\boldsymbol{Q}_i=\boldsymbol{E},\boldsymbol{A}=\sum\limits_{i=1}^{k}\lambda_i\boldsymbol{Q}_i$,则可证明 $\boldsymbol{P}_i\boldsymbol{A}=\boldsymbol{A}\boldsymbol{P}_i=\lambda_i\boldsymbol{P}_i,\boldsymbol{Q}_i\boldsymbol{A}=\boldsymbol{A}\boldsymbol{Q}_i=\lambda_i\boldsymbol{Q}_i,i=1,2,\cdots,k$,从而有 $\boldsymbol{P}_i(\boldsymbol{A}\boldsymbol{Q}_j)=\lambda_j\boldsymbol{P}_i\boldsymbol{Q}_j$,

$(\boldsymbol{P}_i\boldsymbol{A})\boldsymbol{Q}_j=\lambda_i\boldsymbol{P}_i\boldsymbol{Q}_j, i\neq j$，即$(\lambda_j-\lambda_i)\boldsymbol{P}_i\boldsymbol{Q}_j=0, i\neq j$，由于$\lambda_j\neq\lambda_i, i\neq j$，因此$\boldsymbol{P}_i\boldsymbol{Q}_j=\boldsymbol{O}, i\neq j$，从而有

$$\boldsymbol{P}_i=\boldsymbol{P}_i\left(\sum_{j=1}^{k}\boldsymbol{Q}_j\right)=\boldsymbol{P}_i\boldsymbol{Q}_i=\left(\sum_{j=1}^{k}\boldsymbol{P}_j\right)\boldsymbol{Q}_i=\boldsymbol{Q}_i,\quad i=1,2,\cdots,k,$$

这就证明了幂等矩阵 $\boldsymbol{P}_i, i=1,2,\cdots,k$ 是由 $\boldsymbol{A}$ 唯一确定的.

(2) 假设 $\boldsymbol{G}_i=L_{k,i}(\boldsymbol{A}), \boldsymbol{P}_1,\boldsymbol{P}_2,\cdots,\boldsymbol{P}_k$ 为 $\boldsymbol{A}$ 的谱分解式中的投影算子，则对任意的 $i\in\{1,2,\cdots,k\}$，都有

$$\boldsymbol{G}_i\boldsymbol{P}_j=L_{k,i}(\boldsymbol{A})\boldsymbol{P}_j=\frac{\prod_{l=1, l\neq i}^{k}(\boldsymbol{A}-\lambda_l\boldsymbol{E})\boldsymbol{P}_j}{\prod_{l=1, l\neq i}^{k}(\lambda_i-\lambda_l)}=\frac{\prod_{l=1, l\neq i}^{k}(\lambda_j-\lambda_l)}{\prod_{l=1, l\neq i}^{k}(\lambda_i-\lambda_l)}\boldsymbol{P}_j=\delta_{ij}\boldsymbol{P}_j,$$

于是有

$$\boldsymbol{G}_i=\boldsymbol{G}_i\left(\sum_{j=1}^{k}\boldsymbol{P}_j\right)=\sum_{j=1}^{k}\boldsymbol{G}_i\boldsymbol{P}_j=\boldsymbol{P}_i,\quad i=1,2,\cdots,k,$$

结论得证.

(3)由于 $\boldsymbol{A}=\boldsymbol{X\Lambda X}^{-1}=\sum_{i=1}^{k}\lambda_i\boldsymbol{X}_i\boldsymbol{Y}_i=\sum_{i=1}^{k}\lambda_i\boldsymbol{P}_i$，所以可以证明

$$f(\boldsymbol{A})=\boldsymbol{X}f(\boldsymbol{\Lambda})\boldsymbol{X}^{-1}=\sum_{i=1}^{k}f(\lambda_i)\boldsymbol{X}_i\boldsymbol{Y}_i=\sum_{i=1}^{k}f(\lambda_i)\boldsymbol{P}_i.$$

习题 2.18　求矩阵 $\boldsymbol{A}=\begin{bmatrix}1&1\\4&1\end{bmatrix}$ 的谱分解式，并编写任意可对角化矩阵谱分解的 Matlab 程序.

解：可求得 $\boldsymbol{A}$ 的特征值为 $\lambda_1=3,\lambda_2=-1$，相应的特征向量分别为

$$\boldsymbol{x}_1=\begin{bmatrix}1\\2\end{bmatrix},\boldsymbol{x}_2=\begin{bmatrix}1\\-2\end{bmatrix}.$$

由此构造矩阵

$$\boldsymbol{X}=\begin{bmatrix}1&1\\2&-2\end{bmatrix},$$

$\boldsymbol{X}$ 的逆为

$$\boldsymbol{X}^{-1}=\frac{1}{4}\begin{bmatrix}2&1\\2&-1\end{bmatrix}=\begin{bmatrix}\boldsymbol{y}_1\\\boldsymbol{y}_2\end{bmatrix}，且\ \boldsymbol{y}_1=\frac{1}{4}[2\quad 1],\boldsymbol{y}_2=\frac{1}{4}[2\quad -1].$$

由习题 2.17 可知

$$\boldsymbol{P}_1=\boldsymbol{x}_1\boldsymbol{y}_1=\frac{1}{4}\begin{bmatrix}1\\2\end{bmatrix}[2\quad 1]=\frac{1}{4}\begin{bmatrix}2&1\\4&2\end{bmatrix},\boldsymbol{P}_2=\boldsymbol{x}_2\boldsymbol{y}_2=\frac{1}{4}\begin{bmatrix}1\\-2\end{bmatrix}[2\quad -1]=\frac{1}{4}\begin{bmatrix}2&-1\\-4&2\end{bmatrix},$$

此时有谱分解式

$$A=\begin{bmatrix}1&1\\4&1\end{bmatrix}=\lambda_1 P_1+\lambda_2 P_2=\frac{3}{4}\begin{bmatrix}2&1\\4&2\end{bmatrix}-\frac{1}{4}\begin{bmatrix}2&-1\\-4&2\end{bmatrix}.$$

另外一种方法是利用习题 2.17 的结果

$$P_1=\frac{1}{\lambda_1-\lambda_2}(A-\lambda_2 E)=\frac{1}{4}\left(\begin{bmatrix}1&1\\4&1\end{bmatrix}+\begin{bmatrix}1&0\\0&1\end{bmatrix}\right)=\frac{1}{4}\begin{bmatrix}2&1\\4&2\end{bmatrix},$$

$$P_2=\frac{1}{\lambda_2-\lambda_1}(A-\lambda_1 E)=-\frac{1}{4}\left(\begin{bmatrix}1&1\\4&1\end{bmatrix}-3\begin{bmatrix}1&0\\0&1\end{bmatrix}\right)=\frac{1}{4}\begin{bmatrix}2&-1\\-4&2\end{bmatrix}.$$

习题程序 2.2 可对角化矩阵谱分解的 Matlab 程序

```
%%%%%%%%%%%%%%%%%%%%%%%%%%%%%%%%%%%%%%%%%%%%%
function P=spectdecomp(A)
e=eig(A);
e=round(e);
ee=unique(e);
n=length(ee);
if n==1
    disp('特征值只有一个单根,不能计算')
    P={};
    return;
end
syms lamda
P={};
for i=1:n
    t=ee;
    t(i)=[];
    L(i)=prod((lamda-t)./(ee(i)-t));
    LL=sym2poly(L(i));
    P{i}=polyvalm(LL,A);
End
%%%%%%%%%%%%%%%%%%%%%%%%%%%%%%%%%%%%%%%%%%%%%
```

习题 2.18

例如在 Matlab 窗口输入

A=[1 1;4 1]; P=spectdecomp(A)可得

```
P{1}=

      0.5000   -0.2500

    -1.0000     0.5000

P{2}=

    0.5000   0.2500

    1.0000   0.5000
```

习题 2.19　求矩阵 $\boldsymbol{A}=\begin{bmatrix}3 & -2 & -4\\ -2 & 6 & -2\\ -4 & -2 & 3\end{bmatrix}$ 的谱分解式，并给出 $\boldsymbol{A}^n$ 的表达式，再用习题 2.18 给出的可对角化矩阵谱分解的 Matlab 程序验证所求 $\boldsymbol{A}$ 谱分解式的正确性.

习题 2.19

解：由于 $\boldsymbol{A}$ 是对称矩阵，因此可对角化，求 $\boldsymbol{A}$ 的特征值为 $\lambda_1=-2,\lambda_2=7$，其中 $\lambda_2=7$ 是二重根，于是

$$\boldsymbol{P}_1=\frac{1}{\lambda_1-\lambda_2}(\boldsymbol{A}-\lambda_2\boldsymbol{E})=\frac{1}{-9}\left(\begin{bmatrix}3 & -2 & -4\\ -2 & 6 & -2\\ -4 & -2 & 3\end{bmatrix}-7\begin{bmatrix}1 & 0 & 0\\ 0 & 1 & 0\\ 0 & 0 & 1\end{bmatrix}\right)=\frac{1}{9}\begin{bmatrix}4 & 2 & 4\\ 2 & 1 & 2\\ 4 & 2 & 4\end{bmatrix},$$

$$\boldsymbol{P}_2=\frac{1}{\lambda_2-\lambda_1}(\boldsymbol{A}-\lambda_1\boldsymbol{E})=\frac{1}{9}\left(\begin{bmatrix}3 & -2 & -4\\ -2 & 6 & -2\\ -4 & -2 & 3\end{bmatrix}+2\begin{bmatrix}1 & 0 & 0\\ 0 & 1 & 0\\ 0 & 0 & 1\end{bmatrix}\right)=\frac{1}{9}\begin{bmatrix}5 & -2 & -4\\ -2 & 8 & -2\\ -4 & -2 & 5\end{bmatrix},$$

于是可以得到 $\boldsymbol{A}$ 的谱分解 $\boldsymbol{A}=\lambda_1\boldsymbol{P}_1+\lambda_2\boldsymbol{P}_2$，经用习题 2.18 给出的可对角化矩阵谱分解的 Matlab 程序验证所求 $\boldsymbol{A}$ 谱分解式是正确的. 另外 $\boldsymbol{A}^n=\lambda_1^n\boldsymbol{P}_1+\lambda_2^n\boldsymbol{P}_2$，于是

$$\boldsymbol{A}^n=\lambda_1^n\boldsymbol{P}_1+\lambda_2^n\boldsymbol{P}_2=\frac{(-2)^n}{9}\begin{bmatrix}4 & 2 & 4\\ 2 & 1 & 2\\ 4 & 2 & 4\end{bmatrix}+\frac{7^n}{9}\begin{bmatrix}5 & -2 & -4\\ -2 & 8 & -2\\ -4 & -2 & 5\end{bmatrix}$$

$$=\frac{1}{9}\begin{bmatrix}4(-2)^n+5\cdot 7^n & 2(-2)^n-2\cdot 7^n & 4(-2)^n-4\cdot 7^n\\ 2(-2)^n-2\cdot 7^n & (-2)^n+8\cdot 7^n & 2(-2)^n-2\cdot 7^n\\ 4(-2)^n-4\cdot 7^n & 2(-2)^n-2\cdot 7^n & 4(-2)^n+5\cdot 7^n\end{bmatrix}.$$

习题 2.20　用 Caylay—Hamilton 定理求矩阵多项式 $2\boldsymbol{A}^8-3\boldsymbol{A}^5+\boldsymbol{A}^4+\boldsymbol{A}^2-4\boldsymbol{E}$ 的值，其中 $\boldsymbol{A}=\begin{bmatrix}1 & 0 & 2\\ 0 & -1 & 1\\ 0 & 1 & 0\end{bmatrix}$，另外编写用 Caylay—Hamilton 定理求矩阵多项式的 Matlab 程序，

并由此验证所求矩阵多项式的正确性.

解:首先求 $\boldsymbol{A}$ 的特征多项式 $f_{\boldsymbol{A}}(\lambda)=\det(\lambda\boldsymbol{E}-\boldsymbol{A})=\begin{vmatrix}\lambda-1 & 0 & -2\\ 0 & \lambda+1 & -1\\ 0 & -1 & \lambda\end{vmatrix}=\lambda^3-2\lambda+1$,

令 $g(\lambda)=2\lambda^8-3\lambda^5+\lambda^4+\lambda^2-4$,用 $g(\lambda)$ 去除特征多项式 $f_{\boldsymbol{A}}(\lambda)$,可得

$$g(\lambda)=f_{\boldsymbol{A}}(\lambda)q(\lambda)+r(\lambda),$$

其中 $r(\lambda)=24\lambda^2-37\lambda+10$,于是

$$g(\boldsymbol{A})=f_{\boldsymbol{A}}(\boldsymbol{A})q(\boldsymbol{A})+r(\boldsymbol{A}),$$

由 Caylay—Hamilton 定理可知 $f_{\boldsymbol{A}}(\boldsymbol{A})=\boldsymbol{O}$,则

$$g(\boldsymbol{A})=r(\boldsymbol{A})=24\boldsymbol{A}^2-37\boldsymbol{A}+10\boldsymbol{E}=\begin{bmatrix}-3 & 48 & -26\\ 0 & 95 & -61\\ 0 & -61 & 34\end{bmatrix}.$$

习题程序 2.3 Caylay—Hamilton 定理求矩阵多项式的 Matlab 程序

```
%%%%%%%%%%%%%%%%%%%%%%%%%%%%%%%%%%%%%%%%
function B=C_Hvalm(f,A)
fa=poly(A);
[q,r]=deconv(f,fa);
B=polyvalm(r,A);
End
%%%%%%%%%%%%%%%%%%%%%%%%%%%%%%%%%%%%%%%%
```

习题 2.20

习题 2.21 用 Caylay-Hamilton 定理求矩阵 $(2\boldsymbol{A}^4-12\boldsymbol{A}^3+19\boldsymbol{A}^2-29\boldsymbol{A}+37\boldsymbol{E})^{-1}$ 的值,其中 $\boldsymbol{A}=\begin{bmatrix}1 & -1\\ 2 & 5\end{bmatrix}$.

习题 2.21

解:首先求 $\boldsymbol{A}$ 的特征多项式 $f_{\boldsymbol{A}}(\lambda)=\det(\lambda\boldsymbol{E}-\boldsymbol{A})=\begin{vmatrix}\lambda-1 & 1\\ -2 & \lambda-5\end{vmatrix}=\lambda^2-6\lambda+7$,令 $g(\lambda)=2\lambda^4-12\lambda^3+19\lambda^2-29\lambda+37$,用 $g(\lambda)$ 去除特征多项式 $f_{\boldsymbol{A}}(\lambda)$,可得

$$g(\lambda)=f_{\boldsymbol{A}}(\lambda)q(\lambda)+r(\lambda),$$

其中 $q(\lambda)=2\lambda^2+5$,$r(\lambda)=\lambda+2$,于是

$$g(\boldsymbol{A})=f_{\boldsymbol{A}}(\boldsymbol{A})q(\boldsymbol{A})+r(\boldsymbol{A}),$$

由 Caylay-Hamilton 定理可知 $f_{\boldsymbol{A}}(\boldsymbol{A})=\boldsymbol{O}$,则 $g(\boldsymbol{A})=r(\boldsymbol{A})=\boldsymbol{A}+2\boldsymbol{E}=\begin{bmatrix}3 & -1\\ 2 & 7\end{bmatrix}$,而

$$g(\boldsymbol{A})^{-1}=\begin{bmatrix}3 & -1\\2 & 7\end{bmatrix}^{-1}=\frac{1}{23}\begin{bmatrix}7 & 1\\-2 & 3\end{bmatrix}.$$

习题 2.22　给定非齐次矩阵差分方程 $\boldsymbol{x}_{i+1}=\boldsymbol{A}\boldsymbol{x}_i+\boldsymbol{z}_i, i=0,1,\cdots$ 以及初始条件 $\boldsymbol{x}_0=\boldsymbol{c}\in\mathbf{R}^n$，其中给定 $\boldsymbol{A}\in\mathbf{R}^{n\times n}, \boldsymbol{z}_i\in\mathbf{R}^n, i=0,1,\cdots$，证明 $\boldsymbol{x}_i=\boldsymbol{A}^i\boldsymbol{c}+\sum\limits_{j=0}^{i-1}\boldsymbol{A}^j\boldsymbol{z}_{i-j-1}$ 是非齐次矩阵差分方程初始问题 $\boldsymbol{x}_{i+1}=\boldsymbol{A}\boldsymbol{x}_i+\boldsymbol{z}_i, i=0,1,\cdots$ 的解.

证明：由于

$$\begin{aligned}\boldsymbol{x}_{i+1}-\boldsymbol{A}\boldsymbol{x}_i&=\boldsymbol{A}^{i+1}\boldsymbol{c}+\sum_{j=0}^{i}\boldsymbol{A}^j\boldsymbol{z}_{i-j}-\boldsymbol{A}\Big(\boldsymbol{A}^i\boldsymbol{c}+\sum_{j=0}^{i-1}\boldsymbol{A}^j\boldsymbol{z}_{i-j-1}\Big)\\&=\sum_{j=0}^{i}\boldsymbol{A}^j\boldsymbol{z}_{i-j}-\boldsymbol{A}\sum_{j=0}^{i-1}\boldsymbol{A}^j\boldsymbol{z}_{i-j-1}=\sum_{j=0}^{i}\boldsymbol{A}^j\boldsymbol{z}_{i-j}-\sum_{j+1=1}^{i}\boldsymbol{A}^{j+1}\boldsymbol{z}_{i-j-1}\\&=\sum_{j=0}^{i}\boldsymbol{A}^j\boldsymbol{z}_{i-j}-\sum_{k=1}^{i}\boldsymbol{A}^k\boldsymbol{z}_{i-k}=\sum_{j=0}^{i}\boldsymbol{A}^j\boldsymbol{z}_{i-j}-\sum_{j=1}^{i}\boldsymbol{A}^j\boldsymbol{z}_{i-j}=\boldsymbol{A}^0\boldsymbol{z}_i=\boldsymbol{E}\boldsymbol{z}_i=\boldsymbol{z}_i,\end{aligned}$$

结论得证.

习题 2.23　给定非齐次差分方程 $y_{i+2}+\frac{5}{6}y_{i+1}+\frac{1}{6}y_i=1$，以及初始条件 $y_0=1$，$y_1=-1$，求其通解.

解：令 $\boldsymbol{x}_i=\begin{bmatrix}y_i\\y_{i+1}\end{bmatrix}$，初始条件向量 $\boldsymbol{x}_0=\begin{bmatrix}y_0\\y_1\end{bmatrix}=\begin{bmatrix}1\\-1\end{bmatrix}=\boldsymbol{c}$，$\boldsymbol{A}=\begin{bmatrix}0 & 1\\-1/6 & -5/6\end{bmatrix}$，非齐次向量 $\boldsymbol{z}_i=\begin{bmatrix}0\\1\end{bmatrix}$，于是原非齐次差分方程初始问题可以写成矩阵形式为

$$\boldsymbol{x}_{i+1}=\boldsymbol{A}\boldsymbol{x}_i+\boldsymbol{z}_i, i=0,1,\cdots, \boldsymbol{x}_0=\boldsymbol{c},$$

由习题 2.22 可知非齐次矩阵差分方程初始问题的解为

$$\boldsymbol{x}_i=\boldsymbol{A}^i\boldsymbol{c}+\sum_{j=0}^{i-1}\boldsymbol{A}^j\boldsymbol{z}_{i-j-1}=\boldsymbol{A}^i\begin{bmatrix}1\\-1\end{bmatrix}+\Big(\sum_{j=0}^{i-1}\boldsymbol{A}^j\Big)\begin{bmatrix}0\\1\end{bmatrix}.$$

$\boldsymbol{A}$ 的特征值 $\lambda_1=-1/2, \lambda_2=-1/3$，其谱分解式为 $\boldsymbol{A}=\lambda_1\boldsymbol{P}_1+\lambda_2\boldsymbol{P}_2$，其中

$$\boldsymbol{P}_1=\frac{1}{\lambda_1-\lambda_2}(\boldsymbol{A}-\lambda_2\boldsymbol{E})=-6\left(\begin{bmatrix}0 & 1\\-1/6 & -5/6\end{bmatrix}+1/3\begin{bmatrix}1 & 0\\0 & 1\end{bmatrix}\right)=\begin{bmatrix}-2 & -6\\1 & 3\end{bmatrix},$$

$$\boldsymbol{P}_2=\frac{1}{\lambda_2-\lambda_1}(\boldsymbol{A}-\lambda_1\boldsymbol{E})=6\left(\begin{bmatrix}0 & 1\\-1/6 & -5/6\end{bmatrix}+1/2\begin{bmatrix}1 & 0\\0 & 1\end{bmatrix}\right)=\begin{bmatrix}3 & 6\\-1 & -2\end{bmatrix},$$

$$\boldsymbol{A}^i=\lambda_1^i\boldsymbol{P}_1+\lambda_2^i\boldsymbol{P}_2=(-1/2)^i\boldsymbol{P}_1+(-1/3)^i\boldsymbol{P}_2=(-1/2)^i\begin{bmatrix}-2&-6\\1&3\end{bmatrix}+(-1/3)^i\begin{bmatrix}3&6\\-1&-2\end{bmatrix}$$

$$=\begin{bmatrix}-2(-1/2)^i+3(-1/3)^i & -6(-1/2)^i+6(-1/3)^i\\(-1/2)^i-(-1/3)^i & 3(-1/2)^i-2(-1/3)^i\end{bmatrix}.$$

另外 $\sum\limits_{j=0}^{i-1}\boldsymbol{A}^j=(\boldsymbol{E}-\boldsymbol{A}^i)(\boldsymbol{E}-\boldsymbol{A})^{-1}$,于是有

$$\boldsymbol{x}_i=\boldsymbol{A}^i\boldsymbol{c}+\sum_{j=0}^{i-1}\boldsymbol{A}^j\boldsymbol{z}_{i-j-1}=\boldsymbol{A}^i\begin{bmatrix}1\\-1\end{bmatrix}+(\boldsymbol{E}-\boldsymbol{A}^i)(\boldsymbol{E}-\boldsymbol{A})^{-1}\begin{bmatrix}0\\1\end{bmatrix}$$

$$=\boldsymbol{A}^i\begin{bmatrix}1\\-1\end{bmatrix}+(\boldsymbol{E}-\boldsymbol{A}^i)\frac{1}{12}\begin{bmatrix}11&6\\-1&6\end{bmatrix}\begin{bmatrix}0\\1\end{bmatrix}=\boldsymbol{A}^i\begin{bmatrix}1\\-1\end{bmatrix}+(\boldsymbol{E}-\boldsymbol{A}^i)\frac{1}{2}\begin{bmatrix}1\\1\end{bmatrix}$$

$$=\frac{1}{2}\begin{bmatrix}1\\1\end{bmatrix}+\boldsymbol{A}^i\frac{1}{2}\begin{bmatrix}1\\-3\end{bmatrix}$$

$$=\frac{1}{2}\begin{bmatrix}1\\1\end{bmatrix}+\frac{1}{2}\begin{bmatrix}-2(-1/2)^i+3(-1/3)^i & -6(-1/2)^i+6(-1/3)^i\\(-1/2)^i-(-1/3)^i & 3(-1/2)^i-2(-1/3)^i\end{bmatrix}\begin{bmatrix}1\\-3\end{bmatrix}$$

$$=\frac{1}{2}\begin{bmatrix}1+16(-1/2)^i-15(-1/3)^i\\1-8(-1/2)^i+5(-1/3)^i\end{bmatrix},$$

故原方程的解为

$$y_i=\frac{1}{2}+8(-1/2)^i-\frac{15}{2}(-1/3)^i.$$

习题 2.24 给定 n 阶实对称三对角矩阵 $\boldsymbol{A}_n=\text{tridiag}_n(d_1,d_0,d_1)$,用解差分方程的方法求其行列式 $\det(\boldsymbol{A}_n)$,并编写 Matlab 程序验证所得出结果.

解:首先将 n 阶实对称三对角矩阵 $\boldsymbol{A}_n=\text{tridiag}_n(d_1,d_0,d_1)$ 的行列式 $\det(\boldsymbol{A}_n)$ 按照第一行展开可得

$$\det(\boldsymbol{A}_n)=d_0\det(\boldsymbol{A}_{n-1})-d_1^2\det(\boldsymbol{A}_{n-2}).$$

令 $y_n=\det(\boldsymbol{A}_n)$,则有齐次差分方程 $y_n-d_0y_{n-1}+d_1^2y_{n-2}=0$,且有初始条件 $y_1=d_0$,$y_2=d_0^2-d_1^2$,对应的特征方程为 $r^2-d_0r+d_1^2=0$,令 $\Delta=d_0^2-4d_1^2$.

(1) 当 $\Delta=d_0^2-4d_1^2>0$,即 $d_0^2>4d_1^2$ 时,$r_{1,2}=\frac{1}{2}(d_0\pm\sqrt{\Delta})$,则齐次差分方程的通解

为 $y_n=c_1r_1^n+c_2r_2^n$,代入初始条件可得 $\begin{cases}c_1r_1+c_2r_2=d_0\\ c_1r_1^2+c_2r_2^2=d_0^2-d_1^2\end{cases}$,由此可得

$$c_1=\frac{d_0^2-d_1^2-d_0r_2}{r_1^2-r_1r_2}=\frac{r_1}{r_1-r_2},c_2=\frac{d_0^2-d_1^2-d_0r_1}{r_2^2-r_1r_2}=\frac{r_2}{r_2-r_1},$$

于是

$$y_n=\det(\boldsymbol{A}_n)=\frac{1}{r_1-r_2}r_1^{n+1}+\frac{1}{r_2-r_1}r_2^{n+1}=\frac{r_1^{n+1}-r_2^{n+1}}{r_1-r_2}=\sum_{k=0}^{n}r_1^{n-k}r_2^k.$$

(2) 当 $\Delta=d_0^2-4d_1^2=0$,即 $d_0^2=4d_1^2$ 时,$r_{1,2}=\frac{1}{2}d_0$,则齐次差分方程的通解为 $y_n=c_1r_1^n+c_2nr_1^{n-1}$,代入初始条件可得 $\begin{cases}c_1r_1+c_2=d_0\\ c_1r_1^2+2c_2r_1=3/4d_0^2\end{cases}$,由此可得

$$c_1=1,c_2=r_1=\frac{1}{2}d_0,$$

于是

$$y_n=(n+1)r_1^n=(n+1)\left(\frac{d_0}{2}\right)^n.$$

(3) 当 $\Delta=d_0^2-4d_1^2<0$,即 $d_0^2<4d_1^2$ 时,$r_{1,2}=\frac{1}{2}(d_0\pm i\sqrt{-\Delta})=|d_1|\exp(\pm\theta)$,其中

$$\theta=\arctan(\sqrt{-\Delta}/d_0),\sin\theta=\frac{\sqrt{-\Delta}}{2|d_1|},\cos\theta=\frac{d_0}{2|d_1|},$$

$$\sin(2\theta)=\frac{d_0\sqrt{-\Delta}}{2d_1^2},\cos(2\theta)=\frac{d_0^2-2d_1^2}{2d_1^2},$$

则齐次差分方程的通解为 $y_n=|d_1|^nc_1\cos(n\theta)+|d_1|^nc_2\sin(n\theta)$,代入初始条件可得

$$\begin{cases}c_1\cos\theta+c_2\sin\theta=d_0/|d_1|\\ c_1\cos(2\theta)+c_2\sin(2\theta)=(d_0^2-d_1^2)/d_1^2\end{cases},$$

即

$$\begin{cases}d_0c_1+\sqrt{-\Delta}c_2=2d_0\\ (d_0^2-2d_1^2)c_1+d_0\sqrt{-\Delta}c_2=2(d_0^2-d_1^2)\end{cases},$$

由此可得

$$c_1=1,c_2=\frac{d_0}{\sqrt{-\Delta}},$$

于是齐次差分方程的通解为

$$\begin{aligned}y_n&=|d_1|^n\cos(n\theta)+|d_1|^n\frac{d_0}{\sqrt{-\Delta}}\sin(n\theta)\\&=|d_1|^n\cos(n\theta)+|d_1|^n\frac{\cos\theta}{\sin\theta}\sin(n\theta)=|d_1|^n\frac{\sin[(n+1)\theta]}{\sin\theta},\end{aligned}$$

其中

$$\theta=\arccos(d_0/(2|d_1|)).$$

验证以上公式可借助如下 Matlab 程序 2.4 实现.

习题程序 2.4 用差分递推公式计算实对称三对角矩阵行列式的 Matlab 程序

习题 2.24

```
%%%%%%%%%%%%%%%%%%%%%%%%%%%%%%%%%%%%%%
function [DD,err,delta]=tridiag_det(n,d0,d1)
%n为输入矩阵的阶次;d0为三对角对称矩阵的对角元素,d1为三对角对称矩阵的次对角元素
%DD为理论计算的三对角对称矩阵的行列式,err为理论行列式与数值行列式的相对误差
%delta为判别式的值
if n==1
    D=6;DD=6;
end
A=diag(d0*ones(n,1))+diag(d1*ones(n-1,1),1)+diag(d1*ones(n-1,1),-1);
D=det(A);
delta=d0^2-4*d1^2;
if delta>0
    r1=1/2*(d0+sqrt(delta));r2=1/2*(d0-sqrt(delta));
    DD=0;
    for k=0:n
        DD=DD+r1^(n-k)*r2^k;
    end
elseif delta==0
    r1=1/2*d0;
    DD=(1+n)*r1^n;
```

```
else
    theta=acos(d0/2/abs(d1));
    DD=abs(d1).^n*sin((n+1)*theta)/sin(theta);
end
err=abs((D-DD)/(DD+eps));
end
%%%%%%%%%%%%%%%%%%%%%%%%%%%%%%%%%%%%%%%%%%%%%
```

第 3 章　欧氏空间与酉空间

习题 3.1　已知 $\boldsymbol{A}=\begin{bmatrix}1&2&0\\-1&3&1\\0&1&2\end{bmatrix}$，$\boldsymbol{v}=\begin{bmatrix}1\\-1\\1\end{bmatrix}$，使用 Arnoldi 方法求解 Krylov 空间 $K_3(\boldsymbol{A},\boldsymbol{v})=\mathrm{span}\{\boldsymbol{v},\boldsymbol{Av},\boldsymbol{A}^2\boldsymbol{v}\}$中的一组标准正交基$\{\boldsymbol{v}_1,\boldsymbol{v}_2,\boldsymbol{v}_3\}$，同时计算 $\boldsymbol{V}^{\mathrm{T}}\boldsymbol{AV}$，其中 $\boldsymbol{V}=[\boldsymbol{v}_1,\boldsymbol{v}_2,\boldsymbol{v}_3]$.

解：取 $\boldsymbol{v}_1=\dfrac{\boldsymbol{v}}{\|\boldsymbol{v}\|}=\dfrac{\sqrt{3}}{3}\begin{bmatrix}1\\-1\\1\end{bmatrix}$，令 $h_{11}=(\boldsymbol{Av}_1,\boldsymbol{v}_1)=1$，$\hat{\boldsymbol{v}}_2=\boldsymbol{Av}_1-h_{11}\boldsymbol{v}_1=\dfrac{\sqrt{3}}{3}\begin{bmatrix}-2\\-2\\0\end{bmatrix}$，令 $h_{21}=\|\hat{\boldsymbol{v}}_2\|=\dfrac{2\sqrt{6}}{3}$，构造 $\boldsymbol{v}_2=\hat{\boldsymbol{v}}_2/h_{21}=\dfrac{\sqrt{2}}{2}\begin{bmatrix}-1\\-1\\0\end{bmatrix}$. 再令 $h_{12}=(\boldsymbol{Av}_2,\boldsymbol{v}_1)=-\dfrac{\sqrt{6}}{3}$，$h_{22}=(\boldsymbol{Av}_2,\boldsymbol{v}_2)=\dfrac{5}{2}$，$\hat{\boldsymbol{v}}_3=\boldsymbol{Av}_2-h_{12}\boldsymbol{v}_1-h_{22}\boldsymbol{v}_2=\dfrac{\sqrt{2}}{12}\begin{bmatrix}1\\-1\\-2\end{bmatrix}$，令 $h_{32}=\|\hat{\boldsymbol{v}}_2\|=\dfrac{\sqrt{12}}{12}$，构造 $\boldsymbol{v}_3=\hat{\boldsymbol{v}}_3/h_{32}=\dfrac{\sqrt{6}}{6}\begin{bmatrix}1\\-1\\-2\end{bmatrix}$. 最后令 $h_{13}=(\boldsymbol{Av}_3,\boldsymbol{v}_1)=0$，$h_{23}=(\boldsymbol{Av}_3,\boldsymbol{v}_2)=\dfrac{7\sqrt{12}}{12}$，$h_{33}=(\boldsymbol{Av}_3,\boldsymbol{v}_3)=\dfrac{5}{2}$. 故取

$$\boldsymbol{V}=[\boldsymbol{v}_1,\boldsymbol{v}_2,\boldsymbol{v}_3]=\begin{bmatrix}\frac{\sqrt{3}}{3}&-\frac{\sqrt{2}}{2}&\frac{\sqrt{6}}{6}\\-\frac{\sqrt{3}}{3}&-\frac{\sqrt{2}}{2}&-\frac{\sqrt{6}}{6}\\\frac{\sqrt{3}}{3}&0&-\frac{\sqrt{6}}{3}\end{bmatrix},\boldsymbol{H}=\begin{bmatrix}1&-\frac{\sqrt{6}}{3}&0\\\frac{2\sqrt{6}}{3}&\frac{5}{2}&\frac{7\sqrt{12}}{12}\\0&\frac{\sqrt{12}}{12}&\frac{5}{2}\end{bmatrix},$$

则有 $\boldsymbol{V}^{\mathrm{T}}\boldsymbol{AV}=\boldsymbol{H}$，且 $\boldsymbol{H}$ 是上 Hessenberg 矩阵.

习题 3.2　证明对于实对称矩阵 $\boldsymbol{A}=[a_{ij}]\in\mathbf{R}^{n\times n}$，都有

$$R(\boldsymbol{A})+N(\boldsymbol{A})=R(\boldsymbol{A})\oplus N(\boldsymbol{A})=\mathbf{R}^n,$$

且 $R(\boldsymbol{A})^{\perp}=N(\boldsymbol{A})$，$N(\boldsymbol{A})^{\perp}=R(\boldsymbol{A})$.

证明：习题 2.9 已证明前一部分结论，即对于实对称矩阵 $\boldsymbol{A}=[a_{ij}]\in\mathbf{R}^{n\times n}$，都有 $R(\boldsymbol{A})+N(\boldsymbol{A})=R(\boldsymbol{A})\oplus N(\boldsymbol{A})=\boldsymbol{R}^n$，故只需证明 $R(\boldsymbol{A})^{\perp}=N(\boldsymbol{A})$，$N(\boldsymbol{A})^{\perp}=R(\boldsymbol{A})$.

首先证明 $R(\boldsymbol{A})^{\perp}=N(\boldsymbol{A})$. 任取 $\boldsymbol{x}_1\in R(\boldsymbol{A}),\boldsymbol{x}_2\in N(\boldsymbol{A})$,则存在 $\boldsymbol{y}_1\in\mathbf{R}^n$ 使得 $\boldsymbol{x}_1=\boldsymbol{A}\boldsymbol{y}_1$,同时有 $\boldsymbol{A}\boldsymbol{x}_2=\boldsymbol{0}$,那么$(\boldsymbol{y}_1,\boldsymbol{A}\boldsymbol{x}_2)=0$,即$(\boldsymbol{A}^{\mathrm{T}}\boldsymbol{y}_1,\boldsymbol{x}_2)=0$,再由 $\boldsymbol{A}^{\mathrm{T}}=\boldsymbol{A}$,有$(\boldsymbol{A}\boldsymbol{y}_1,\boldsymbol{x}_2)=0$,即$(\boldsymbol{x}_1,\boldsymbol{x}_2)=0$,于是 $R(\boldsymbol{A})\perp N(\boldsymbol{A})$,结合 $R(\boldsymbol{A})\oplus N(\boldsymbol{A})=\mathbf{R}^n$ 可知 $R(\boldsymbol{A})^{\perp}=N(\boldsymbol{A})$. 由于 $R(\boldsymbol{A})$和 $N(\boldsymbol{A})$互为正交补,因此也有 $N(\boldsymbol{A})^{\perp}=R(\boldsymbol{A})$.

习题 3.3　利用程序 3.1.2(习题程序 3.1)计算定积分 $\int_0^{\pi}\mathrm{e}^x\cos x\,\mathrm{d}x$ (其精确值是 $-\frac{1}{2}(1+\mathrm{e}^{\pi})$).

解:f=inline('exp(x). * cos(x)'); y=GaussLegendre(f,0,pi). 进行计算可得积分 $\int_0^{\pi}\mathrm{e}^x\cos x\,\mathrm{d}x$ 的值为-12.0703.

习题程序 3.1　Gauss－Legendre 近似求积公式

```
%%%%%%%%%%%%%%%%%%%%%%%%%%%%%%%%%%%%%%%%%%%%%%%%%%%%%%%%%%%%%%%%%%%%%%%%
function y=GaussLegendre(f,a,b)
x=[0 0.5384693101 -0.5384693101 0.9061798459 -0.9061798459];
A=[0.5688888889 0.4786286705 0.4786286705 0.2369268851 0.2369268851];
t=(b-a)/2 * x+(b+a)/2;
y=(b-a)/2 * dot(feval(f,t),A);
%%%%%%%%%%%%%%%%%%%%%%%%%%%%%%%%%%%%%%%%%%%%%%%%%%%%%%%%%%%%%%%%%%%%%%%%
```

习题 3.3

习题 3.4　利用程序 3.1.3(习题程序 3.2)用 7 阶 Legendre 多项式逼近函数 $f(x)=x\tanh x, x\in[-2,2]$,并计算其最佳平方逼近误差,同时绘制原函数与逼近函数的图形.

解:f=inline('x. * tanh(x)'); [Y,error]=LegendreApproximation(f,7,-2,2). 其最佳平方逼近误差为 0.0593,参见图 3.1.

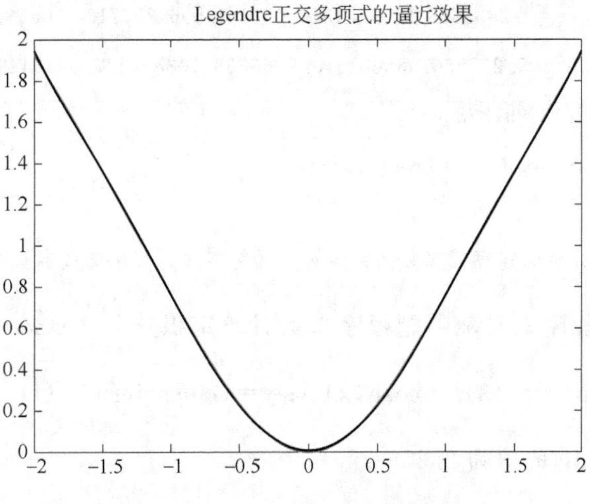

图 3.1　Legendre 正交多项式逼近

习题程序 3.2 Legendre 正交多项式逼近

习题 3.4

```
%%%%%%%%%%%%%%%%%%%%%%%%%%%%%%%%%%%%%%%%%%%%%%%%
function [Y,error]=LegendreApproximation(f,n,a,b)
xx=linspace(a,b,106);
fval=feval(f,xx);
for i=1:n+1
w(i)=(2*(i-1)+1)/2*quad(@(x)f((b-a)/2*x+(b+a)/2).*legendreP(i-1,x),-1,1);
YY(i,:)=w(i).*legendreP(i-1,2/(b-a)*xx-(b+a)/(b-a));
end
Y=sum(YY);
error=norm(fval-Y,'inf');
plot(xx,fval,xx,Y,'r');
title('Legendre 正交多项式的逼近效果')
%%%%%%%%%%%%%%%%%%%%%%%%%%%%%%%%%%%%%%%%%%%%%%%%
```

习题 3.5 利用程序 3.1.4(习题程序 3.3)计算定积分 $\int_1^{+\infty}\exp(-x^2)\mathrm{d}x$.

解:f=inline('exp(-x.^2)'); y=GaussLaguerre(f,1). 进行计算可得定积分 $\int_1^{+\infty}\exp(-x^2)\mathrm{d}x$ 的值为 0.1424.

习题程序 3.3 Gauss-Laguerre 近似求积公式

习题 3.5

```
%%%%%%%%%%%%%%%%%%%%%%%%%%%%%%%%%%%%%%%%%%%%%%%%
function y=GaussLaguerre(f,a)
x=[0.2635603197 1.4134030591 3.5964257710 7.0858100059 12.6408008143];
A=[5.2175561058e-1 3.98666681108e-1 7.5942449682e-2 3.6117586799e
-3 2.3369972386e-5];
F=exp(x).*feval(f,x+a);
y=dot(F,A);
%%%%%%%%%%%%%%%%%%%%%%%%%%%%%%%%%%%%%%%%%%%%%%%%
```

习题 3.6 利用程序 3.1.5(习题程序 3.4)计算定积分 $\int_{-\infty}^{+\infty}\exp(-x^2)\cosh x\,\mathrm{d}x$.

解:f=inline('exp(-x.^2).*cosh(x)'); y=GaussHermite(f). 进行计算可得定积分 $\int_{-\infty}^{+\infty}\exp(-x^2)\cosh x\,\mathrm{d}x$ 的值为 2.2759.

习题程序 3.4 Gauss-Hermite 近似求积公式

```
%%%%%%%%%%%%%%%%%%%%%%%%%%%%%%%%%%%%%%%%%%%
function y=GaussHermite(f)
x=[0 0.9585724646 -0.9585724646 2.0201828705 -2.0201828705];
A=[9.4530872048e-1 3.9361932315e-1 3.9361932315e-1 1.9953242059e-2
1.9953242059e-2];
F=exp(x.^2).*feval(f,x);
y=dot(F,A);
%%%%%%%%%%%%%%%%%%%%%%%%%%%%%%%%%%%%%%%%%%%
```

习题 3.6

习题 3.7　利用程序 3.1.6(习题程序 3.5)计算定积分 $\int_0^{\pi} e^x \sin x \, dx$ (其精确值是 $\frac{1}{2}(1+e^{\pi})$).

解:

$$\int_0^{\pi} e^x \sin x \, dx = \int_{-1}^{1} \exp\left(\frac{b-a}{2}t + \frac{b+a}{2}\right) \sin\left(\frac{b-a}{2}t + \frac{b+a}{2}\right) d\left(\frac{b-a}{2}t + \frac{b+a}{2}\right)$$

$$= \frac{b-a}{2}\int_{-1}^{1} \exp\left(\frac{b-a}{2}t + \frac{b+a}{2}\right) \sin\left(\frac{b-a}{2}t + \frac{b+a}{2}\right) dt$$

$$= \int_{-1}^{1} \frac{1}{\sqrt{1-t^2}} \left[\frac{\pi}{2}\sqrt{1-t^2} \exp\left(\frac{\pi}{2}t + \frac{\pi}{2}\right) \sin\left(\frac{\pi}{2}t + \frac{\pi}{2}\right)\right] dt.$$

f=inline('pi/2*sqrt(1-t.^2).*exp(pi/2*t+pi/2).*sin(pi/2*t+pi/2)'); y=gaussChebyshev(f,100000). 进行计算可得定积分 $\int_0^{\pi} e^x \sin x \, dx$ 的值为 12.0702.

习题程序 3.5　Gauss-Chebyshev 近似求积公式

```
%%%%%%%%%%%%%%%%%%%%%%%%%%%%%%%%%%%%%%%%%%%
function yy=gaussChebyshev(f,n)
i=1:n+1;
X=cos((2.*i-1)./(2.*n).*pi);
W=pi./(n+1);
fu=feval(f,X);
yy=W*sum(fu);
%%%%%%%%%%%%%%%%%%%%%%%%%%%%%%%%%%%%%%%%%%%
```

习题 3.7

习题 3.8　利用程序 3.1.7(习题程序 3.6)用 7 阶 Chebyshev 多项式逼近函数 $f(x)=x\tanh x, x\in[-2,2]$,并计算其最佳平方逼近误差,同时绘制原函数与逼近函数的图形.

解: f=inline('x.*tanh(x)'); [Y,error]=ChebyshevApproximation(f,7,-2,2). 其最佳平方逼近误差为 0.0621,参见图 3.2.

习题 3.8

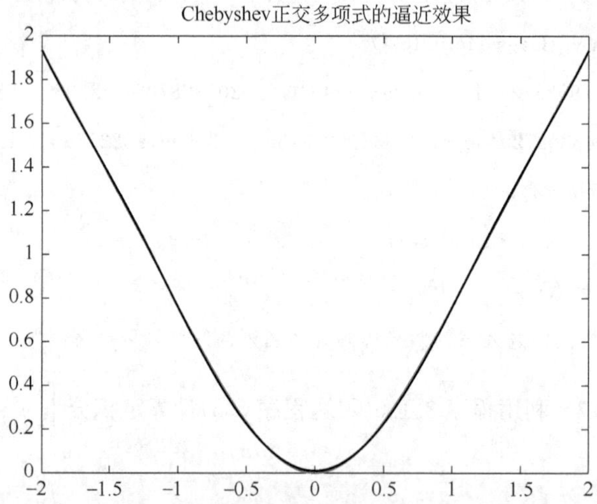

图 3.2　Chebyshev 正交多项式逼近

习题程序 3.6　Chebyshev 正交多项式逼近

```
%%%%%%%%%%%%%%%%%%%%%%%%%%%%%%%%%%%%%%%%%%%%
function [Y,error]=ChebyshevApproximation(f,n,a,b)
xx=linspace(a,b,106);
fval=feval(f,xx);
w(1)=1/pi*integral(@(x)f((b-a)/2*x+(b+a)/2).*chebyshevT(0,x)./sqrt(1-x.^2),-1,1);
YY(1,:)=w(1).*chebyshevT(0,2/(b-a)*xx-(b+a)/(b-a));
for i=2:n+1
w(i)=2/pi*integral(@(x)f((b-a)/2*x+(b+a)/2).*chebyshevT(i-1,x)./sqrt(1-x.^2),-1,1);
YY(i,:)=w(i).*chebyshevT(i-1,2/(b-a)*xx-(b+a)/(b-a));
end
Y=sum(YY);
error=norm(fval-Y);
plot(xx,fval,xx,Y,'r');
title('Chebyshev 正交多项式的逼近效果')
%%%%%%%%%%%%%%%%%%%%%%%%%%%%%%%%%%%%%%%%%%%%
```

习题 3.9　已知 $\Phi=\left\{\frac{1}{2},\cos\frac{\pi x}{T},\sin\frac{\pi x}{T},\cdots,\cos\frac{n\pi x}{T},\sin\frac{n\pi x}{T}\right\}$,求 $f(x)=x\exp(-x)$,$x\in[-T,T]$在 $\mathrm{span}\{\Phi\}$上,当 $n=2$ 时最佳平方逼近,其中权函数为 $\rho(x)=1$,$T=3$,同时利用程序 2.2.1(习题程序 3.7)观察其逼近效果,并与 Legendre 多项式逼近进行比较.

解:由于 $\Phi=\left\{\frac{1}{2},\cos\frac{\pi x}{T},\sin\frac{\pi x}{T},\cdots,\cos\frac{n\pi x}{T},\sin\frac{n\pi x}{T}\right\}$满足

$$\int_{-T}^{T}\sin\frac{i\pi x}{T}\cos\frac{k\pi x}{T}\mathrm{d}x=0\ ,$$

$$\int_{-T}^{T}\sin\frac{i\pi x}{T}\sin\frac{k\pi x}{T}\mathrm{d}x=\begin{cases}0 & i\neq k\\ T & i=k\neq 0\\ 0 & i=k=0\end{cases},$$

$$\int_{-T}^{T}\cos\frac{i\pi x}{T}\cos\frac{k\pi x}{T}\mathrm{d}x=\begin{cases}0 & i\neq k\\ T & i=k\neq 0\\ 2T & i=k=0\end{cases},$$

因此 Φ 是 $x\in[-T,T]$上的一组正交基,于是有

$$\begin{bmatrix}\frac{T}{2} & 0 & 0 & \cdots & 0 & 0\\ 0 & T & 0 & \cdots & 0 & 0\\ 0 & 0 & T & \cdots & 0 & 0\\ \vdots & \vdots & \vdots & & \vdots & \vdots\\ 0 & 0 & 0 & \cdots & T & 0\\ 0 & 0 & 0 & \cdots & 0 & T\end{bmatrix}\begin{bmatrix}a_0\\ a_1\\ b_1\\ \vdots\\ a_n\\ b_n\end{bmatrix}=\begin{bmatrix}\int_{-T}^{T}\frac{1}{2}f(x)\mathrm{d}x\\ \int_{-T}^{T}f(x)\cos\frac{\pi x}{T}\mathrm{d}x\\ \int_{-T}^{T}f(x)\sin\frac{\pi x}{T}\mathrm{d}x\\ \vdots\\ \int_{-T}^{T}f(x)\cos\frac{n\pi x}{T}\mathrm{d}x\\ \int_{-T}^{T}f(x)\sin\frac{n\pi x}{T}\mathrm{d}x\end{bmatrix},$$

由此可得

$$a_0=\frac{1}{T}\int_{-T}^{T}f(x)\mathrm{d}x,a_k=\frac{1}{T}\int_{-T}^{T}f(x)\cos\frac{k\pi x}{T}\mathrm{d}x\ ,$$

$$b_k=\frac{1}{T}\int_{-T}^{T}f(x)\sin\frac{k\pi x}{T}\mathrm{d}x,\quad k=1,2,\cdots,n\ ,$$

于是可以得到 $f(x),x\in[-T,T]$的最佳平方逼近:

$$f(x)\approx\frac{a_0}{2}+\sum_{k=1}^{n}\left[a_k\cos\frac{k\pi x}{T}+b_k\sin\frac{k\pi x}{T}\right].$$

实际上该式就是傅里叶级数的部分展开,为此可以使用程序 2.2.1(习题程序 3.7)计算 f=@(x)x. * exp(-x); [Y,error]=FourierApproximation(f,500,3). 其最佳平方逼近误差为 42.7192. 再运行程序 3.1.3(习题程序 3.2),[Y,error]=LegendreApproximation(f,7,-3,3). 其最佳平方逼近误差为 0.0964.

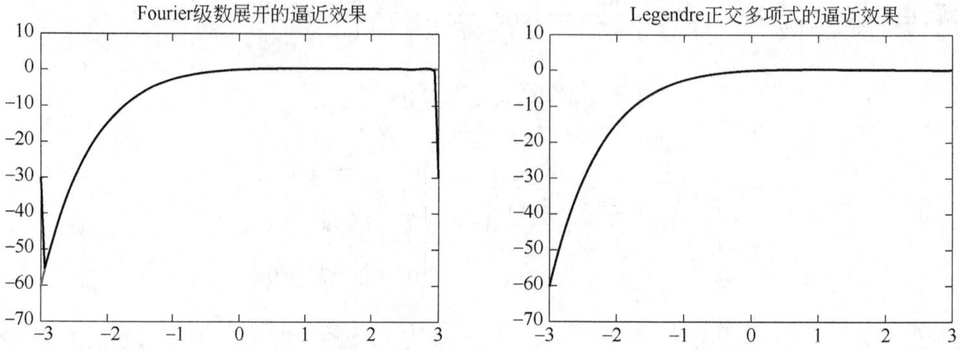

(a) Fourier级数展开，n=500　　(b) Legendre多项式展开，n=7

图 3.3　Fourier 级数展开与 Legendre 正交多项式逼近比较

习题程序 3.7　Fourier 级数展开逼近

习题 3.9

```
%%%%%%%%%%%%%%%%%%%%%%%%%%%%%%%%%%%%%%%%%
function [Y,error]=FourierApproximation(f,n,T)
xx=linspace(-T,T,104);
fval=feval(f,xx);
a0=1/T * integral(f,-T,T);
sum=a0/2;
for i=1:n
a(i)=1/T * integral(@(t)f(t). * cos(i * pi/T. * t),-T,T);
b(i)=1/T * integral(@(t)f(t). * sin(i * pi/T. * t),-T,T);
sum=sum+a(i). * cos(i * pi/T. * xx)+b(i). * sin(i * pi/T. * xx);
end
Y=sum;
error=norm(fval-Y);
plot(xx,fval,xx,Y,'r');
title('Fourier 级数展开的逼近效果')
%%%%%%%%%%%%%%%%%%%%%%%%%%%%%%%%%%%%%%%%%
```

习题 3.10　已知 $\boldsymbol{A}=\begin{bmatrix}-1 & 2 & 0\\ -1 & 1 & 1\\ 0 & 1 & 2\end{bmatrix}$,使用镜面反射变换将 $\boldsymbol{A}$ 化为上三角形矩阵 $\boldsymbol{R}$,由此将 $\boldsymbol{A}$ 分解成 $\boldsymbol{A}=\boldsymbol{HR}$,其中 $\boldsymbol{H}$ 是正交矩阵.

解:令 $\boldsymbol{A}=[\boldsymbol{a}_1,\boldsymbol{a}_2,\boldsymbol{a}_3]$,$\boldsymbol{r}_1=\|\boldsymbol{a}_1\|\boldsymbol{e}_1$,其中 $\boldsymbol{e}_1=[1,0,0]^{\mathrm{T}}$,由此构造

$$\boldsymbol{w}_1=\boldsymbol{a}_1-\boldsymbol{r}_1=\begin{bmatrix}-1\\-1\\0\end{bmatrix}-\sqrt{2}\begin{bmatrix}1\\0\\0\end{bmatrix}=\begin{bmatrix}-1-\sqrt{2}\\-1\\0\end{bmatrix},\boldsymbol{u}_1=\frac{\boldsymbol{w}_1}{\|\boldsymbol{w}_1\|}=\frac{1}{\sqrt{4+2\sqrt{2}}}\begin{bmatrix}-1-\sqrt{2}\\-1\\0\end{bmatrix},$$

$$\boldsymbol{H}_1=\boldsymbol{E}_3-2\boldsymbol{u}_1\boldsymbol{u}_1^{\mathrm{T}}=\frac{1}{2}\begin{bmatrix}-\sqrt{2}&-\sqrt{2}&0\\-\sqrt{2}&\sqrt{2}&0\\0&0&2\end{bmatrix},\boldsymbol{A}_1=\boldsymbol{H}_1\boldsymbol{A}=\begin{bmatrix}\sqrt{2}&-\frac{3}{2}\sqrt{2}&-\frac{1}{2}\sqrt{2}\\0&-\frac{1}{2}\sqrt{2}&\frac{1}{2}\sqrt{2}\\0&1&2\end{bmatrix}.$$

令 $\boldsymbol{a}_2'=[0,-\frac{1}{2}\sqrt{2},1]^{\mathrm{T}},\boldsymbol{r}_2=\|\boldsymbol{a}_2'\|\boldsymbol{e}_2$,

$$\boldsymbol{w}_2=\boldsymbol{a}_2'-\boldsymbol{r}_2=\begin{bmatrix}0\\-\frac{1}{2}\sqrt{2}-\frac{1}{2}\sqrt{6}\\1\end{bmatrix},\boldsymbol{u}_2=\frac{\boldsymbol{w}_2}{\|\boldsymbol{w}_2\|}=\frac{1}{\sqrt{3+\sqrt{3}}}\begin{bmatrix}0\\-\frac{1}{2}\sqrt{2}-\frac{1}{2}\sqrt{6}\\1\end{bmatrix},$$

$$\boldsymbol{H}_2=\boldsymbol{E}_3-2\boldsymbol{u}_2\boldsymbol{u}_2^{\mathrm{T}}=\begin{bmatrix}1&0&0\\0&-\frac{\sqrt{3}}{3}&\frac{\sqrt{6}}{3}\\0&\frac{\sqrt{6}}{3}&\frac{\sqrt{3}}{3}\end{bmatrix},\boldsymbol{H}_2\boldsymbol{A}_1=\boldsymbol{H}_2\boldsymbol{H}_1\boldsymbol{A}=\begin{bmatrix}\sqrt{2}&-\frac{3}{2}\sqrt{2}&-\frac{1}{2}\sqrt{2}\\0&\frac{1}{2}\sqrt{6}&\frac{1}{2}\sqrt{6}\\0&0&\sqrt{3}\end{bmatrix}=\boldsymbol{R}.$$

由此可得 $\boldsymbol{A}=(\boldsymbol{H}_2\boldsymbol{H}_1)^{-1}\boldsymbol{R}=\boldsymbol{H}_1^{-1}\boldsymbol{H}_2^{-1}\boldsymbol{R}=\boldsymbol{H}_1^{\mathrm{T}}\boldsymbol{H}_2^{\mathrm{T}}\boldsymbol{R}=\boldsymbol{H}_1\boldsymbol{H}_2\boldsymbol{R}$,再令 $\boldsymbol{H}=\boldsymbol{H}_1\boldsymbol{H}_2$,即

$$\boldsymbol{H}=\begin{bmatrix}-\frac{\sqrt{2}}{2}&\frac{\sqrt{6}}{6}&-\frac{\sqrt{3}}{3}\\-\frac{\sqrt{2}}{2}&-\frac{\sqrt{6}}{6}&\frac{\sqrt{3}}{3}\\0&\frac{2\sqrt{6}}{6}&\frac{\sqrt{3}}{3}\end{bmatrix},$$

此时即有 $\boldsymbol{A}=\boldsymbol{H}\boldsymbol{R}$,其中 $\boldsymbol{H}$ 是正交矩阵,$\boldsymbol{R}$ 是上三角矩阵.

习题 3.11　设

$$\boldsymbol{A}=\begin{bmatrix}-1&0&1&2\\1&2&-1&1\\2&2&-2&-1\\-2&-4&2&-2\end{bmatrix},\boldsymbol{b}=\begin{bmatrix}-1\\2\\3\\1\end{bmatrix},$$

试求 $\boldsymbol{A}$ 的满秩分解和 $\boldsymbol{A}$ 的 Moore-Penrose 广义逆,以及 $\boldsymbol{A}\boldsymbol{x}=\boldsymbol{b}$ 的极小范数最小二乘解.

解:将 $\boldsymbol{A}$ 通过行初等变换化为 Hermite 形,即

$$\begin{bmatrix}-1&0&1&2\\1&2&-1&1\\2&2&-2&-1\\-2&-4&2&-2\end{bmatrix}\rightarrow\begin{bmatrix}-1&0&1&2\\0&2&0&3\\0&0&0&0\\0&0&0&0\end{bmatrix}\rightarrow\begin{bmatrix}1&0&-1&-2\\0&1&0&3/2\\0&0&0&0\\0&0&0&0\end{bmatrix},$$

显然 $\text{rank}(\boldsymbol{A})=2$,于是取 $\boldsymbol{A}$ 的前两个列向量所组成的矩阵为 $\boldsymbol{F}$,即 $\boldsymbol{F}=\begin{bmatrix}-1&0\\1&2\\2&2\\-2&-4\end{bmatrix}$,取 $\boldsymbol{A}$ 行变换后得到的前两行所组成的子矩阵为 $\boldsymbol{K}$,即 $\boldsymbol{K}=\begin{bmatrix}1&0&-1&-2\\0&1&0&3/2\end{bmatrix}$,此时 $\boldsymbol{A}=\boldsymbol{FK}$ 是 $\boldsymbol{A}$ 的一个满秩分解.因此,由定理 3.5.7 可知,$\boldsymbol{A}$ 的 Moore-Penrose 广义逆

$$\boldsymbol{A}^{+}=\boldsymbol{K}^{\mathrm{T}}(\boldsymbol{KK}^{\mathrm{T}})^{-1}(\boldsymbol{F}^{\mathrm{T}}\boldsymbol{F})^{-1}\boldsymbol{F}^{\mathrm{T}}=\begin{bmatrix}1&0\\0&1\\-1&0\\-2&3/2\end{bmatrix}\begin{bmatrix}6&-3\\-3&13/4\end{bmatrix}^{-1}\begin{bmatrix}10&14\\14&24\end{bmatrix}^{-1}\begin{bmatrix}-1&1&2&-2\\0&2&2&-4\end{bmatrix}$$

$$=\begin{bmatrix}1&0\\0&1\\-1&0\\-2&3/2\end{bmatrix}\frac{1}{42}\begin{bmatrix}13&12\\12&24\end{bmatrix}\frac{1}{22}\begin{bmatrix}12&-7\\-7&5\end{bmatrix}\begin{bmatrix}-1&1&2&-2\\0&2&2&-4\end{bmatrix}$$

$$=\frac{1}{462}\begin{bmatrix}-36&5&41&-10\\12&24&12&-48\\36&-5&-41&10\\90&26&-64&-52\end{bmatrix},$$

再由定理 3.5.8 可知 $\hat{\boldsymbol{x}}=\boldsymbol{A}^{+}\boldsymbol{b}=\frac{1}{462}\begin{bmatrix}-36&5&41&-10\\12&24&12&-48\\36&-5&-41&10\\90&26&-64&-52\end{bmatrix}\begin{bmatrix}-1\\2\\3\\1\end{bmatrix}=\frac{1}{154}\begin{bmatrix}53\\8\\-53\\-94\end{bmatrix}$ 是 $\boldsymbol{Ax}=\boldsymbol{b}$ 的极小范数最小二乘解.

习题 3.12 求 Householder 矩阵,把向量 $\boldsymbol{x}=[1,1,0]^{\mathrm{T}}$ 映射为 $\boldsymbol{y}=[0,0,\sqrt{2}]^{\mathrm{T}}$.

解：

$$\boldsymbol{w}=\boldsymbol{x}-\boldsymbol{y}=\begin{bmatrix}1\\1\\0\end{bmatrix}-\begin{bmatrix}0\\0\\\sqrt{2}\end{bmatrix}=\begin{bmatrix}1\\1\\-\sqrt{2}\end{bmatrix},\boldsymbol{u}=\frac{\boldsymbol{w}}{\|\boldsymbol{w}\|}=\frac{1}{2}\begin{bmatrix}1\\1\\-\sqrt{2}\end{bmatrix},$$

把向量 $\boldsymbol{x}=[1,1,0]^{\mathrm{T}}$ 映射为 $\boldsymbol{y}=[0,0,\sqrt{2}]^{\mathrm{T}}$ 的 Householder 矩阵 $\boldsymbol{H}$ 为

$$\boldsymbol{H}=\boldsymbol{E}_3-2\boldsymbol{u}_1\boldsymbol{u}_1^{\mathrm{T}}=\begin{bmatrix}\frac{1}{2}&-\frac{1}{2}&\frac{\sqrt{2}}{2}\\-\frac{1}{2}&\frac{1}{2}&\frac{\sqrt{2}}{2}\\\frac{\sqrt{2}}{2}&\frac{\sqrt{2}}{2}&0\end{bmatrix}.$$

习题 3.13　设 $\boldsymbol{A}$ 是 n 阶正规矩阵(即 $\boldsymbol{A}^*\boldsymbol{A}=\boldsymbol{A}\boldsymbol{A}^*$,其中 $\boldsymbol{A}^*$是 $\boldsymbol{A}$ 的共轭转置矩阵),证明:

(1)$\boldsymbol{A}-\lambda\boldsymbol{E}$ 也是正规矩阵;

(2)对于任意向量 $\boldsymbol{x}$,向量 $\boldsymbol{Ax}$ 与 $\boldsymbol{A}^*\boldsymbol{x}$ 的长度相等;

(3)$\boldsymbol{A}$ 的任一特征向量都是 $\boldsymbol{A}^*$的特征向量.

证明:(1)

$$(\boldsymbol{A}-\lambda\boldsymbol{E})^*(\boldsymbol{A}-\lambda\boldsymbol{E})=(\boldsymbol{A}^*-\bar{\lambda}\boldsymbol{E})(\boldsymbol{A}-\lambda\boldsymbol{E})=\boldsymbol{A}^*\boldsymbol{A}-(\lambda\boldsymbol{A}^*+\bar{\lambda}\boldsymbol{A})+|\lambda|^2\boldsymbol{E},$$
$$(\boldsymbol{A}-\lambda\boldsymbol{E})(\boldsymbol{A}-\lambda\boldsymbol{E})^*=(\boldsymbol{A}-\lambda\boldsymbol{E})(\boldsymbol{A}^*-\bar{\lambda}\boldsymbol{E})=\boldsymbol{A}\boldsymbol{A}^*-(\lambda\boldsymbol{A}^*+\bar{\lambda}\boldsymbol{A})+|\lambda|^2\boldsymbol{E}.$$

因为 $\boldsymbol{A}$ 是 n 阶正规矩阵,故 $\boldsymbol{A}^*\boldsymbol{A}=\boldsymbol{A}\boldsymbol{A}^*$,$(\boldsymbol{A}-\lambda\boldsymbol{E})^*(\boldsymbol{A}-\lambda\boldsymbol{E})=(\boldsymbol{A}-\lambda\boldsymbol{E})(\boldsymbol{A}-\lambda\boldsymbol{E})^*$,即 $\boldsymbol{A}-\lambda\boldsymbol{E}$ 也是正规矩阵.

(2)

$$\|\boldsymbol{Ax}\|^2=(\boldsymbol{Ax},\boldsymbol{Ax})=(\boldsymbol{Ax})^*(\boldsymbol{Ax})=\boldsymbol{x}^*\boldsymbol{A}^*\boldsymbol{Ax},$$
$$\|\boldsymbol{A}^*\boldsymbol{x}\|^2=(\boldsymbol{A}^*\boldsymbol{x},\boldsymbol{A}^*\boldsymbol{x})=(\boldsymbol{A}^*\boldsymbol{x})^*(\boldsymbol{A}^*\boldsymbol{x})=\boldsymbol{x}^*\boldsymbol{A}\boldsymbol{A}^*\boldsymbol{x}.$$

由 $\boldsymbol{A}$ 是 n 阶正规矩阵,即 $\boldsymbol{A}^*\boldsymbol{A}=\boldsymbol{A}\boldsymbol{A}^*$可知 $\|\boldsymbol{Ax}\|^2=\|\boldsymbol{A}^*\boldsymbol{x}\|^2$,故对于任意向量 $\boldsymbol{x}$,向量 $\boldsymbol{Ax}$ 与 $\boldsymbol{A}^*\boldsymbol{x}$ 的长度相等.

(3)由 $\boldsymbol{A}$ 是 n 阶正规矩阵可知 $\boldsymbol{A}$ 可酉对角化,即存在酉矩阵 $\boldsymbol{U}$,使得 $\boldsymbol{U}^*\boldsymbol{AU}=\boldsymbol{D}$ 为对角矩阵,其中 $\boldsymbol{U}$ 的每一列是 $\boldsymbol{A}$ 的特征向量,故 $\boldsymbol{U}^*\boldsymbol{A}^*\boldsymbol{U}=\boldsymbol{D}^*$也是对角矩阵,可得 $\boldsymbol{A}^*\boldsymbol{U}=\boldsymbol{U}\boldsymbol{D}^*$,故 $\boldsymbol{U}$ 的每一列也是 $\boldsymbol{A}^*$的特征向量.

习题 3.14　用 Schmidt 标准正交化方法求方阵

$$\boldsymbol{A}=\begin{bmatrix}0&1&1\\1&1&0\\1&0&1\end{bmatrix}$$

的 QR 分解.

解:令 $\boldsymbol{A}=[\boldsymbol{\alpha}_1,\boldsymbol{\alpha}_2,\boldsymbol{\alpha}_3]$,对 $\boldsymbol{\alpha}_1,\boldsymbol{\alpha}_2,\boldsymbol{\alpha}_3$ 进行 Schmidt 标准正交化可得

$$\boldsymbol{\beta}_1=\boldsymbol{\alpha}_1=[0,1,1]^{\mathrm{T}},\boldsymbol{\beta}_2=\boldsymbol{\alpha}_2-\frac{(\boldsymbol{\alpha}_2,\boldsymbol{\beta}_1)}{(\boldsymbol{\beta}_1,\boldsymbol{\beta}_1)}\boldsymbol{\beta}_1=\left[1,\frac{1}{2},-\frac{1}{2}\right]^{\mathrm{T}},$$

$$\begin{aligned}\boldsymbol{\beta}_3&=\boldsymbol{\alpha}_3-\frac{(\boldsymbol{\alpha}_3,\boldsymbol{\beta}_1)}{(\boldsymbol{\beta}_1,\boldsymbol{\beta}_1)}\boldsymbol{\beta}_1-\frac{(\boldsymbol{\alpha}_3,\boldsymbol{\beta}_2)}{(\boldsymbol{\beta}_2,\boldsymbol{\beta}_2)}\boldsymbol{\beta}_2=[1,0,1]^{\mathrm{T}}-\left[0,\frac{1}{2},\frac{1}{2}\right]^{\mathrm{T}}-\frac{1}{3}\left[1,\frac{1}{2},-\frac{1}{2}\right]^{\mathrm{T}}\\&=\left[\frac{2}{3},-\frac{2}{3},\frac{2}{3}\right]^{\mathrm{T}},\end{aligned}$$

单位化可得

$$\boldsymbol{\gamma}_1=\frac{1}{\|\boldsymbol{\beta}_1\|}\boldsymbol{\beta}_1=\left[0,\frac{\sqrt{2}}{2},\frac{\sqrt{2}}{2}\right]^{\mathrm{T}},$$

$$\boldsymbol{\gamma}_2=\frac{1}{\|\boldsymbol{\beta}_2\|}\boldsymbol{\beta}_2=\left[\frac{\sqrt{6}}{3},\frac{\sqrt{6}}{6},-\frac{\sqrt{6}}{6}\right]^{\mathrm{T}},$$

$$\boldsymbol{\gamma}_3=\frac{1}{\|\boldsymbol{\beta}_3\|}\boldsymbol{\beta}_3=\left[\frac{\sqrt{3}}{3},-\frac{\sqrt{3}}{3},\frac{\sqrt{3}}{3}\right]^{\mathrm{T}}.$$

则矩阵 $\boldsymbol{A}$ 的 QR 分解为

$$\begin{aligned}[\boldsymbol{\alpha}_1,\boldsymbol{\alpha}_2,\boldsymbol{\alpha}_3]&=[\boldsymbol{\gamma}_1,\boldsymbol{\gamma}_2,\boldsymbol{\gamma}_3]\begin{bmatrix}\|\boldsymbol{\beta}_1\| & (\boldsymbol{\gamma}_1,\boldsymbol{\alpha}_2) & (\boldsymbol{\gamma}_1,\boldsymbol{\alpha}_3)\\ 0 & \|\boldsymbol{\beta}_2\| & (\boldsymbol{\gamma}_2,\boldsymbol{\alpha}_3)\\ 0 & 0 & \|\boldsymbol{\beta}_3\|\end{bmatrix}\\&=\begin{bmatrix}0 & \frac{\sqrt{6}}{3} & \frac{\sqrt{3}}{3}\\ \frac{\sqrt{2}}{2} & \frac{\sqrt{6}}{6} & -\frac{\sqrt{3}}{3}\\ \frac{\sqrt{2}}{2} & -\frac{\sqrt{6}}{6} & \frac{\sqrt{3}}{3}\end{bmatrix}\begin{bmatrix}\sqrt{2} & \frac{\sqrt{2}}{2} & \frac{\sqrt{2}}{2}\\ 0 & \frac{\sqrt{6}}{2} & \frac{\sqrt{6}}{6}\\ 0 & 0 & \frac{2\sqrt{3}}{3}\end{bmatrix}.\end{aligned}$$

习题 3.15 用满秩分解求矩阵 $\boldsymbol{A}$ 的 Moore-Penrose 广义逆 $\boldsymbol{A}^{+}$,其中

$$\boldsymbol{A}=\begin{bmatrix}1 & 2 & 0 & 1\\ 0 & 1 & 1 & 3\\ 2 & 5 & 1 & 5\end{bmatrix}.$$

解:将矩阵 $\boldsymbol{A}$ 进行行初等变换化成行最简形式

$$\begin{bmatrix}1 & 2 & 0 & 1\\ 0 & 1 & 1 & 3\\ 2 & 5 & 1 & 5\end{bmatrix}\to\begin{bmatrix}1 & 2 & 0 & 1\\ 0 & 1 & 1 & 3\\ 0 & 1 & 1 & 3\end{bmatrix}\to\begin{bmatrix}1 & 2 & 0 & 1\\ 0 & 1 & 1 & 3\\ 0 & 0 & 0 & 0\end{bmatrix}\to\begin{bmatrix}1 & 0 & -2 & -5\\ 0 & 1 & 1 & 3\\ 0 & 0 & 0 & 0\end{bmatrix}.$$

取 $\boldsymbol{A}$ 的前两个列向量所组成的矩阵为 $\boldsymbol{F}$，即 $\boldsymbol{F}=\begin{bmatrix}1&2\\0&1\\2&5\end{bmatrix}$，取 $\boldsymbol{A}$ 行变换后得到的前两行所组成的子矩阵为 $\boldsymbol{K}$，即 $\boldsymbol{K}=\begin{bmatrix}1&0&-2&-5\\0&1&1&3\end{bmatrix}$，此时 $\boldsymbol{A}=\boldsymbol{FK}$ 是 $\boldsymbol{A}$ 的一个满秩分解.

因此，由定理 3.5.7 可知，$\boldsymbol{A}$ 的 Moore—Penrose 广义逆

$$\boldsymbol{A}^{+}=\boldsymbol{K}^{\mathrm{T}}(\boldsymbol{K}\boldsymbol{K}^{\mathrm{T}})^{-1}(\boldsymbol{F}^{\mathrm{T}}\boldsymbol{F})^{-1}\boldsymbol{F}^{\mathrm{T}}=\frac{1}{246}\begin{bmatrix}32&-47&17\\42&-54&30\\-22&40&-4\\-34&73&5\end{bmatrix}.$$

习题 3.16　验证线性方程组

$$\begin{bmatrix}1&2&0&1\\0&1&1&3\\2&5&1&5\end{bmatrix}\begin{bmatrix}x_1\\x_2\\x_3\\x_4\end{bmatrix}=\begin{bmatrix}3\\2\\3\end{bmatrix}$$

是不相容的，求它的极小范数最小二乘解.

解：对线性方程组的增广矩阵进行行初等变换化成行最简形式，可得

$$\begin{bmatrix}1&2&0&1&3\\0&1&1&3&2\\2&5&1&5&3\end{bmatrix}\rightarrow\begin{bmatrix}1&2&0&1&3\\0&1&1&3&2\\0&1&1&3&-3\end{bmatrix}\rightarrow\begin{bmatrix}1&2&0&1&3\\0&1&1&3&2\\0&0&0&0&-5\end{bmatrix},$$

故该线性方程组的系数矩阵与增广矩阵的秩不同，即该线性方程组不相容. 由定理 3.5.8 可知该线性方程组的极小范数最小二乘解为

$$\hat{\boldsymbol{x}}=\boldsymbol{A}^{+}\boldsymbol{b}=\frac{1}{246}\begin{bmatrix}32&-47&17\\42&-54&30\\-22&40&-4\\-34&73&5\end{bmatrix}\begin{bmatrix}3\\2\\3\end{bmatrix}=\frac{1}{246}\begin{bmatrix}53\\108\\2\\59\end{bmatrix}.$$

习题 3.17　设 $\boldsymbol{A}$ 是 $m\times n$ 实矩阵，$\boldsymbol{b}\in\mathbf{R}^m$，$\lambda>0$，证明极值问题

$$\min_{\boldsymbol{x}\in\mathbf{R}^n}\{\|\boldsymbol{Ax}-\boldsymbol{b}\|_2^2+\lambda\|\boldsymbol{x}\|_2^2\}$$

的解是唯一的，且 $\hat{\boldsymbol{x}}=(\boldsymbol{A}^{\mathrm{T}}\boldsymbol{A}+\lambda\boldsymbol{E})^{-1}\boldsymbol{A}^{\mathrm{T}}\boldsymbol{b}$.

解：由于

$$f(\boldsymbol{x})=\|\boldsymbol{Ax}-\boldsymbol{b}\|_2^2+\lambda\|\boldsymbol{x}\|_2^2=(\boldsymbol{Ax}-\boldsymbol{b})^{\mathrm{T}}(\boldsymbol{Ax}-\boldsymbol{b})+\lambda\boldsymbol{x}^{\mathrm{T}}\boldsymbol{x}$$

$$=\boldsymbol{x}^{\mathrm{T}}\boldsymbol{A}^{\mathrm{T}}\boldsymbol{Ax}-2\boldsymbol{b}^{\mathrm{T}}\boldsymbol{Ax}+\boldsymbol{b}^{\mathrm{T}}\boldsymbol{b}+\lambda\boldsymbol{x}^{\mathrm{T}}\boldsymbol{x}$$

$$=\boldsymbol{x}^{\mathrm{T}}(\boldsymbol{A}^{\mathrm{T}}\boldsymbol{A}+\lambda\boldsymbol{E})\boldsymbol{x}-2\boldsymbol{b}^{\mathrm{T}}\boldsymbol{Ax}+\boldsymbol{b}^{\mathrm{T}}\boldsymbol{b},$$

因此令

$$\frac{\partial}{\partial\boldsymbol{x}}f(\boldsymbol{x})=2(\boldsymbol{A}^{\mathrm{T}}\boldsymbol{A}+\lambda\boldsymbol{E})\boldsymbol{x}-2\boldsymbol{A}^{\mathrm{T}}\boldsymbol{b}=\boldsymbol{0},$$

则 $\boldsymbol{x}=(\boldsymbol{A}^{\mathrm{T}}\boldsymbol{A}+\lambda\boldsymbol{E})^{-1}\boldsymbol{A}^{\mathrm{T}}\boldsymbol{b}$ 是极值问题 $\min\limits_{\boldsymbol{x}\in\mathbf{R}^n}\{\|\boldsymbol{Ax}-\boldsymbol{b}\|_2^2+\lambda\|\boldsymbol{x}\|_2^2\}$ 的一个驻点,再由 $\lambda>0$ 可知极值问题对应的 Hessen 矩阵

$$\boldsymbol{H}(\boldsymbol{x})=2(\boldsymbol{A}^{\mathrm{T}}\boldsymbol{A}+\lambda\boldsymbol{E})$$

是对称正定的,故 $\boldsymbol{x}=(\boldsymbol{A}^{\mathrm{T}}\boldsymbol{A}+\lambda\boldsymbol{E})^{-1}\boldsymbol{A}^{\mathrm{T}}\boldsymbol{b}$ 是该问题的一个最小值点.

习题 3.18 对于任意 $\boldsymbol{A}\in\boldsymbol{C}^{n\times n}$,证明

$$\sum_{i=1}^n|\lambda_i|^2\leqslant\mathrm{trace}(\boldsymbol{AA}^*)=\|\boldsymbol{A}\|_F^2=\sum_{i=1}^n\sigma_i^2,$$

其中 $\lambda_1,\lambda_2,\cdots,\lambda_n$ 是 $\boldsymbol{A}$ 的特征值,$\sigma_1,\sigma_2,\cdots,\sigma_n$ 是 $\boldsymbol{A}$ 的奇异值;由此证明

$$|\mathrm{trace}(\boldsymbol{A})|^2\leqslant\mathrm{rank}(\boldsymbol{A})\|\boldsymbol{A}\|_F^2.$$

证明:由复 Schur 定理可知,若 $\boldsymbol{A}\in\boldsymbol{C}^{n\times n}$,则存在酉矩阵 $\boldsymbol{U}\in\boldsymbol{C}^{n\times n}$,使得 $\boldsymbol{U}^*\boldsymbol{AU}=\boldsymbol{R}$,其中 $\boldsymbol{R}\in\boldsymbol{C}^{n\times n}$ 是上三角矩阵,且其对角元素 $r_{ii}=\lambda_i,i=1,2,\cdots,n$,于是有

$$\|\boldsymbol{A}\|_F^2=\sum_{i=1}^n\sigma_i^2=\mathrm{trace}(\boldsymbol{A}^*\boldsymbol{A})=\mathrm{trace}(\boldsymbol{UR}^*\boldsymbol{U}^*\boldsymbol{URU}^*)$$

$$=\mathrm{trace}(\boldsymbol{R}^*\boldsymbol{R})=\sum_{i=1}^n|\lambda_i|^2+\sum_{i<j}|r_{ij}|^2\geqslant\sum_{i=1}^n|\lambda_i|^2.$$

另外,假设 $\mathrm{rank}(\boldsymbol{A})=k$,即 $\boldsymbol{A}$ 有 k 个不为零的特征值 $\lambda_1,\lambda_2,\cdots,\lambda_k$,于是有

$$|\mathrm{trace}(\boldsymbol{A})|^2=\left|\sum_{i=1}^k\lambda_i\right|^2\leqslant k\sum_{i=1}^k|\lambda_i|^2\leqslant\mathrm{rank}(\boldsymbol{A})\|\boldsymbol{A}\|_F^2.$$

习题 3.19 对于任意 $\boldsymbol{A}\in\boldsymbol{C}^{n\times n}$,证明其任意特征值 λ 满足如下不等式:

$$\left|\lambda-\frac{\mathrm{trace}(\boldsymbol{A})}{n}\right|\leqslant\sqrt{\frac{n-1}{n}\left(\|\boldsymbol{A}\|_F^2-\frac{1}{n}|\mathrm{trace}(\boldsymbol{A})|^2\right)}.$$

除此之外,编写 Matlab 程序验证该不等式所给出的特征值的估计范围的正确性.

证明:假设 λ 是 $\boldsymbol{A}$ 的任意一个特征值,则 $\mathrm{rank}(\lambda\boldsymbol{E}-\boldsymbol{A})\leqslant n-1$,由习题 3.18 可知

$$|\mathrm{trace}(\lambda\boldsymbol{E}-\boldsymbol{A})|^2\leqslant\mathrm{rank}(\lambda\boldsymbol{E}-\boldsymbol{A})\|\lambda\boldsymbol{E}-\boldsymbol{A}\|_F^2\leqslant(n-1)\|\lambda\boldsymbol{E}-\boldsymbol{A}\|_F^2.$$

由于

$$|\mathrm{trace}(\lambda\boldsymbol{E}-\boldsymbol{A})|^2=|n\lambda-\mathrm{trace}(\boldsymbol{A})|^2=[n\bar{\lambda}-\mathrm{trace}(\boldsymbol{A}^*)][n\lambda-\mathrm{trace}(\boldsymbol{A})]$$

$$=n^2|\lambda|^2-n\operatorname{trace}(\lambda \boldsymbol{A}^*+\bar{\lambda}\boldsymbol{A})+|\operatorname{trace}(\boldsymbol{A})|^2,$$

另外

$$\begin{aligned}(n-1)\|\lambda \boldsymbol{E}-\boldsymbol{A}\|_F^2&=(n-1)\operatorname{trace}[(\bar{\lambda}\boldsymbol{E}-\boldsymbol{A}^*)(\lambda\boldsymbol{E}-\boldsymbol{A})]\\&=(n-1)[n|\lambda|^2-\operatorname{trace}(\lambda\boldsymbol{A}^*+\bar{\lambda}\boldsymbol{A})+\|\boldsymbol{A}\|_F^2],\end{aligned}$$

因此

$$n^2|\lambda|^2-n\operatorname{trace}(\lambda\boldsymbol{A}^*+\bar{\lambda}\boldsymbol{A})+|\operatorname{trace}(\boldsymbol{A})|^2\leqslant(n-1)[n|\lambda|^2-\operatorname{trace}(\lambda\boldsymbol{A}^*+\bar{\lambda}\boldsymbol{A})+\|\boldsymbol{A}\|_F^2],$$

将上式简化可得

$$n|\lambda|^2-\operatorname{trace}(\lambda\boldsymbol{A}^*+\bar{\lambda}\boldsymbol{A})+|\operatorname{trace}(\boldsymbol{A})|^2\leqslant(n-1)\|\boldsymbol{A}\|_F^2,$$

即

$$|\lambda|^2-\operatorname{trace}\left(\frac{\lambda\boldsymbol{A}^*+\bar{\lambda}\boldsymbol{A}}{n}\right)+\left|\frac{1}{n}\operatorname{trace}(\boldsymbol{A})\right|^2\leqslant\frac{n-1}{n}\left[\|\boldsymbol{A}\|_F^2-\frac{1}{n}|\operatorname{trace}(\boldsymbol{A})|^2\right],$$

从而可以证明

$$\left|\lambda-\frac{1}{n}\operatorname{trace}(\boldsymbol{A})\right|\leqslant\sqrt{\frac{n-1}{n}\left[\|\boldsymbol{A}\|_F^2-\frac{1}{n}|\operatorname{trace}(\boldsymbol{A})|^2\right]}.$$

验证该不等式所给出的特征值估计范围的 Matlab 程序如下.

习题程序 3.8　特征值单圆盘估计

```
%%%%%%%%%%%%%%%%%%%%%%%%%%%%%%%%%%%%%%%%%%%%%%%%%%
function []=eigvalue_disc(A)
n=size(A,2);
R=sqrt((n-1)/n*(norm(A,'fro').^2-1/n*abs(trace(A)).^2));
e=eig(A);
theta=0:0.01:2*pi;
x0=real(trace(A))/n;y0=imag(trace(A))/n;
x=x0+R*cos(theta);
y=y0+R*sin(theta);
plot(x0,y0,'ro',x,y,'k','linewidth',2);
hold on
plot(real(e),imag(e),'b*')
axis equal
title('特征值的估计范围')
hold off
end
%%%%%%%%%%%%%%%%%%%%%%%%%%%%%%%%%%%%%%%%%%%%%%%%%%
```

习题 3.19

习题 3.20 如果 $\boldsymbol{A}\in\boldsymbol{C}^{n\times n}$ 满足 $\boldsymbol{A}\boldsymbol{A}^*=\boldsymbol{A}^*\boldsymbol{A}$,则称其为正规矩阵,证明 $\boldsymbol{A}$ 必然酉相似于一个对角形矩阵,即存在一个酉矩阵 $\boldsymbol{U}\in\boldsymbol{C}^{n\times n}$,使得 $\boldsymbol{U}^*\boldsymbol{A}\boldsymbol{U}=\mathrm{diag}(\lambda_1,\lambda_2,\cdots,\lambda_n)$.

证明:充分性,由于 $\boldsymbol{U}^*\boldsymbol{A}\boldsymbol{U}=\mathrm{diag}(\lambda_1,\lambda_2,\cdots,\lambda_n)$,所以 $\boldsymbol{A}=\boldsymbol{U}\mathrm{diag}(\lambda_1,\lambda_2,\cdots,\lambda_n)\boldsymbol{U}^*$,于是

$\boldsymbol{A}^*\boldsymbol{A}=\boldsymbol{U}\mathrm{diag}(\bar{\lambda}_1,\bar{\lambda}_2,\cdots,\bar{\lambda}_n)\boldsymbol{U}^*\boldsymbol{U}\mathrm{diag}(\lambda_1,\lambda_2,\cdots,\lambda_n)\boldsymbol{U}^*=\boldsymbol{U}\mathrm{diag}(|\lambda_1|^2,|\lambda_2|^2,\cdots,|\lambda_n|^2)\boldsymbol{U}^*$,同理 $\boldsymbol{A}\boldsymbol{A}^*=\boldsymbol{U}\mathrm{diag}(\lambda_1,\lambda_2,\cdots,\lambda_n)\boldsymbol{U}^*\boldsymbol{U}\mathrm{diag}(\bar{\lambda}_1,\bar{\lambda}_2,\cdots,\bar{\lambda}_n)\boldsymbol{U}^*=\boldsymbol{U}\mathrm{diag}(|\lambda_1|^2,|\lambda_2|^2,\cdots,|\lambda_n|^2)\boldsymbol{U}^*$,所以得到 $\boldsymbol{A}\boldsymbol{A}^*=\boldsymbol{A}^*\boldsymbol{A}$,即 $\boldsymbol{A}$ 为正规矩阵.

必要性,由复 Schur 分解定理可知,若 $\boldsymbol{A}\in\boldsymbol{C}^{n\times n}$,则存在酉矩阵 $\boldsymbol{U}\in\boldsymbol{C}^{n\times n}$,使得 $\boldsymbol{A}=\boldsymbol{U}\boldsymbol{R}\boldsymbol{U}^*$,其中 $\boldsymbol{R}\in\boldsymbol{C}^{n\times n}$ 是上三角矩阵,即 $r_{ij}=0,i>j$,且其对角元素 $r_{ii}=\lambda_i,i=1,2,\cdots,n$. 再由 $\boldsymbol{A}$ 是正规矩阵,即 $\boldsymbol{A}\boldsymbol{A}^*=\boldsymbol{A}^*\boldsymbol{A}$,可得 $\boldsymbol{R}\boldsymbol{R}^*=\boldsymbol{R}^*\boldsymbol{R}$,而 $[\boldsymbol{R}\boldsymbol{R}^*]_{ii}=\sum\limits_{j=i}^{n}|r_{ij}|^2$,另外 $[\boldsymbol{R}^*\boldsymbol{R}]_{ii}=\sum\limits_{j=1}^{i}|r_{ji}|^2$,于是有 $\sum\limits_{j=i}^{n}|r_{ij}|^2=\sum\limits_{j=1}^{i}|r_{ji}|^2,i=1,2,\cdots,n$.

当 $i=1$ 时,$\sum\limits_{j=2}^{n}|r_{1j}|^2=0$,于是 $r_{1j}=0,j>1$;当 $i=2$ 时,$\sum\limits_{j=2}^{n}|r_{2j}|^2=|r_{12}|^2+|r_{22}|^2=|r_{22}|^2$,则 $\sum\limits_{j=3}^{n}|r_{2j}|^2=0$,于是 $r_{2j}=0,j>2$;依此类推可得 $r_{n-1,n}=0$,于是有 $\boldsymbol{R}=\mathrm{diag}(\lambda_1,\lambda_2,\cdots,\lambda_n)$,即 $\boldsymbol{R}$ 是一个对角矩阵.

习题 3.21 若给定 $\boldsymbol{C}^n$ 的一个正交直和分解,即 $\boldsymbol{C}^n=\boldsymbol{M}\oplus\boldsymbol{M}^{\perp}$,则对于任意向量 $\boldsymbol{\alpha}\in\boldsymbol{C}^n$,都有唯一分解 $\boldsymbol{\alpha}=\boldsymbol{\beta}+\boldsymbol{\gamma}$,$\boldsymbol{\alpha}\in\boldsymbol{M},\boldsymbol{\beta}\in\boldsymbol{M}^{\perp}$,定义沿 $\boldsymbol{M}^{\perp}$ 到 $\boldsymbol{M}$ 的正交投影算子 $\boldsymbol{P}$,即满足 $\boldsymbol{P}\boldsymbol{\alpha}=\boldsymbol{\beta}$,以及沿 $\boldsymbol{M}$ 到 $\boldsymbol{M}^{\perp}$ 的正交投影算子 $\boldsymbol{Q}$,即满足 $\boldsymbol{Q}\boldsymbol{\alpha}=\boldsymbol{\gamma}$,证明 $\boldsymbol{P},\boldsymbol{Q}$ 是正交投影算子的充分必要条件是 $\boldsymbol{P}^2=\boldsymbol{P},\boldsymbol{P}^*=\boldsymbol{P}$,且 $\boldsymbol{Q}^2=\boldsymbol{Q},\boldsymbol{Q}^*=\boldsymbol{Q}$,同时有 $\boldsymbol{Q}=\boldsymbol{E}-\boldsymbol{P}$,其中 $\boldsymbol{E}$ 是恒等算子.

证明:必要性,对于 $\forall\boldsymbol{\alpha}\in\boldsymbol{C}^n$,有唯一分解 $\boldsymbol{\alpha}=\boldsymbol{\beta}+\boldsymbol{\gamma}$,$\boldsymbol{\alpha}\in\boldsymbol{M},\boldsymbol{\beta}\in\boldsymbol{M}^{\perp}$,则 $\boldsymbol{P}\boldsymbol{\alpha}=\boldsymbol{\beta}$,而 $\boldsymbol{P}^2\boldsymbol{\alpha}=\boldsymbol{P}\boldsymbol{\beta}=\boldsymbol{\beta}=\boldsymbol{P}\boldsymbol{\alpha}$,所以 $\boldsymbol{P}^2=\boldsymbol{P}$;再证 $\boldsymbol{P}^*=\boldsymbol{P}$,对于 $\forall\boldsymbol{\alpha}_1,\boldsymbol{\alpha}_2\in\boldsymbol{C}^n$,有唯一分解 $\boldsymbol{\alpha}_i=\boldsymbol{\beta}_i+\boldsymbol{\gamma}_i$,$\boldsymbol{\alpha}_i\in\boldsymbol{M},\boldsymbol{\beta}_i\in\boldsymbol{M}^{\perp},i=1,2$,且 $(\boldsymbol{\beta}_i,\boldsymbol{\gamma}_j)=0,i,j=1,2$,则有

$$(\boldsymbol{P}\boldsymbol{\alpha}_1,\boldsymbol{\alpha}_2)=(\boldsymbol{\beta}_1,\boldsymbol{\beta}_2+\boldsymbol{\gamma}_2)=(\boldsymbol{\beta}_1,\boldsymbol{\beta}_2),(\boldsymbol{P}^*\boldsymbol{\alpha}_1,\boldsymbol{\alpha}_2)=(\boldsymbol{\alpha}_1,\boldsymbol{P}\boldsymbol{\alpha}_2)=(\boldsymbol{\beta}_1+\boldsymbol{\gamma}_1,\boldsymbol{\beta}_2)=(\boldsymbol{\beta}_1,\boldsymbol{\beta}_2),$$

于是有 $((\boldsymbol{P}^*-\boldsymbol{P})\boldsymbol{\alpha}_1,\boldsymbol{\alpha}_2)=0$,取 $\boldsymbol{\alpha}_2=(\boldsymbol{P}^*-\boldsymbol{P})\boldsymbol{\alpha}_1$,则有

$$((\boldsymbol{P}^*-\boldsymbol{P})\boldsymbol{\alpha}_1,(\boldsymbol{P}^*-\boldsymbol{P})\boldsymbol{\alpha}_1)=\|(\boldsymbol{P}^*-\boldsymbol{P})\boldsymbol{\alpha}_1\|_2^2=0,$$

由此可得 $(\boldsymbol{P}^*-\boldsymbol{P})\boldsymbol{\alpha}_1=\boldsymbol{0}$,再由 $\boldsymbol{\alpha}_1$ 的任意性可得 $\boldsymbol{P}^*-\boldsymbol{P}=\boldsymbol{O}$,即 $\boldsymbol{P}^*=\boldsymbol{P}$.

充分性,由 $\boldsymbol{P}^2=\boldsymbol{P}$ 可得在 $\boldsymbol{C}^n=\boldsymbol{M}\oplus\boldsymbol{L}$ 上 $\boldsymbol{P}$ 是沿 $\boldsymbol{L}=N(\boldsymbol{P})$ 到 $\boldsymbol{M}=R(\boldsymbol{P})$ 的投影算子,为此只要根据 $\boldsymbol{P}^*=\boldsymbol{P}$ 证明 $\boldsymbol{L}=\boldsymbol{M}^{\perp}$,即可证明 $\boldsymbol{P}$ 是正交投影算子. 为此任取 $\boldsymbol{\beta}\in N(\boldsymbol{P})$,$\boldsymbol{\gamma}\in$

$R(\boldsymbol{P})$，于是 $\boldsymbol{P\beta}=\boldsymbol{0}$，且存在 $\boldsymbol{\alpha}\in\boldsymbol{C}^n$ 使得 $\boldsymbol{\gamma}=\boldsymbol{P\alpha}$，进而

$$(\boldsymbol{\beta},\boldsymbol{\gamma})=(\boldsymbol{\beta},\boldsymbol{P\alpha})=(\boldsymbol{P}^*\boldsymbol{\beta},\boldsymbol{\alpha})=(\boldsymbol{P\beta},\boldsymbol{\alpha})=(\boldsymbol{0},\boldsymbol{\alpha})=0,$$

这说明 $N(\boldsymbol{P})\perp R(\boldsymbol{P})$，由此证明 $\boldsymbol{L}=\boldsymbol{M}^{\perp}$.

最后，同理对 $\boldsymbol{Q}$ 可证同样的结论，而 $\boldsymbol{Q}=\boldsymbol{E}-\boldsymbol{P}$ 是显而易见的.

习题 3.22　若 $\boldsymbol{A}\in\boldsymbol{C}^{n\times n}$ 有 k 个两两不同的特征值 $\lambda_1,\lambda_2,\cdots,\lambda_k$，则 $\boldsymbol{A}$ 是正规矩阵的充分必要条件为存在 k 个正交投影算子 $\boldsymbol{P}_1,\boldsymbol{P}_2,\cdots,\boldsymbol{P}_k$，满足

(1) $\boldsymbol{P}_i\boldsymbol{P}_j=\boldsymbol{O},i\neq j$；(2) $\sum\limits_{i=1}^{k}\boldsymbol{P}_i=\boldsymbol{E}$；(3)$\boldsymbol{A}=\sum\limits_{i=1}^{k}\lambda_i\boldsymbol{P}_i$.

证明：充分性，由条件(1)与(3)以及习题 3.21 的结果 $\boldsymbol{P}_i^2=\boldsymbol{P}_i,\boldsymbol{P}_i^*=\boldsymbol{P}_i$ 可知

$$\boldsymbol{AA}^*=\left(\sum_{i=1}^{k}\lambda_i\boldsymbol{P}_i\right)\left(\sum_{j=1}^{k}\bar{\lambda}_j\boldsymbol{P}_j^*\right)=\sum_{i=1}^{k}\sum_{j=1}^{k}\lambda_i\bar{\lambda}_j\boldsymbol{P}_i\boldsymbol{P}_j^*=\sum_{i=1}^{k}|\lambda_i|^2\boldsymbol{P}_i^2=\sum_{i=1}^{k}|\lambda_i|^2\boldsymbol{P}_i$$

同理可证

$$\boldsymbol{AA}^*=\left(\sum_{j=1}^{k}\bar{\lambda}_j\boldsymbol{P}_j^*\right)\left(\sum_{i=1}^{k}\lambda_i\boldsymbol{P}_i\right)=\sum_{j=1}^{k}\sum_{i=1}^{k}\lambda_i\bar{\lambda}_j\boldsymbol{P}_j^*\boldsymbol{P}_i=\sum_{i=1}^{k}|\lambda_i|^2\boldsymbol{P}_i^2=\sum_{i=1}^{k}|\lambda_i|^2\boldsymbol{P}_i$$

说明 $\boldsymbol{A}$ 是正规矩阵.

必要性，对于正规矩阵 $\boldsymbol{A}$，必然存在一个酉矩阵 $\boldsymbol{U}\in\boldsymbol{C}^{n\times n}$ 使得

$$\boldsymbol{A}=\boldsymbol{U}\mathrm{diag}(\lambda_1\boldsymbol{E}_{m_1},\lambda_2\boldsymbol{E}_{m_2},\cdots,\lambda_k\boldsymbol{E}_{m_k})\boldsymbol{U}^*,$$

其中 $\boldsymbol{E}_{m_i},i=1,2,\cdots,k$ 是 m_i 阶单位矩阵. 将 $\boldsymbol{U}$ 进行相应的分块 $\boldsymbol{U}=[\boldsymbol{U}_1,\boldsymbol{U}_2,\cdots,\boldsymbol{U}_k]$，其中 $\boldsymbol{U}_i\in\boldsymbol{C}^{n\times m_i}$，令 $\boldsymbol{P}_i=\boldsymbol{U}_i\boldsymbol{U}_i^*,i=1,2,\cdots,k$，显然有 $\boldsymbol{P}_i=\boldsymbol{P}_i^*,i=1,2,\cdots,k$，则有

$$\boldsymbol{A}=[\boldsymbol{U}_1,\boldsymbol{U}_2,\cdots,\boldsymbol{U}_k]\begin{bmatrix}\lambda_1\boldsymbol{E}_{m_1} & & & \\ & \lambda_2\boldsymbol{E}_{m_2} & & \\ & & \ddots & \\ & & & \lambda_k\boldsymbol{E}_{m_k}\end{bmatrix}\begin{bmatrix}\boldsymbol{U}_1^*\\ \boldsymbol{U}_2^*\\ \vdots\\ \boldsymbol{U}_k^*\end{bmatrix}=\sum_{i=1}^{k}\lambda_i\boldsymbol{U}_i\boldsymbol{U}_i^*=\sum_{i=1}^{k}\lambda_i\boldsymbol{P}_i\ .$$

另外，

$$\boldsymbol{E}=\boldsymbol{UU}^*=[\boldsymbol{U}_1,\boldsymbol{U}_2,\cdots,\boldsymbol{U}_k]\begin{bmatrix}\boldsymbol{U}_1^*\\ \boldsymbol{U}_2^*\\ \vdots\\ \boldsymbol{U}_k^*\end{bmatrix}=\sum_{i=1}^{k}\boldsymbol{U}_i\boldsymbol{U}_i^*=\sum_{i=1}^{k}\boldsymbol{P}_i\ ,$$

再有

$$E=U^*U=\begin{bmatrix}U_1^*\\U_2^*\\\vdots\\U_k^*\end{bmatrix}[U_1,U_2,\cdots,U_k]$$

$$=\begin{bmatrix}U_1^*U_1 & U_1^*U_2 & \cdots & U_1^*U_k\\U_2^*U_1 & U_2^*U_2 & \cdots & U_2^*U_k\\\vdots & \vdots & & \vdots\\U_k^*U_1 & U_k^*U_2 & \cdots & U_k^*U_k\end{bmatrix}=\begin{bmatrix}\lambda_1E_{m_1} & 0 & \cdots & 0\\0 & \lambda_2E_{m_2} & \cdots & 0\\\vdots & \vdots & & \vdots\\0 & 0 & \cdots & \lambda_kE_{m_k}\end{bmatrix},$$

由此可得 $U_i^*U_j=O,i\neq j,U_i^*U_i=E_{m_i}$,于是

$$P_i^2=U_iU_i^*U_iU_i^*=U_iU_i^*=P_i,i=1,2,\cdots,k,$$

$$P_iP_j=U_iU_i^*U_jU_j^*=U_iOU_j^*=O,i\neq j,$$

由此证明 $P_1,P_2\cdots P_k$ 是满足条件(1),(2),(3)的正交投影算子.

习题 3.23 设 $A\in\mathbf{R}^{n\times n}$,则 A 有如下极分解:

$$A=GW=WH,$$

其中 $G,H\in\mathbf{R}^{n\times n}$ 是对称半正定矩阵,W 为正交矩阵.

证明:由奇异值分解定理可知,对于 $A\in\mathbf{R}^{n\times n}$,必然存在两个正交矩阵 $U,V\in\mathbf{R}^{n\times n}$ 以及 $D=\mathrm{diag}(\sigma_1,\sigma_2,\cdots,\sigma_r,0,\cdots,0)\in\mathbf{R}^{n\times n}$ 使得 $A=UDV^{\mathrm{T}}$,其中 $\sigma_1,\sigma_2,\cdots,\sigma_r$ 是 r 个奇异值,$r=\mathrm{rank}(A)$,于是有 $A=UDV^{\mathrm{T}}=(UDU^{\mathrm{T}})UV^{\mathrm{T}}=UV^{\mathrm{T}}(VDV^{\mathrm{T}})$,令 $W=UV^{\mathrm{T}}$,则显然 W 是正交矩阵,再令 $G=UDU^{\mathrm{T}},H=VDV^{\mathrm{T}}$,则显然 G,H 是对称半正定矩阵,同时有 $A=GW=WH$.

习题 3.24 若 $A\in\mathbf{R}^{n\times n}$ 是正规矩阵,即满足 $A^{\mathrm{T}}A=AA^{\mathrm{T}}$,假设 $\lambda_1,\lambda_2,\cdots,\lambda_r$ 是 A 的实特征值,且 $c_t\pm\mathrm{i}d_t,t=r+1,\cdots,s$ 是 A 的复特征值,其中 $2s-r=n$,则必然存在一个正交矩阵 $U\in\mathbf{R}^{n\times n}$ 使得

$$U^{\mathrm{T}}AU=\mathrm{diag}(\lambda_1,\lambda_2,\cdots,\lambda_r,D_{r+1},D_{r+2},\cdots,D_s),$$

其中

$$D_j=\begin{bmatrix}c_j & -d_j\\d_j & c_j\end{bmatrix},j=r+1,\cdots,s.$$

由此证明:

(1) 若 $A\in\mathbf{R}^{n\times n}$ 是正交矩阵,即满足 $A^{\mathrm{T}}A=AA^{\mathrm{T}}=E$,则 $\lambda_j=\pm1,j=1,2,\cdots,r$,且存

在角度 $\theta_j, j=r+1,\cdots,s$，使得 $c_j=\cos\theta_j, d_j=\sin\theta_j$；

(2) 若 $\boldsymbol{A}\in\mathbf{R}^{n\times n}$ 是反对称矩阵，即满足 $\boldsymbol{A}^{\mathrm{T}}=-\boldsymbol{A}$，则 $\lambda_j=0, j=1,2,\cdots,r$，且有 $c_j=0$，$j=r+1,\cdots,s$.

证明：由定理 3.8.7(实 Schur 分解定理)可知，对于 $\boldsymbol{A}\in\mathbf{R}^{n\times n}$，必然存在实正交矩阵 $\boldsymbol{U}\in\mathbf{R}^{n\times n}$，使得

$$\boldsymbol{U}^{\mathrm{T}}\boldsymbol{A}\boldsymbol{U}=\boldsymbol{T}=\begin{bmatrix}\boldsymbol{T}_{11} & \boldsymbol{T}_{12} & \cdots & \boldsymbol{T}_{1s}\\ & \boldsymbol{T}_{22} & \cdots & \boldsymbol{T}_{2s}\\ & & \ddots & \vdots\\ & & & \boldsymbol{T}_{ss}\end{bmatrix},$$

其中 $\boldsymbol{T}_{jj}$ 是 1 阶方阵或 2 阶方阵. 当 $\boldsymbol{T}_{jj}$ 是 1 阶方阵时，它就是 $\boldsymbol{A}$ 的一个特征值，当 $\boldsymbol{T}_{jj}$ 是 2 阶方阵时，其特征值是 $\boldsymbol{A}$ 的一对共轭复特征值. 由于 $\lambda_1,\lambda_2,\cdots,\lambda_r$ 是 $\boldsymbol{A}$ 的实特征值，且 $c_j\pm \mathrm{i}d_j, j=r+1,\cdots,s$ 是 $\boldsymbol{A}$ 的复特征值，因此不妨假设 $\boldsymbol{T}_{jj}=\lambda_j, j=1,2,\cdots,r$，即其所对应的矩阵为 1 阶方阵；$\boldsymbol{T}_{jj}, j=r+1,\cdots,s$ 对应复共轭特征值 $c_j\pm\mathrm{i}d_j, j=r+1,\cdots,s$，即其所对应的矩阵为 2 阶方阵. 由 $\boldsymbol{A}^{\mathrm{T}}\boldsymbol{A}=\boldsymbol{A}\boldsymbol{A}^{\mathrm{T}}$ 可知 $\boldsymbol{T}^{\mathrm{T}}\boldsymbol{T}=\boldsymbol{T}\boldsymbol{T}^{\mathrm{T}}$，于是按照 $\boldsymbol{T}^{\mathrm{T}}\boldsymbol{T}=\boldsymbol{T}\boldsymbol{T}^{\mathrm{T}}$ 分块矩阵乘法的对应相等的关系可知，$[\boldsymbol{T}\boldsymbol{T}^{\mathrm{T}}]_{ii}=\sum\limits_{j=i}^{s}\boldsymbol{T}_{ij}\boldsymbol{T}_{ij}^{\mathrm{T}}$，另外 $[\boldsymbol{T}^{\mathrm{T}}\boldsymbol{T}]_{ii}=\sum\limits_{j=1}^{i}\boldsymbol{T}_{ji}^{\mathrm{T}}\boldsymbol{T}_{ji}$，于是有 $\sum\limits_{j=i}^{s}\boldsymbol{T}_{ij}\boldsymbol{T}_{ij}^{\mathrm{T}}=\sum\limits_{j=1}^{i}\boldsymbol{T}_{ji}^{\mathrm{T}}\boldsymbol{T}_{ji}, i=1,2,\cdots,s$. 当 $i=1$ 时，$\sum\limits_{j=2}^{s}\boldsymbol{T}_{1j}\boldsymbol{T}_{1j}^{\mathrm{T}}=\boldsymbol{O}$，于是 $\boldsymbol{T}_{1j}=\boldsymbol{O}, j>1$；当 $i=2$ 时，$\sum\limits_{j=2}^{s}\boldsymbol{T}_{2j}\boldsymbol{T}_{2j}^{\mathrm{T}}=\sum\limits_{j=1}^{2}\boldsymbol{T}_{j2}^{\mathrm{T}}\boldsymbol{T}_{j2}=\boldsymbol{T}_{12}^{\mathrm{T}}\boldsymbol{T}_{12}+\boldsymbol{T}_{22}^{\mathrm{T}}\boldsymbol{T}_{22}=\boldsymbol{T}_{22}^{\mathrm{T}}\boldsymbol{T}_{22}$，即 $\sum\limits_{j=3}^{s}\boldsymbol{T}_{2j}\boldsymbol{T}_{2j}^{\mathrm{T}}=\boldsymbol{O}$，于是 $\boldsymbol{T}_{2j}=\boldsymbol{O}, j>2$，依此类推可得 $\boldsymbol{T}_{s-1,s}=\boldsymbol{O}$，于是有

$$\boldsymbol{T}=\mathrm{diag}(\boldsymbol{T}_{11},\boldsymbol{T}_{22},\cdots,\boldsymbol{T}_{rr},\boldsymbol{T}_{r+1,r+1},\cdots,\boldsymbol{T}_{ss}),$$

其中 $\boldsymbol{T}_{jj}, j=1,2,\cdots,r$ 所对应的矩阵为 1 阶方阵，为此 $\boldsymbol{T}_{jj}=\lambda_j, j=1,2,\cdots,r$，另外 $\boldsymbol{T}_{jj}$，$j=r+1,\cdots,s$ 所对应的矩阵为 2 阶方阵，为此其所对应的复共轭特征值为 $c_j\pm\mathrm{i}d_j, j=r+1,\cdots,s$，除此之外，令 $\boldsymbol{D}_j=\boldsymbol{T}_{jj}, j=r+1,\cdots,s$，从而可证明本题结论

$$\boldsymbol{U}^{\mathrm{T}}\boldsymbol{A}\boldsymbol{U}=\boldsymbol{T}=\mathrm{diag}(\lambda_1,\lambda_2,\cdots,\lambda_r,\boldsymbol{D}_{r+1},\boldsymbol{D}_{r+2},\cdots,\boldsymbol{D}_s).$$

(1)当 $\boldsymbol{A}\in\mathbf{R}^{n\times n}$ 是正交矩阵时，显然也是正规矩阵，再由正交矩阵的所有特征值的模为 1，由于 $\lambda_1,\lambda_2,\cdots,\lambda_r$ 是 $\boldsymbol{A}$ 的实特征值，因此 $\lambda_j=\pm1, j=1,2,\cdots,r$. 另外 $\boldsymbol{D}_j$ 也是正交矩阵，于是满足 $c_j^2+d_j^2=1$，为此取 $\theta_j=\arccos c_j$，则有 $c_j=\cos\theta_j, d_j=\sin\theta_j, j=r+1,\cdots,s$.

(2)当 $\boldsymbol{A}\in\mathbf{R}^{n\times n}$ 是反对称矩阵时，显然也是正规矩阵，再由反对称矩阵的特征值要么为零要么为纯虚数，由于 $\lambda_1,\lambda_2,\cdots,\lambda_r$ 是 $\boldsymbol{A}$ 的实特征值，因此 $\lambda_j=0, j=1,2,\cdots,r$. 另外 $\boldsymbol{D}_j$ 也是反对称矩阵，由 $\boldsymbol{D}_j^{\mathrm{T}}=-\boldsymbol{D}_j$ 可知 $c_j=0, j=r+1,\cdots,s$.

第4章 矩阵分析理论及其应用

习题4.1 证明对于 F^n 上的向量1范数、2范数和 ∞ 范数有如下等价关系：

(1) $\|x\|_2 \leqslant \|x\|_1 \leqslant \sqrt{n}\|x\|_2$；

(2) $\|x\|_\infty \leqslant \|x\|_2 \leqslant n\|x\|_\infty$；

(3) $\|x\|_\infty \leqslant \|x\|_1 \leqslant n\|x\|_\infty$.

并且通过上述三个等价关系证明

$$\|x\|_\infty \leqslant \|x\|_2 \leqslant \|x\|_1 \leqslant \sqrt{n}\|x\|_2 \leqslant n\|x\|_\infty,$$

其中 $x=[x_1,x_2,\cdots,x_n]^{\mathrm{T}} \in F^n$.

证明:由向量1范数、2范数和 ∞ 范数的定义可知 $\|x\|_1=\sum_{i=1}^{n}|x_i|$，$\|x\|_2=(\sum_{i=1}^{n}|x_i|^2)^{1/2}$，$\|x\|_\infty=\max_{1\leqslant i\leqslant n}\{|x_i|\}$. 显然

$$\begin{aligned}\|x\|_\infty &= \max_{1\leqslant i\leqslant n}\{|x_i|\}=\max_{1\leqslant i\leqslant n}\{(|x_i|^2)^{1/2}\} \leqslant (\sum_{i=1}^{n}|x_i|^2)^{1/2} \\ &= \|x\|_2\end{aligned} \tag{4.1}$$

$$\begin{aligned}\|x\|_2 &= (\sum_{i=1}^{n}|x_i|^2)^{1/2} \leqslant ((\sum_{i=1}^{n}|x_i|)^2)^{1/2}=\sum_{i=1}^{n}|x_i| \\ &= \|x\|_1\end{aligned} \tag{4.2}$$

由此可得

$$\|x\|_\infty \leqslant \|x\|_2 \leqslant \|x\|_1. \tag{4.3}$$

再由初等不等式可知

$$\begin{aligned}\|x\|_1 &= \sum_{i=1}^{n}|x_i| \leqslant n \cdot \sqrt{(\sum_{i=1}^{n}|x_i|^2)/n} \\ &= \sqrt{n}\sqrt{\sum_{i=1}^{n}|x_i|^2}=\sqrt{n}\|x\|_2\end{aligned} \tag{4.4}$$

以及

$$\begin{aligned}\sqrt{n}\|x\|_2 &= n \cdot \sqrt{(\sum_{i=1}^{n}|x_i|^2)/n} \leqslant n \cdot \max_{1\leqslant i\leqslant n}\{|x_i|\} \\ &= n\|x\|_\infty,\end{aligned} \tag{4.5}$$

由此可得

$$\|\boldsymbol{x}\|_1 \leqslant \sqrt{n}\|\boldsymbol{x}\|_2 \leqslant n\|\boldsymbol{x}\|_\infty. \tag{4.6}$$

由式(4.2)与式(4.4)组合可以证明等价关系式(1)；由式(4.1)与式(4.5)组合可以证明等价关系式(2)；由式(4.3)与式(4.6)组合可以证明等价关系式(3)；综合式(4.3)与式(4.6)可得

$$\|\boldsymbol{x}\|_\infty \leqslant \|\boldsymbol{x}\|_2 \leqslant \|\boldsymbol{x}\|_1 \leqslant \sqrt{n}\|\boldsymbol{x}\|_2 \leqslant n\|\boldsymbol{x}\|_\infty.$$

习题 4.2　给定函数 $a|x|^p+b|y|^p=1$，试编制该函数图形的 Matlab 函数，并分别绘制：

(1)当 $a=1,b=2$ 时，绘制 p 分别取 0.5,1,1.5,2,2.5,20 的图形；

(2)当 $a=1,b=-2$ 时，绘制 p 分别取 0.5,1,1.5,2,2.5,20 的图形.

解：(1)当 $a=1,b=2$ 时，p 分别取 0.5,1,1.5,2,2.5,20 时调用习题程序 4.1 的函数 pfun2(p,a,b)，可得图 4.1(a)；(2)当 $a=1,b=-2$ 时，p 分别取 0.5,1,1.5,2,2.5,20 时调用习题程序 4.1 的函数 pfun2(p,a,b)，可得图 4.1(b).

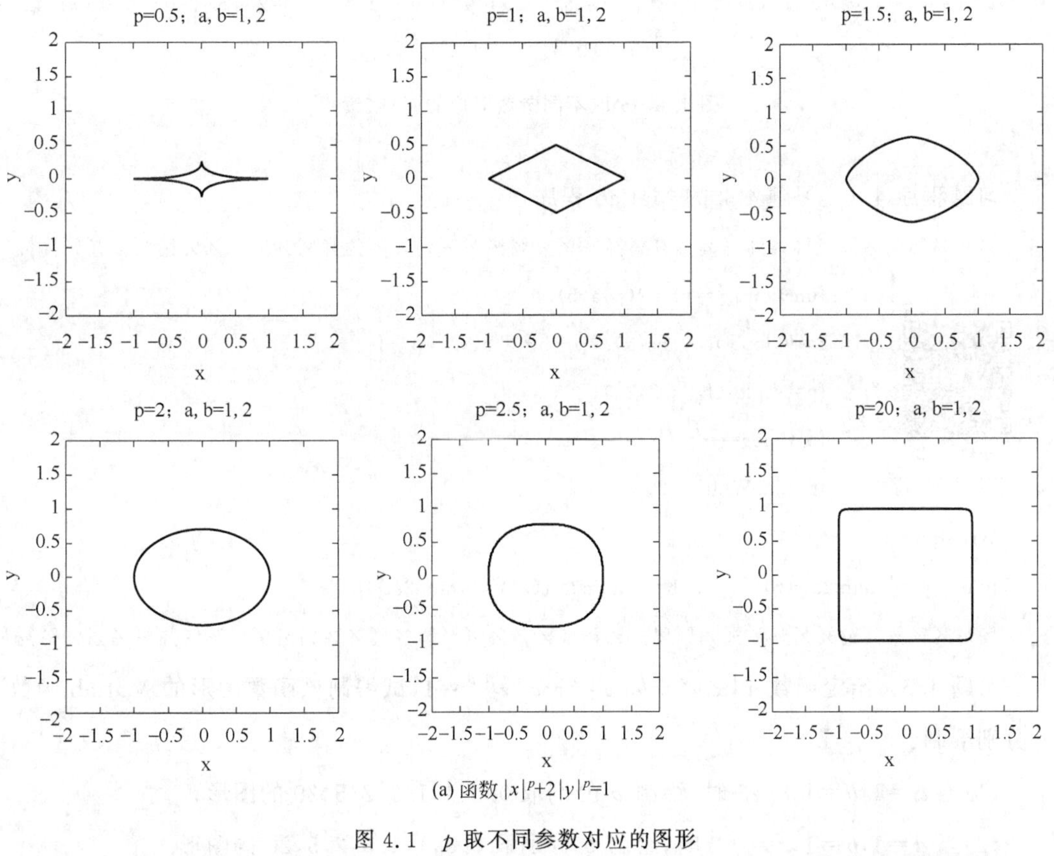

(a) 函数 $|x|^p+2|y|^p=1$

图 4.1　p 取不同参数对应的图形

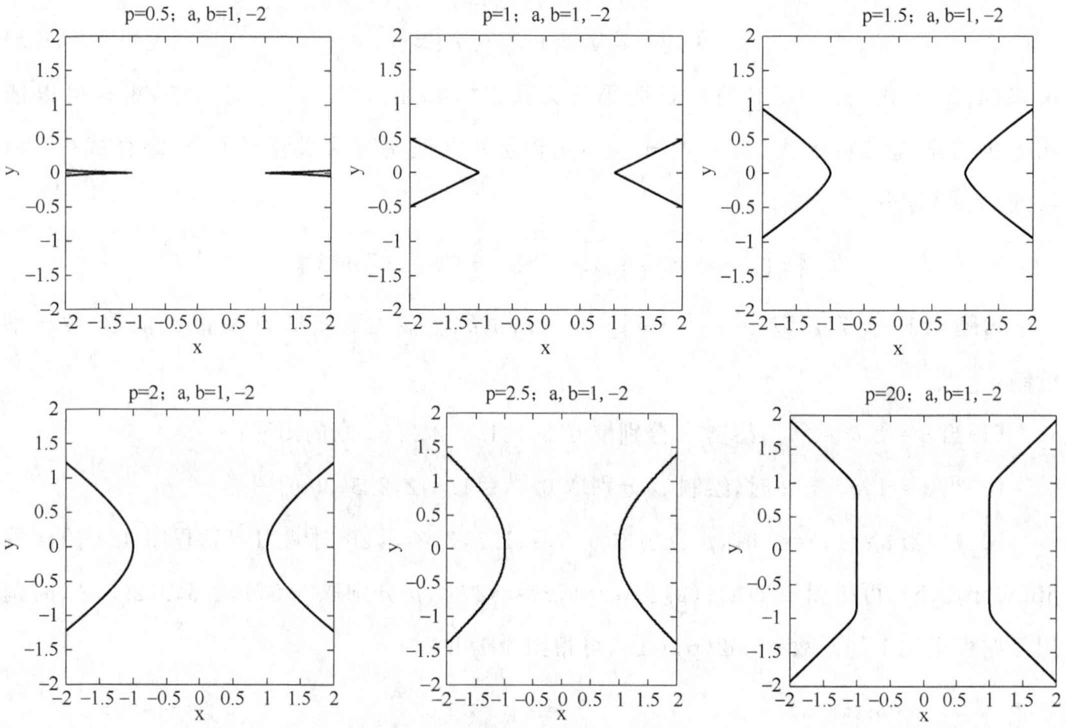

(b) 函数 $|x|^p-2|y|^p=1$

图 4.1　p 取不同参数对应的图形(续)

习题程序 4.1　习题 4.2 的 Matlab 程序

%%%%%%%%%%%%%%%%%%%%%%%%%%%%%%%%%%%%

习题 4.2

```
function []=pfun2(p,a,b)
f=@(x,y)a*abs(x).^p+b*abs(y).^p-1;
fp=ezplot(f,[-2,2]);
fp.Color='r';
fp.LineWidth=2;
axis square;
title(['p=',num2str(p),';','a,b=',num2str(a),',',num2str(b)]);
```

%%%%%%%%%%%%%%%%%%%%%%%%%%%%%%%%%%%%

习题 4.3　给定函数 $a|x|^p+b|y|^p+c|z|^p=1$,试编制该函数图形的 Matlab 函数,并分别绘制:

(1)当 $a=1,b=1,c=2$ 时,绘制 p 分别取 0.5,1,1.5,2,5,20 的图形;

(2)当 $a=1,b=1,c=-2$ 时,绘制 p 分别取 0.5,1,1.5,2,5,20 的图形.

解:(1)当 $a=1,b=1,c=2$ 时,p 分别取 0.5,1,1.5,2,5,20 时调用习题程序 4.2 的函数 pfun3(p,a,b,c),可得图 4.2(a);(2)当 $a=1,b=1,c=-2$ 时,p 分别取 0.5,1,1.5,2,5,20 时调用习题程序 4.2 的函数 pfun3(p,a,b,c),可得图 4.2(b).

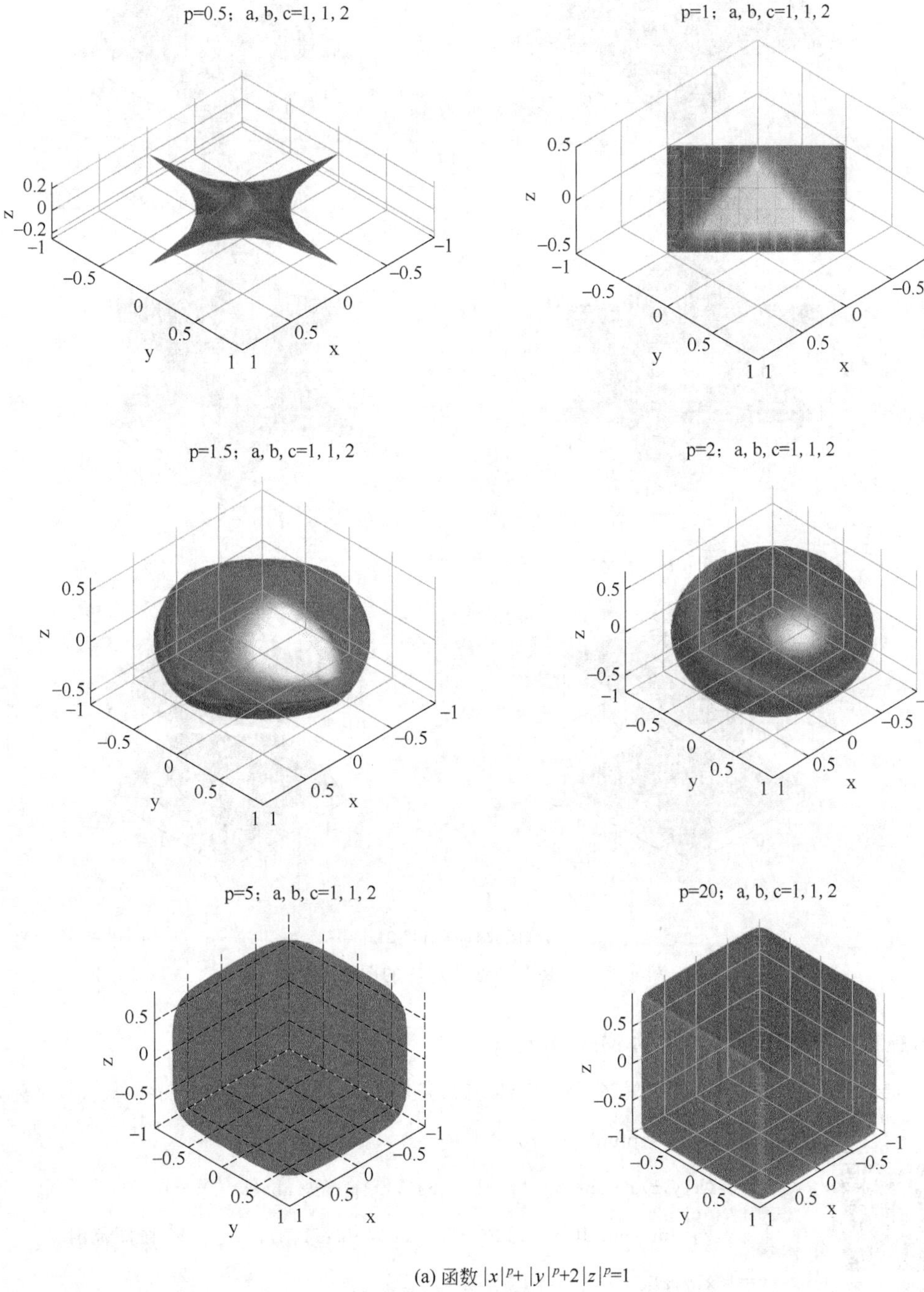

(a) 函数 $|x|^p+|y|^p+2|z|^p=1$

图 4.2　p 取不同参数对应的图形

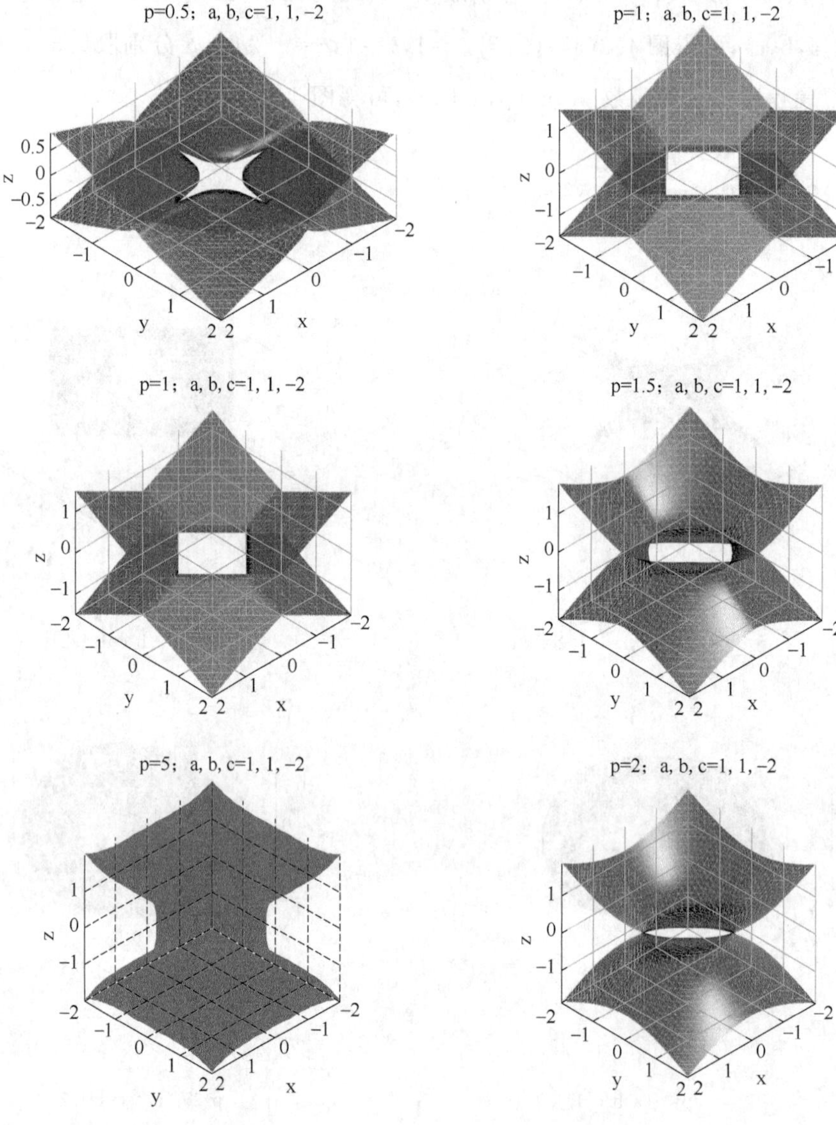

(b) 函数 $|x|^p+|y|^p-2|z|^p=1$

图 4.2 p 取不同参数对应的图形(续)

习题程序 4.2 习题 4.3 的 Matlab 程序

习题 4.3

```
%%%%%%%%%%%%%%%%%%%%%%%%%%%%%%%%%%%%%%%%%%%%%%%%%%%%%%%%
function []=pfun3(p,a,b,c)
f=@(x,y,z)a*abs(x).^p+b*abs(y).^p+c*abs(z).^p-1;
[x,y,z]=meshgrid(-2:.1:2,-2:.1:2,-2:.1:2);          % 画图范围
v=f(x,y,z);
h=patch(isosurface(x,y,z,v,0));
```

```
isonormals(x,y,z,v,h);
set(h,'FaceColor','r','EdgeColor','none');
xlabel('x');ylabel('y');zlabel('z');
alpha(1);
grid on; view([1,1,1]); axis equal; camlight; lighting gouraud;
title(['p=',num2str(p),';','a,b,c=',num2str(a),',',num2str(b),',',num2str(c)]);
%%%%%%%%%%%%%%%%%%%%%%%%%%%%%%%%%%%%%%%%%%%%%%%%%%%%%%%%%%
```

习题 4.4　证明若 $\boldsymbol{A},\boldsymbol{B}\in\boldsymbol{C}^{m\times n}$，则有：

(1) $\|\boldsymbol{A}^*\boldsymbol{A}\|_F=\|\boldsymbol{A}\boldsymbol{A}^*\|_F\leqslant\|\boldsymbol{A}\|_F^2\leqslant\sqrt{r}\|\boldsymbol{A}\boldsymbol{A}^*\|_F$，

(2) $\|\boldsymbol{A}+\boldsymbol{B}\|_F\leqslant\|\boldsymbol{A}\|_F+\|\boldsymbol{B}\|_F$，

其中 $r=\mathrm{rank}(\boldsymbol{A})$.

提示：证明(1)需要用到初等不等式

$$\sqrt{\sum_{i=1}^{r}a_i^2}\leqslant\sum_{i=1}^{r}a_i\leqslant\sqrt{r}\sqrt{\sum_{i=1}^{r}a_i^2},$$

其中 $a_i\geqslant 0,\ i=1,2,\cdots,r$.

证明(2)需要用到第 3 章的 Cauchy-Schwarz 不等式

$$|\mathrm{trace}(\boldsymbol{B}^*\boldsymbol{A})|\leqslant\mathrm{trace}^{1/2}(\boldsymbol{A}^*\boldsymbol{A})\mathrm{trace}^{1/2}(\boldsymbol{B}^*\boldsymbol{B}).$$

证明：(1)

$$\|\boldsymbol{A}^*\boldsymbol{A}\|_F=\mathrm{trace}^{1/2}(\boldsymbol{A}^*\boldsymbol{A}\boldsymbol{A}^*\boldsymbol{A})=\mathrm{trace}^{1/2}(\boldsymbol{A}\boldsymbol{A}^*\boldsymbol{A}\boldsymbol{A}^*)$$
$$=\mathrm{trace}^{1/2}((\boldsymbol{A}\boldsymbol{A}^*)^*(\boldsymbol{A}\boldsymbol{A}^*))=\|\boldsymbol{A}\boldsymbol{A}^*\|_F,$$

由于 $r=\mathrm{rank}(\boldsymbol{A})$，再由复奇异值分解可知，存在两个酉矩阵 $\boldsymbol{U}\in\boldsymbol{C}^{m\times m}$，$\boldsymbol{V}\in\boldsymbol{C}^{n\times n}$，使得

$$\boldsymbol{A}=\boldsymbol{U}\boldsymbol{D}\boldsymbol{V}^*,$$

其中 $\boldsymbol{D}\in\mathbf{R}^{m\times n}$ 为分块矩阵 $\boldsymbol{D}=\begin{bmatrix}\boldsymbol{\Sigma}_r & \boldsymbol{O}_{r,n-r}\\ \boldsymbol{O}_{m-r,r} & \boldsymbol{O}_{m-r,n-r}\end{bmatrix}$，$\boldsymbol{\Sigma}_r=\mathrm{diag}(\sigma_1,\sigma_2,\cdots,\sigma_r)$，$\sigma_1$，$\sigma_2$，$\cdots$，$\sigma_r$ 为 $\boldsymbol{A}\in\boldsymbol{C}^{m\times n}$ 的非零奇异值，由定理 4.1.3 可知

$$\|\boldsymbol{A}\|_F=\|\boldsymbol{D}\|_F=\sqrt{\sum_{i=1}^{r}\sigma_i^2(\boldsymbol{A})}.$$

另外，

$$\|\boldsymbol{A}^*\boldsymbol{A}\|_F=\|(\boldsymbol{U}\boldsymbol{D}\boldsymbol{V}^*)^*\boldsymbol{U}\boldsymbol{D}\boldsymbol{V}^*\|_F=\|\boldsymbol{V}\boldsymbol{D}\boldsymbol{U}^*\boldsymbol{U}\boldsymbol{D}\boldsymbol{V}^*\|_F$$
$$=\|\boldsymbol{U}\boldsymbol{D}\boldsymbol{D}\boldsymbol{V}^*\|_F=\|\boldsymbol{D}^2\|_F=\sqrt{\sum_{i=1}^{r}\sigma_i^4(\boldsymbol{A})},$$

当 $a_i \geqslant 0, i=1,2,\cdots,r$ 时有不等式 $\sqrt{\sum_{i=1}^{r} a_i^2} \leqslant \sum_{i=1}^{r} a_i \leqslant \sqrt{r}\sqrt{\sum_{i=1}^{r} a_i^2}$，取 $a_i=\sigma_i^2(\boldsymbol{A})$，则有

$$\sqrt{\sum_{i=1}^{r}\sigma_i^4(\boldsymbol{A})} \leqslant \sum_{i=1}^{r}\sigma_i^2(\boldsymbol{A}) \leqslant \sqrt{r}\sqrt{\sum_{i=1}^{r}\sigma_i^4(\boldsymbol{A})},$$

即

$$\|\boldsymbol{A}^*\boldsymbol{A}\|_F=\|\boldsymbol{A}\boldsymbol{A}^*\|_F \leqslant \|\boldsymbol{A}\|_F^2 \leqslant \sqrt{r}\,\|\boldsymbol{A}\boldsymbol{A}^*\|_F .$$

需要说明的是，当 $\boldsymbol{A}\in\mathbf{R}^{m\times n}$ 时，有 $\boldsymbol{A}^*=\boldsymbol{A}^{\mathrm{T}}$，于是上述不等式可以表示成

$$\|\boldsymbol{A}^{\mathrm{T}}\boldsymbol{A}\|_F=\|\boldsymbol{A}\boldsymbol{A}^{\mathrm{T}}\|_F \leqslant \|\boldsymbol{A}\|_F^2 \leqslant \sqrt{r}\,\|\boldsymbol{A}\boldsymbol{A}^{\mathrm{T}}\|_F .$$

(2)借助第 3 章的 Cauchy－Schwarz 不等式

$$|\operatorname{trace}(\boldsymbol{B}^*\boldsymbol{A})| \leqslant \operatorname{trace}^{1/2}(\boldsymbol{A}^*\boldsymbol{A})\operatorname{trace}^{1/2}(\boldsymbol{B}^*\boldsymbol{B}),$$

可得

$$\begin{aligned}\|\boldsymbol{A}+\boldsymbol{B}\|_F^2 &= \operatorname{trace}((\boldsymbol{A}+\boldsymbol{B})^*(\boldsymbol{A}+\boldsymbol{B}))=\operatorname{trace}(\boldsymbol{A}^*\boldsymbol{A}+\boldsymbol{A}^*\boldsymbol{B}+\boldsymbol{B}^*\boldsymbol{A}+\boldsymbol{B}^*\boldsymbol{B})\\ &= \operatorname{trace}(\boldsymbol{A}^*\boldsymbol{A})+2\operatorname{trace}(\boldsymbol{A}^*\boldsymbol{B})+\operatorname{trace}(\boldsymbol{B}^*\boldsymbol{B})\\ &\leqslant \operatorname{trace}(\boldsymbol{A}^*\boldsymbol{A})+2\operatorname{trace}^{1/2}(\boldsymbol{A}^*\boldsymbol{A})\operatorname{trace}^{1/2}(\boldsymbol{B}^*\boldsymbol{B})+\operatorname{trace}(\boldsymbol{B}^*\boldsymbol{B})\\ &= \|\boldsymbol{A}\|_F^2+2\|\boldsymbol{A}\|_F\|\boldsymbol{B}\|_F+\|\boldsymbol{B}\|_F^2=(\|\boldsymbol{A}\|_F+\|\boldsymbol{B}\|_F)^2,\end{aligned}$$

即

$$\|\boldsymbol{A}+\boldsymbol{B}\|_F \leqslant \|\boldsymbol{A}\|_F+\|\boldsymbol{B}\|_F .$$

习题 4.5 对任意矩阵 $\boldsymbol{A}\in\mathbf{C}^{n\times n}$，用 $|\boldsymbol{A}|$ 表示矩阵 $[|a_{ij}|]$. 证明若 $|\boldsymbol{A}|\leqslant\boldsymbol{B}$，则有 $\rho(\boldsymbol{A})\leqslant\rho(|\boldsymbol{A}|)\leqslant\rho(\boldsymbol{B})$.

证明：对所有的正整数 k，三角不等式 $|\boldsymbol{A}^k|\leqslant|\boldsymbol{A}|^k$ 都成立. 此外，若 $|\boldsymbol{A}|\leqslant\boldsymbol{B}$，则有 $|\boldsymbol{A}|^k\leqslant\boldsymbol{B}^k$，由定理 4.2.5 可知对任意的算子范数，都有 $\rho(\boldsymbol{A})=\lim\limits_{k\to\infty}\|\boldsymbol{A}^k\|^{1/k}$，于是

$$\|\boldsymbol{A}^k\|_\infty=\||\boldsymbol{A}^k|\|_\infty \leqslant \||\boldsymbol{A}|^k\|_\infty \leqslant \|\boldsymbol{B}^k\|_\infty,$$

$$\|\boldsymbol{A}^k\|_\infty^{1/k} \leqslant \||\boldsymbol{A}|^k\|_\infty^{1/k} \leqslant \|\boldsymbol{B}^k\|_\infty^{1/k},$$

$$\lim_{k\to\infty}\|\boldsymbol{A}^k\|_\infty^{1/k} \leqslant \lim_{k\to\infty}\||\boldsymbol{A}|^k\|_\infty^{1/k} \leqslant \lim_{k\to\infty}\|\boldsymbol{B}^k\|_\infty^{1/k},$$

$$\rho(\boldsymbol{A})\leqslant\rho(|\boldsymbol{A}|)\leqslant\rho(\boldsymbol{B}).$$

习题 4.6 假设 $\boldsymbol{A}$ 是一个 n 阶魔方矩阵，试证明 $\boldsymbol{P}=\dfrac{1}{\|\boldsymbol{A}\|_1}\boldsymbol{A}$ 是 n 阶双随机矩阵，$\lim\limits_{k\to\infty}\boldsymbol{P}^k=\dfrac{1}{n}\mathbf{1}_{n\times n}$，其中 $\mathbf{1}_{n\times n}$ 是 $n\times n$ 的全一矩阵，并编制 Matlab 程序验证该结果.

证明：由于 $\boldsymbol{A}$ 是一个 n 阶魔方矩阵，即用整数 $1,2,\cdots,n^2$ 填充 $n\times n$ 的表格，使得每一

行、每一列都相等，为此每一行和或列和为$\frac{1+2+\cdots+n^2}{n}=\frac{(1+n^2)n}{2}$，又由于 $\boldsymbol{A}$ 是一个正矩阵，所以 $\|\boldsymbol{A}\|_1=\max\limits_{1\leqslant j\leqslant n}\sum\limits_{i=1}^{n}|a_{ij}|=\frac{(1+n^2)n}{2}$，故正矩阵 $\boldsymbol{P}=\frac{1}{\|\boldsymbol{A}\|_1}\boldsymbol{A}$ 的所有行和与列和都为 1，因此 $\boldsymbol{P}$ 是双随机矩阵. 由定理 4.3.5 可知，$\lim\limits_{k\to\infty}\boldsymbol{P}^k=\mathbf{1}_n\cdot\boldsymbol{\pi}^{\mathrm{T}}$，其中 $\mathbf{1}_n$ 是一个全 1 的列向量，$\boldsymbol{\pi}^{\mathrm{T}}$ 是 $\boldsymbol{P}$ 的特征值 1 所对应的左正特征向量，且满足 $\sum\limits_{i=1}^{n}\pi_i=1,\pi_i>0,i=1,2,\cdots,n$，而 $\mathbf{1}_n^{\mathrm{T}}$ 是双随机矩阵特征值 1 所对应的左正特征向量，因而 $\boldsymbol{\pi}=\frac{1}{n}\mathbf{1}_n^{\mathrm{T}}$，进而 $\lim\limits_{k\to\infty}\boldsymbol{P}^k=\frac{1}{n}\mathbf{1}_n\cdot\mathbf{1}_n^{\mathrm{T}}=\frac{1}{n}\mathbf{1}_{n\times n}$，其中 $\mathbf{1}_{n\times n}$ 是 $n\times n$ 的全一矩阵.

习题程序 4.3　求随机矩阵幂的极限

```
%%%%%%%%%%%%%%%%%%%%%%%%%%%%%%%%%%%%%%%%%%%%%%%%%%%
function [next_P]=magicpower(n,error)
A=magic(n);
P=A/norm(A,1);
next_P=P*P;
while(norm(next_P-P,1) > error)
    P=next_P;
    next_P=P*P;
end
%%%%%%%%%%%%%%%%%%%%%%%%%%%%%%%%%%%%%%%%%%%%%%%%%%%
```

习题 4.6

习题 4.7　证明若 $\boldsymbol{A}\in\mathbf{R}^{n\times n}$ 是一个不可约的非奇异 M 矩阵，则方程组 $\boldsymbol{Ax}=\boldsymbol{b}$ 的 Jacobi 迭代收敛.

证明：由于 $\boldsymbol{A}=\boldsymbol{D}-\boldsymbol{L}-\boldsymbol{U}\in\mathbf{R}^{n\times n}$ 是一个非奇异 M 矩阵，因此$\boldsymbol{D}^{-1}>0,\boldsymbol{L},\boldsymbol{U}\geqslant0$，又因为 $\boldsymbol{A}\in\mathbf{R}^{n\times n}$ 是一个不可约的，所以 Jacobi 迭代矩阵 $\boldsymbol{G}=\boldsymbol{D}^{-1}(\boldsymbol{L}+\boldsymbol{U})\geqslant0$ 也是不可约的，于是由 Perron－Frobenius 定理可知，$\boldsymbol{G}$ 的谱半径$\rho(\boldsymbol{G})$为其一个特征值，且存在一个向量 $\boldsymbol{x}>\mathbf{0}$ 使得 $\rho(\boldsymbol{G})\boldsymbol{x}=\boldsymbol{Gx}$，由此可得$(\boldsymbol{E}-\boldsymbol{G})\boldsymbol{x}=(1-\rho(\boldsymbol{G}))\boldsymbol{x}$.

由于 $\boldsymbol{E}-\boldsymbol{G}=\boldsymbol{E}-\boldsymbol{D}^{-1}(\boldsymbol{L}+\boldsymbol{U})=\boldsymbol{D}^{-1}(\boldsymbol{D}-\boldsymbol{L}-\boldsymbol{U})=\boldsymbol{D}^{-1}\boldsymbol{A}$，且 $\boldsymbol{A}$ 是一个非奇异 M 矩阵，因此 $\boldsymbol{A}^{-1}\geqslant0$，从而 $\boldsymbol{E}-\boldsymbol{G}$ 可逆，且$(\boldsymbol{E}-\boldsymbol{G})^{-1}=\boldsymbol{A}^{-1}\boldsymbol{D}\geqslant0$，于是有

$$\boldsymbol{x}=(1-\rho(\boldsymbol{G}))(\boldsymbol{E}-\boldsymbol{G})^{-1}\boldsymbol{x},$$

再由 $\boldsymbol{x}>\mathbf{0}$ 可知 $\rho(\boldsymbol{G})<1$，从而说明方程组 $\boldsymbol{Ax}=\boldsymbol{b}$ 的 Jacobi 迭代收敛.

习题 4.8　给定一个线性方程组 $\boldsymbol{Ax}=b$，其中 $\boldsymbol{A}=\begin{bmatrix}3&-1&-2\\0&4&-1\\-1&0&2\end{bmatrix}$，$\boldsymbol{b}=\begin{bmatrix}1\\-2\\-1\end{bmatrix}$，试证

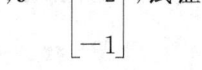

明其对应的 Jacobi 迭代、Gauss－Seidel 迭代以及当 $0<\omega\leqslant 1$ 时的超松弛迭代收敛，利用习题程序 4.4(教材程序 4.3.2)求解该线性方程组，并比较当误差为 10^{-6}、初始值取 $[0,0,0]^T$、$\omega=0.9$ 时其迭代次数.

解:因为 $\boldsymbol{A}$ 是一个不可约对角占优矩阵，由定理 4.3.8 可知 Jacobi 迭代收敛，由定理 4.3.9 可知 Gauss－Seidel 迭代以及当 $0<\omega\leqslant 1$ 时的超松弛迭代收敛. 借助习题程序 4.4(教材程序 4.3.2)，求出该方程组的解为 $[-0.9412,-1.1176,2.4706]^T$，Jacobi 迭代、Gauss－Seidel 迭代以及当 $0<\omega\leqslant 1$ 时的超松弛迭代收敛的迭代次数分别为 33 次、11 次和 13 次.

习题程序 4.4 习题 4.8 的 Matlab 程序

习题 4.8

```
%%%%%%%%%%%%%%%%%%%%%%%%%%%%%%%%%%%%%%%%%%%%%%%%%%%%%
function [x,k]=iterationsolve(A,b,method,error)
%使用迭代法求解 Ax=b
%method 为方法,有'jacobi','gauss_seidel','over_relaxation'三种选择
%error 为 2 范数意义下的最大误差
D=diag(diag(A));L=-tril(A,-1);U=-triu(A,1);
if strcmp(method,'jacobi')%比较字符串
G=D\(L+U);g=D\b;
elseif strcmp(method,'gauss_seidel')
G=(D-L)\U;g=(D-L)\b;
elseif strcmp(method,'over_relaxation')
   omega=input('please input omega value,0<omega<2:');
   G=(D-omega*L)\(omega*U+(1-omega)*D);
   g=omega*((D-omega*L)\b);
end
det1=det(A);det2=det(D);
if det1==0||det2==0
     disp('the matrix is singular');
     return;
end
n=length(A);e=ones(n,1);k=0;
x0=input('please input initial value:');
  plot3(x0(1),x0(2),x0(3),'bo','MarkerSize',15);
   text(x0(1),x0(2),x0(3),num2str(0));
   hold on
```

```
while norm(e,2)>error
    k=k+1;
    x=G*x0+g;
    plot3([x0(1),x(1)],[x0(2),x(2)],[x0(3),x(3)],'gs','MarkerSize',15);
    text(x(1),x(2),x(3),num2str(k));
    hold on
    e=x-x0;
    x0=x;
end
   plot3(x(1),x(2),x(3),'r*','MarkerSize',15);
hold off
end
%%%%%%%%%%%%%%%%%%%%%%%%%%%%%%%%%%%%%%%%%
```

习题 4.9　给定一个线性方程组 $\boldsymbol{Ax}=\boldsymbol{b}$,其中 $\boldsymbol{A}=\begin{bmatrix}2 & -1 & 2\\ -1 & 4 & -2\\ 2 & -2 & 3\end{bmatrix}$,$\boldsymbol{b}=\begin{bmatrix}2\\1\\1\end{bmatrix}$,试证明其对应的 $0<\omega<2$ 时的超松弛迭代收敛,利用程序 4.3.3(习题程序 4.5)求解该线性方程组,并比较当误差为 10^{-6}、初始值取 $[0,0,0]^{\mathrm{T}}$ 时,ω 取不同值的迭代次数.

解:因为 $\boldsymbol{A}$ 是一个对称正定矩阵,由定理 4.3.10 可知当 $0<\omega<2$ 时,超松弛迭代收敛.借助习题程序 4.5(教材程序 4.3.3)求出该方程组的解为 $[0.3600,2.1354,6.5047]^{\mathrm{T}}$,并得到 ω 取不同值的迭代次数参见图 4.3.

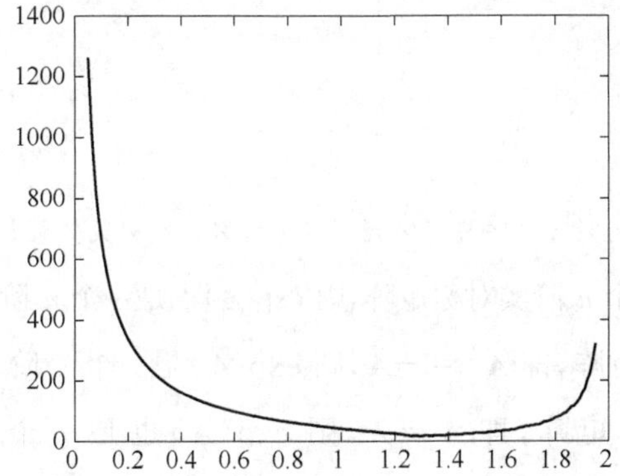

图 4.3　超松弛迭代在取不同 ω 时的迭代次数

习题 4.9

习题程序 4.5 超松弛迭代

```
%%%%%%%%%%%%%%%%%%%%%%%%%%%%%%%%%%%%%%%%%%%
function x=over_relaxation_plot(A,b,error)
%使用超松弛迭代法求解 Ax=b
%error 为 2 范数意义下的最大误差
D=diag(diag(A));L=-tril(A,-1);U=-triu(A,1);
omega=[0.05:0.01:1.95];
det1=det(A);det2=det(D);
X=input('please input initial value:');
if det1==0||det2==0
    disp('the matrix is singular');
    return;
end
for i=1:size(omega,2)
G=(D-omega(i)*L)\(omega(i)*U+(1-omega(i))*D);
g=omega(i)*((D-omega(i)*L)\b);
n=length(A);e=ones(n,1);k=0;x0=X;
while norm(e,2)>error
    k=k+1;
    x=G*x0+g;
    e=x-x0;
    x0=x;
end
K(i)=k;
end
plot(omega,K,'r','linewidth',1.5);
hold off;
%%%%%%%%%%%%%%%%%%%%%%%%%%%%%%%%%%%%%%%%%%%
```

习题 4.10 证明:(1)若 $\boldsymbol{A}$ 是一个 n 阶实对称矩阵,则 $\exp(\boldsymbol{A})$ 也是一个 n 阶实对称矩阵;

(2)若 $\boldsymbol{A}$ 是一个 n 阶实反对称矩阵,即 $\boldsymbol{A}^{\mathrm{T}}=-\boldsymbol{A}$,则 $\exp(\boldsymbol{A})$ 是一个 n 阶正交矩阵;

(3)若 $\boldsymbol{A}$ 是一个 n 阶 Hermite 矩阵,即 $\boldsymbol{A}^{*}=\boldsymbol{A}$,则 $\exp(\boldsymbol{A})$ 也是一个 n 阶 Hermite 矩阵;

(4)若 $\boldsymbol{A}$ 是一个 n 阶反 Hermite 矩阵,即 $\boldsymbol{A}^{*}=-\boldsymbol{A}$,则 $\exp(\boldsymbol{A})$ 是一个 n 阶酉矩阵.

证明：

(1)由 $\exp(\boldsymbol{A})=\sum_{k=0}^{\infty}\frac{1}{k!}\boldsymbol{A}^k$，$\boldsymbol{A}^{\mathrm{T}}=\boldsymbol{A}$ 可知，

$$\exp^{\mathrm{T}}(\boldsymbol{A})=\left(\sum_{k=0}^{\infty}\frac{1}{k!}\boldsymbol{A}^k\right)^{\mathrm{T}}=\sum_{k=0}^{\infty}\frac{1}{k!}(\boldsymbol{A}^k)^{\mathrm{T}}=\sum_{k=0}^{\infty}\frac{1}{k!}(\boldsymbol{A}^{\mathrm{T}})^k=\sum_{k=0}^{\infty}\frac{1}{k!}\boldsymbol{A}^k=\exp(\boldsymbol{A}),$$

因此 $\exp(\boldsymbol{A})$也是一个 n 阶实对称矩阵.

(2)由 $\boldsymbol{A}^{\mathrm{T}}=-\boldsymbol{A}$ 可知，

$$\exp^{\mathrm{T}}(\boldsymbol{A})=\left(\sum_{k=0}^{\infty}\frac{1}{k!}\boldsymbol{A}^k\right)^{\mathrm{T}}=\sum_{k=0}^{\infty}\frac{1}{k!}(\boldsymbol{A}^k)^{\mathrm{T}}=\sum_{k=0}^{\infty}\frac{1}{k!}(\boldsymbol{A}^{\mathrm{T}})^k$$

$$=\sum_{k=0}^{\infty}\frac{1}{k!}(-\boldsymbol{A})^k=\exp(-\boldsymbol{A}),$$

由定理 4.4.1 可知，因为 $\boldsymbol{A}(-\boldsymbol{A})=(-\boldsymbol{A})\boldsymbol{A}$，故有

$$\exp(\boldsymbol{A})\exp^{\mathrm{T}}(\boldsymbol{A})=\exp(\boldsymbol{A})\exp(-\boldsymbol{A})=\exp(\boldsymbol{O})=\boldsymbol{E},$$

因此 $\exp(\boldsymbol{A})$是一个 n 阶正交矩阵.

(3)由 $\boldsymbol{A}^*=\boldsymbol{A}$ 可知，

$$\exp^*(\boldsymbol{A})=\left(\sum_{k=0}^{\infty}\frac{1}{k!}\boldsymbol{A}^k\right)^*=\sum_{k=0}^{\infty}\frac{1}{k!}(\boldsymbol{A}^k)^*=\sum_{k=0}^{\infty}\frac{1}{k!}(\boldsymbol{A}^*)^k=\sum_{k=0}^{\infty}\frac{1}{k!}\boldsymbol{A}^k=\exp(\boldsymbol{A}),$$

因此 $\exp(\boldsymbol{A})$是一个 n 阶 Hermite 矩阵.

(4)由 $\boldsymbol{A}^*=-\boldsymbol{A}$ 可知，

$$\exp^*(\boldsymbol{A})=\left(\sum_{k=0}^{\infty}\frac{1}{k!}\boldsymbol{A}^k\right)^*=\sum_{k=0}^{\infty}\frac{1}{k!}(\boldsymbol{A}^k)^*=\sum_{k=0}^{\infty}\frac{1}{k!}(\boldsymbol{A}^*)^k=\sum_{k=0}^{\infty}\frac{1}{k!}(-\boldsymbol{A})^k=\exp(-\boldsymbol{A}),$$

由定理 4.4.1 可知，因为 $\boldsymbol{A}(-\boldsymbol{A})=(-\boldsymbol{A})\boldsymbol{A}$，故有

$$\exp(\boldsymbol{A})\exp^*(\boldsymbol{A})=\exp(\boldsymbol{A})\exp(-\boldsymbol{A})=\exp(\boldsymbol{O})=\boldsymbol{E},$$

因此 $\exp(\boldsymbol{A})$是一个 n 阶酉矩阵.

习题 4.11　证明对所有的算子范数 $\|\cdot\|$，$\|\exp(\boldsymbol{A})\|\leqslant\exp(\|\boldsymbol{A}\|)$.

证明：由例 4.4.1 可知，$\exp(\boldsymbol{A})$收敛，再由定理 4.3.13 可得

$$\exp(\boldsymbol{A})=\sum_{k=0}^{\infty}\frac{1}{k!}\boldsymbol{A}^k,$$

故

$$\|\exp(\boldsymbol{A})\|=\left\|\sum_{k=0}^{\infty}\frac{1}{k!}\boldsymbol{A}^k\right\|\leqslant\sum_{k=0}^{\infty}\frac{1}{k!}\|\boldsymbol{A}^k\|\leqslant\sum_{k=0}^{\infty}\frac{1}{k!}\|\boldsymbol{A}\|^k=\exp(\|\boldsymbol{A}\|).$$

习题 4.12　已知矩阵 $\boldsymbol{A}=\begin{bmatrix}2&1&4\\0&2&0\\0&3&1\end{bmatrix}$，求矩阵函数 $\exp(\boldsymbol{A}t)$，并由此求出 $\exp(\boldsymbol{A})$，再借

助 Matlab 函数分别计算 $\exp(\boldsymbol{A}t)$和 $\exp(\boldsymbol{A})$.

习题 4.12

解:首先求出 $\boldsymbol{A}t$ 的特征多项式 $f_{\boldsymbol{A}t}(\lambda)=\det(\lambda\boldsymbol{E}-\boldsymbol{A}t)=(\lambda-2t)^2(\lambda-t)$,从而 $\boldsymbol{A}t$ 的特征值分别为 $\lambda_1=\lambda_2=2t,\lambda_3=t$. 其次假设 $e^{\lambda}=f_{\boldsymbol{A}t}(\lambda)q(\lambda)+r(\lambda)$,其中 $r(\lambda)=b_2\lambda^2+b_1\lambda+b_0$,于是可构建方程组

$$\begin{cases} e^{\lambda_1}=e^{2t}=r(\lambda_1)=b_2(2t)^2+2tb_1+b_0 \\ (e^{\lambda_1})'=e^{2t}=r'(\lambda_1)=2b_2(2t)+b_1 \\ e^{\lambda_3}=e^t=r(\lambda_3)=b_2t^2+tb_1+b_0 \end{cases},$$

解得 $b_2=\dfrac{(t-1)e^{2t}+e^t}{t^2},b_1=\dfrac{(4-3t)e^{2t}-4e^t}{t},b_0=-3e^{2t}+2te^{2t}+4e^t$,从而有

$$\begin{aligned}\exp(\boldsymbol{A}t)&=r(\boldsymbol{A}t)=b_2(\boldsymbol{A}t)^2+b_1\boldsymbol{A}t+b_0\boldsymbol{E}\\&=\frac{(t-1)e^{2t}+e^t}{t^2}\boldsymbol{A}^2+\frac{(4-3t)e^{2t}-4e^t}{t}\boldsymbol{A}+(-3e^{2t}+2te^{2t}+4e^t)\boldsymbol{E}.\end{aligned}$$

将 $\boldsymbol{A}$ 代入上式,可得

$$\exp(\boldsymbol{A}t)=\begin{bmatrix} e^{2t} & 12e^t-12e^{2t} & 4e^{2t}-4e^t \\ 0 & e^{2t} & 0 \\ 0 & 3e^{2t}-3e^t & e^t \end{bmatrix}.$$

令 $t=1$,可得

$$\exp(\boldsymbol{A})=\begin{bmatrix} e^2 & 12e-12e^2 & 4e^2-4e \\ 0 & e^2 & 0 \\ 0 & 3e^2-3e & e \end{bmatrix}.$$

使用 Matlab 函数 syms t;expm(A * t);expm(A)可得相同的结果.

习题 4.13

习题 4.13 已知矩阵 $\boldsymbol{A}=\begin{bmatrix} 3 & 1 & 1 \\ -1 & 1 & 0 \\ 0 & 0 & 1 \end{bmatrix}$,求矩阵函数 $\sin(\boldsymbol{A}t)$,$\cos(\boldsymbol{A}t)$ 与 $\ln(\boldsymbol{A}t)$,并借助 Matlab 函数分别计算 $\sin(\boldsymbol{A}t)$,$\cos(\boldsymbol{A}t)$与 $\ln(\boldsymbol{A}t)$.

解:(1)求 $\sin(\boldsymbol{A}t)$,首先求出 $\boldsymbol{A}t$ 的特征多项式

$$f_{\boldsymbol{A}t}(\lambda)=\det(\lambda\boldsymbol{E}-\boldsymbol{A}t)=(\lambda-2t)^2(\lambda-t),$$

从而 $\boldsymbol{A}t$ 的特征值分别为 $\lambda_1=\lambda_2=2t,\lambda_3=t$. 其次假设 $\sin\lambda=f_{\boldsymbol{A}t}(\lambda)q(\lambda)+r(\lambda)$,其中 $r(\lambda)=b_2\lambda^2+b_1\lambda+b_0$,于是可构建方程组

$$\begin{cases}\sin\lambda_1=\sin(2t)=r(\lambda_1)=b_2(2t)^2+2tb_1+b_0\\(\sin\lambda_1)'=\cos(2t)=r'(\lambda_1)=2b_2(2t)+b_1\\\sin\lambda_3=\sin t=r(\lambda_3)=b_2t^2+tb_1+b_0\end{cases},$$

解得

$$b_2=\frac{\sin t+t\cos(2t)-\sin(2t)}{t^2},$$

$$b_1=\frac{4\sin(2t)-4\sin(t)-3t\cos(2t)}{t},$$

$$b_0=4\sin t-3\sin(2t)+2t\cos(2t),$$

从而有

$$\begin{aligned}\sin(\boldsymbol{A}t)&=r(\boldsymbol{A}t)=b_2(\boldsymbol{A}t)^2+b_1\boldsymbol{A}t+b_0\boldsymbol{E}\\&=\frac{\sin t+t\cos(2t)-\sin(2t)}{t^2}\boldsymbol{A}^2+\frac{4\sin(2t)-4\sin t-3t\cos(2t)}{t}\boldsymbol{A}+\\&\quad(4\sin t-3\sin(2t)+2t\cos(2t))\boldsymbol{E}.\end{aligned}$$

将 $\boldsymbol{A}$ 代入上式,可得

$$\sin(\boldsymbol{A}t)=\begin{bmatrix}\sin(2t)+t\cos(2t) & t\cos(2t) & t\cos(2t)\\-t\cos(2t) & \sin(2t)-t\cos(2t) & \sin(2t)-\sin t-2t\cos^2 t+t\\0 & 0 & \sin t\end{bmatrix}.$$

使用 Matlab 函数 syms t; fsin=funm(A * t,@sin)可得相同的结果.

(2)求 $\cos(\boldsymbol{A}t)$,构建方程组

$$\begin{cases}\cos\lambda_1=\cos(2t)=r(\lambda_1)=b_2(2t)^2+2tb_1+b_0\\(\cos\lambda_1)'=-\sin(2t)=r'(\lambda_1)=2b_2(2t)+b_1\\\cos\lambda_3=\cos t=r(\lambda_3)=b_2t^2+tb_1+b_0\end{cases},$$

解得

$$b_2=\frac{\cos t-\cos(2t)-t\sin(2t)}{t^2},$$

$$b_1=\frac{3t\sin(2t)-4\cos t+4\cos(2t)}{t},$$

$$b_0=4\cos t-3\cos(2t)-2t\sin(2t),$$

从而有

$$\cos(\boldsymbol{A}t)=r(\boldsymbol{A}t)=b_2(\boldsymbol{A}t)^2+b_1\boldsymbol{A}t+b_0\boldsymbol{E}$$
$$=\frac{\cos t-\cos(2t)-t\sin(2t)}{t^2}\boldsymbol{A}^2+\frac{3t\sin(2t)-4\cos(t)+4\cos(2t)}{t}\boldsymbol{A}+$$
$$(4\cos t-3\cos(2t)-2t\sin(2t))\boldsymbol{E}.$$

将 **A** 代入上式,可得

$$\cos(\boldsymbol{A}t)=\begin{bmatrix}\cos(2t)-t\sin(2t) & -t\sin(2t) & -t\sin(2t)\\ t\sin(2t) & \cos(2t)+t\sin(2t) & \cos(2t)-\cos t+t\sin(2t)\\ 0 & 0 & \cos t\end{bmatrix}.$$

使用 Matlab 函数 syms t; fsin=funm(A * t,'cos')可得相同的结果.

(3)求 $\ln(\boldsymbol{A}t)$,构建方程组

$$\begin{cases}\ln\lambda_1=\ln(2t)=r(\lambda_1)=b_2(2t)^2+2tb_1+b_0\\ (\ln\lambda_1)'=\dfrac{1}{2t}=r'(\lambda_1)=2b_2(2t)+b_1\\ \ln\lambda_3=\ln t=r(\lambda_3)=b_2t^2+tb_1+b_0\end{cases},$$

解得

$$b_2=\frac{2\ln t-2\ln(2t)+1}{2t^2},$$
$$b_1=\frac{8\ln(2t)-8\ln t-3}{2t},$$
$$b_0=4\ln t-3\ln(2t)+1,$$

从而有

$$\ln(\boldsymbol{A}t)=r(\boldsymbol{A}t)=b_2(\boldsymbol{A}t)^2+b_1\boldsymbol{A}t+b_0\boldsymbol{E}$$
$$=\frac{2\ln t-2\ln(2t)+1}{2t^2}\boldsymbol{A}^2+\frac{8\ln(2t)-8\ln t-3}{2t}\boldsymbol{A}+$$
$$(4\ln t-3\ln(2t)+1)\boldsymbol{E}.$$

将 **A** 代入上式,可得

$$\ln(\boldsymbol{A}t)=\begin{bmatrix}\ln(2t)+0.5 & 0.5 & 0.5\\ -0.5 & \ln(2t)-0.5 & \ln(2t)-\ln t-0.5\\ 0 & 0 & \ln t\end{bmatrix}.$$

使用 Matlab 函数 syms t; fsin=funm(A * t,'log')可得相同的结果.

习题 4.14 已知二元函数 $f(x_1,x_2)=\exp(-x_1^2-x_2^2)$,分别求其在 $\boldsymbol{x}^0=[0,0]^{\mathrm{T}}$ 以及 $\boldsymbol{x}^0=[1,-1]^{\mathrm{T}}$ 点的二阶泰勒展式,并绘制原图形与二阶泰勒展式分别在$[0,0]^{\mathrm{T}}$ 以及

$[1,-1]^T$ 的逼近图形.

解:首先求 $f(x_1,x_2)$ 的梯度及海森矩阵

$$\nabla f(x_1,x_2)=\begin{bmatrix}\frac{\partial f}{\partial x_1} & \frac{\partial f}{\partial x_2}\end{bmatrix}^T=\exp(-x_1^2-x_2^2)\begin{bmatrix}-2x_1 & -2x_2\end{bmatrix}^T,$$

$$\boldsymbol{H}(x_1,x_2)=\begin{bmatrix}\frac{\partial^2 f}{\partial x_1\partial x_1} & \frac{\partial^2 f}{\partial x_1\partial x_2}\\ \frac{\partial^2 f}{\partial x_2\partial x_1} & \frac{\partial^2 f}{\partial x_2\partial x_2}\end{bmatrix}=\exp(-x_1^2-x_2^2)\begin{bmatrix}-2+4x_1^2 & 4x_1x_2\\ 4x_1x_2 & -2+4x_2^2\end{bmatrix}.$$

其次可得

$$\nabla f(0,0)=\begin{bmatrix}0 & 0\end{bmatrix}^T,\nabla f(1,-1)^T=\exp(-2)\begin{bmatrix}-2 & 2\end{bmatrix}^T,$$

$$\boldsymbol{H}(0,0)=\begin{bmatrix}-2 & 0\\ 0 & -2\end{bmatrix},\boldsymbol{H}(1,-1)=\exp(-2)\begin{bmatrix}2 & -4\\ -4 & 2\end{bmatrix},$$

于是

$$\begin{aligned}f(x_1,x_2)&=f(0,0)+(\nabla f(0,0))^T\begin{bmatrix}x_1\\ x_2\end{bmatrix}+\frac{1}{2}\begin{bmatrix}x_1 & x_2\end{bmatrix}\boldsymbol{H}(0,0)\begin{bmatrix}x_1\\ x_2\end{bmatrix}+o(\|x\|^2)\\ &=1-x_1^2-x_2^2+o(x_1^2+x_2^2),\end{aligned}$$

在 $\boldsymbol{x}^0=[0,0]^T$ 点的二阶泰勒展式逼近如图 4.4(a)所示.调用习题程序 4.6(教材程序 4.6.1)可以得到图 4.4(a).

另外,在 $\boldsymbol{x}^0=[1,-1]^T$ 点的二阶泰勒展式为

$$\begin{aligned}f(x_1,x_2)=&f(1,-1)+(\nabla f(1,-1))^T\begin{bmatrix}x_1-1\\ x_2+1\end{bmatrix}+\frac{1}{2}\begin{bmatrix}x_1-1 & x_2+1\end{bmatrix}\boldsymbol{H}(1,-1)\begin{bmatrix}x_1-1\\ x_2+1\end{bmatrix}+\\ &o((x_1-1)^2+(x_2+1)^2)\\ =&\exp(-2)+\exp(-2)\begin{bmatrix}-2 & 2\end{bmatrix}^T\begin{bmatrix}x_1-1\\ x_2+1\end{bmatrix}+\frac{1}{2}\begin{bmatrix}x_1-1 & x_2+1\end{bmatrix}\exp(-2)\\ &\begin{bmatrix}2 & -4\\ -4 & 2\end{bmatrix}\begin{bmatrix}x_1-1\\ x_2+1\end{bmatrix}+o((x_1-1)^2+(x_2+1)^2)\\ =&\exp(-2)+(-2x_1+2+2x_2+2)\exp(-2)+\\ &\frac{1}{2}\exp(-2)\begin{bmatrix}x_1-1 & x_2+1\end{bmatrix}\begin{bmatrix}2x_1-4x_2-6\\ -4x_1+2x_2+6\end{bmatrix}\\ =&\exp(-2)+(-2x_1+2+2x_2+2)\exp(-2)+(x_1-1)\end{aligned}$$

$$(x_1-2x_2-3)\exp(-2)+(x_2+1)(-2x_1+x_2+3)\exp(-2)$$

$$=(-2x_1+2x_2+5)\exp(-2)+\exp(-2)(x_1^2-2x_1x_2-3x_1-x_1+2x_2+3)+$$

$$\exp(-2x_1x_2+x_2^2+3x_2-2x_1+x_2+3)$$

$$=(-2x_1+2x_2+5+x_1^2+x_2^2-4x_1x_2-6x_1+6x_2+6)\exp(-2)$$

$$=(x_1^2+x_2^2-4x_1x_2-8x_1+8x_2+11)\exp(-2),$$

在 $\boldsymbol{x}^0=[1,-1]^{\mathrm{T}}$ 点的二阶泰勒展式逼近如图 4.4(b)所示.调用习题程序 4.6(程序 4.6.1)可以得到图 4.4(b).

彩图 4.4

习题 4.14

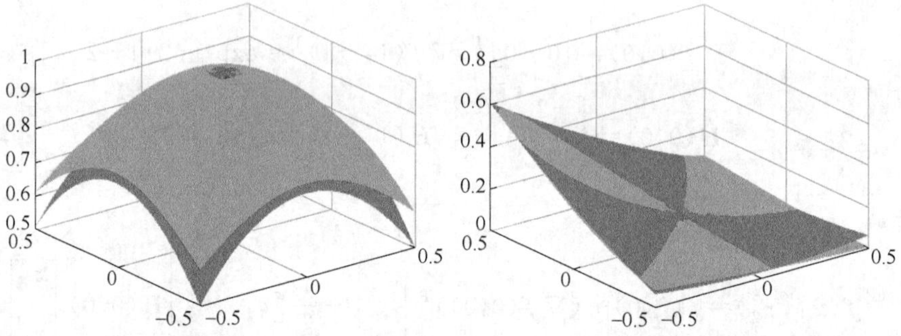

(a) (b)

图 4.4 $f(x_1,x_2)$分别在$[0,0]^{\mathrm{T}}$,$[1,-1]^{\mathrm{T}}$点的二阶泰勒展式逼近图形

红色为原函数图形,蓝色为逼近的图形

习题程序 4.6 习题 4.14 的 Matlab 程序

```
%%%%%%%%%%%%%%%%%%%%%%%%%%%%%%%%%%%%%%%%%%%
function []=exe4_14
subplot(1,2,1)
fsurf(@(x1,x2)exp(-x1.^2-x2.^2),[-0.5 0.5 -0.5 0.5],'r-');
hold on
fsurf(@(x1,x2)1-x1.^2-x2.^2,[-0.5 0.5 -0.5 0.5],'b-');
subplot(1,2,2)
fsurf(@(x1,x2)exp(-x1.^2-x2.^2),[0.5 1.5 -1.5 -0.5],'r-');
hold on
fsurf(@(x1,x2)exp(-2)*(x1.^2+x2.^2-4*x1.*x2-8*x1+8*x2+11),[0.5 1.5 -1.5 -0.5],'b-')
hold off
end
%%%%%%%%%%%%%%%%%%%%%%%%%%%%%%%%%%%%%%%%%%%
```

习题 4.15　用 Newton 迭代法解如下非线性方程组

$$\begin{cases} f_1(x_1,x_2)=x_1-2x_2+5x_2^2-x_2^3-13=0, \\ f_2(x_1,x_2)=x_1-14x_2+x_2^2+x_2^3-29=0, \end{cases}$$

取初始值为 $\boldsymbol{x}^{(0)}=[x_1^{(0)},x_2^{(0)}]^{\mathrm{T}}=\mathbf{0}$，绝对误差限为 $\varepsilon=10^{-6}$，并编制 Newton 迭代格式的 Matlab 程序以及绘制非线性方程组两个函数的图形.

解：首先求出该非线性方程组的 Jacobi 矩阵为

$$\frac{DF}{D\boldsymbol{x}}=F'(\boldsymbol{x})=\begin{bmatrix} \dfrac{\partial f_1}{\partial x_1} & \dfrac{\partial f_1}{\partial x_2} \\ \dfrac{\partial f_2}{\partial x_1} & \dfrac{\partial f_2}{\partial x_2} \end{bmatrix}=\begin{bmatrix} 1 & -2+10x_2-3x_2^2 \\ 1 & -14+2x_2+3x_2^2 \end{bmatrix}.$$

其次构造 Newton 迭代格式为

$$\begin{bmatrix} 1 & -2+10x_2^{(k)}-3(x_2^{(k)})^2 \\ 1 & -14+2x_2^{(k)}+3(x_2^{(k)})^2 \end{bmatrix}\Delta\boldsymbol{x}^{(k)}=-\begin{bmatrix} x_1^{(k)}-2x_2^{(k)}+5(x_2^{(k)})^2-(x_2^{(k)})^3-13 \\ x_1^{(k)}-14x_2^{(k)}+(x_2^{(k)})^2+(x_2^{(k)})^3-29 \end{bmatrix},$$

$$\boldsymbol{x}^{(k+1)}=\boldsymbol{x}^{(k)}+\Delta\boldsymbol{x}^{(k)},\quad k=0,1,2,\cdots.$$

给定初始值 $\boldsymbol{x}^{(0)}=[x_1^{(0)},x_2^{(0)}]^{\mathrm{T}}=\mathbf{0}$，调用习题程序 4.7，运行[x,k]=newton2([0;0],1e−6)可得到近似解 $\boldsymbol{x}=[5,4]^{\mathrm{T}}$，绘制的两个非线性方程所对应的图形参见图 4.5.

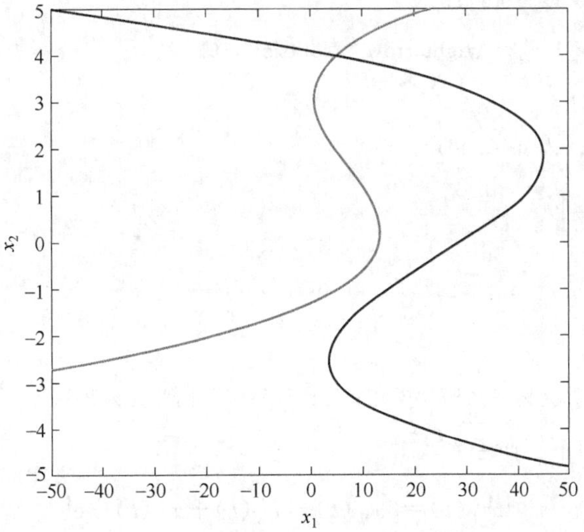

图 4.5　两个非线性方程所对应的图形

红色表示 $f_1(x_1,x_2)=0$ 的图形，蓝色表示 $f_2(x_1,x_2)=0$ 的图形

彩图 4.5

习题 4.15

习题程序 4.7 习题 4.15 的 Matlab 程序

```
%%%%%%%%%%%%%%%%%%%%%%%%%%%%%%%%%%%%%%%%%%%%%
function [x,k]=newton2(X,error)
delta_x=ones(2,1);x=X;k=0;
F=@(x)[x(1)-2*x(2)+5*x(2)^2-x(2)^3-13;...
    x(1)-14*x(2)+x(2)^2+x(2)^3-29];
Fjocobi=@(x)[1 -2+10*x(2)-3*x(2)^2;1 -14+2*x(2)+3*x(2)^2];
while norm(delta_x,2)>error
    delta_x=-(Fjocobi(x)\F(x));
    x=x+delta_x;
    k=k+1;
end
f1=@(x1,x2) x1-2*x2+5*x2.^2-x2.^3-13;
f2=@(x1,x2)  x1-14*x2+x2.^2+x2.^3-29;
F1=ezplot(f1,[-5 50 -5 5]);
text(13,0.5,' \leftarrow {f_1}(x_1,x_2)','fontsize',16)
set(F1,'linewidth',3,'color','r')
hold on
F2=ezplot(f2,[-5 50 -5 5]);
text(28,1.8,'f_2(x_1,x_2) \rightarrow ','fontsize',16)
set(F2,'line','-.')
set(F2,'linewidth',3,'color','b')
title('')
hold off
axis square
end
%%%%%%%%%%%%%%%%%%%%%%%%%%%%%%%%%%%%%%%%%%%%%
```

习题 4.16 求如下三阶系统

$$\begin{cases} \dot{x}_1(t)=3x_1(t)-x_2(t)+x_3(t)+e^t \\ \dot{x}_2(t)=2x_1(t)+x_3(t) \\ \dot{x}_3(t)=x_1(t)-x_2(t)+2x_3(t) \\ x_1(0)=0,x_2(0)=0,x_3(0)=1 \end{cases}$$

的解.

解:首先将其写成矩阵形式,为此需要引入状态向量 $\boldsymbol{x}(t)=[x_1(t),x_2(t),x_3(t)]^{\mathrm{T}}$,初始状态向量 $\boldsymbol{c}=\boldsymbol{x}(0)=[0,0,1]^{\mathrm{T}}$,状态矩阵

$$\boldsymbol{A}=\begin{bmatrix}3 & -1 & 1\\ 2 & 0 & 1\\ 1 & -1 & 2\end{bmatrix},$$

以及控制向量 $\boldsymbol{f}(t)=[\mathrm{e}^t,0,0]^{\mathrm{T}}$,则此时状态方程可写成如下形式:

$$\begin{cases}\dot{\boldsymbol{x}}=\dfrac{\mathrm{d}\boldsymbol{x}(t)}{\mathrm{d}t}=A\boldsymbol{x}(t)+\boldsymbol{f}(t)=\begin{bmatrix}3 & -1 & 1\\ 2 & 0 & 1\\ 1 & -1 & 2\end{bmatrix}\boldsymbol{x}(t)+\begin{bmatrix}\mathrm{e}^t\\ 0\\ 0\end{bmatrix},\\ \boldsymbol{c}=\boldsymbol{x}(0)=[0,0,1]^{\mathrm{T}},\end{cases}$$

由定理 4.7.1 可知 $\boldsymbol{x}(t)=\exp(\boldsymbol{A}t)\boldsymbol{c}+\exp(\boldsymbol{A}t)\int_0^t\exp(-\boldsymbol{A}s)\boldsymbol{f}(s)\mathrm{d}s$.

首先求出 $\boldsymbol{A}t$ 的特征多项式 $f_{\boldsymbol{A}t}(\lambda)=\det(\lambda\boldsymbol{E}-\boldsymbol{A}t)=(\lambda-2t)^2(\lambda-t)$,从而 $\boldsymbol{A}t$ 的特征值分别为 $\lambda_1=\lambda_2=2t,\lambda_3=t$.

其次假设 $\mathrm{e}^{\lambda}=f_{\boldsymbol{A}t}(\lambda)q(\lambda)+r(\lambda)$,其中 $r(\lambda)=b_2\lambda^2+b_1\lambda+b_0$,于是可构建方程组

$$\begin{cases}\mathrm{e}^{\lambda_1}=\mathrm{e}^{2t}=r(\lambda_1)=b_2(2t)^2+b_1(2t)+b_0,\\ (\mathrm{e}^{\lambda_1})'=\mathrm{e}^{2t}=r'(\lambda_1)=2b_2(2t)+b_1,\\ \mathrm{e}^{\lambda_3}=\mathrm{e}^t=r(\lambda_1)=b_2t^2+b_1t+b_0,\end{cases}$$

解得

$$b_2=\frac{\mathrm{e}^t+(t-1)\mathrm{e}^{2t}}{t^2},$$

$$b_1=\frac{4\mathrm{e}^{2t}-4\mathrm{e}^t-3t}{t},$$

$$b_0=4\mathrm{e}^t-3\mathrm{e}^{2t}+2t\mathrm{e}^{2t},$$

从而有

$$\exp(\boldsymbol{A}t)=r(\boldsymbol{A}t)=b_2\boldsymbol{A}^2t^2+b_1\boldsymbol{A}t+b_0\boldsymbol{E}.$$

将 $\boldsymbol{A}$ 代入上式,可得

$$\exp(\boldsymbol{A}t)=\begin{bmatrix}(1+t)\mathrm{e}^{2t} & -t\mathrm{e}^{2t} & t\mathrm{e}^{2t}\\ (1+t)\mathrm{e}^{2t}-\mathrm{e}^t & -t\mathrm{e}^{2t}+\mathrm{e}^t & t\mathrm{e}^{2t}\\ \mathrm{e}^{2t}-\mathrm{e}^t & -\mathrm{e}^{2t}+\mathrm{e}^t & \mathrm{e}^{2t}\end{bmatrix},$$

$$\exp(-\boldsymbol{A}s)\boldsymbol{f}(s)=\begin{bmatrix}(1-s)e^{-2s} & se^{-2s} & -se^{-2s}\\(1-s)e^{-2s}-e^{-s} & se^{-2s}+e^{-s} & -se^{-2s}\\e^{-2s}-e^{-s} & -e^{-2s}+e^{-s} & e^{-2s}\end{bmatrix}\begin{bmatrix}e^{s}\\0\\0\end{bmatrix}=\begin{bmatrix}(1-s)e^{-s}\\(1-s)e^{-s}-1\\e^{-s}-1\end{bmatrix},$$

$$\int_0^t\exp(-\boldsymbol{A}s)\boldsymbol{f}(s)\mathrm{d}s=\begin{bmatrix}te^{-t}\\te^{-t}-t\\1-e^{-t}-t\end{bmatrix},$$

因此

$$\boldsymbol{x}(t)=\exp(\boldsymbol{A}t)\boldsymbol{c}+\exp(\boldsymbol{A}t)\int_0^t\exp(-\boldsymbol{A}s)\boldsymbol{f}(s)\mathrm{d}s=\begin{bmatrix}2te^{2t}\\2te^{2t}-te^{t}\\2e^{2t}-te^{t}-e^{t}\end{bmatrix}.$$

求解该问题还可以使用 Laplace 变换的方法,利用 Matlab 函数

A=[3 −1 1;2 0 1;1 −1 2];syms t;syms s;c=[0;0;1];f=[exp(t);0;0];

tt=ilaplace(inv(s*eye(3)−A)*(c+laplace(f)))可以得到相同的结果.

另外,还可以借助 Matlab 函数 lsim 求解该问题的仿真数值解,运行习题程序 4.8 的 Matlab 函数 exe4_16 可得三个状态变量的仿真数值解,参见图 4.6.

彩图 4.6

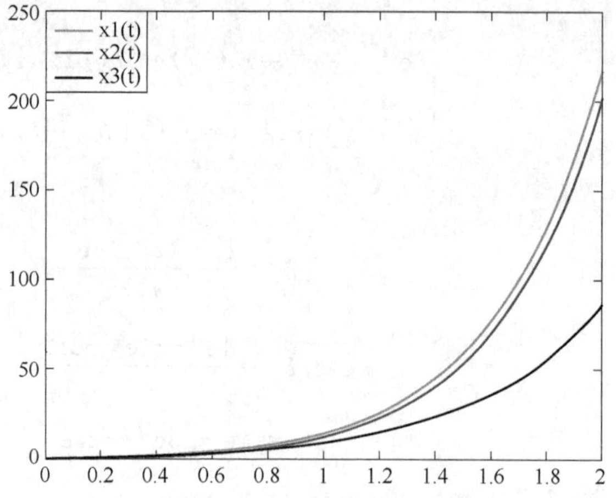

图 4.6　习题 4.16 的仿真数值解

习题程序 4.8　习题 4.16 仿真数值解

```
%%%%%%%%%%%%%%%%%%%%%%%%%%%%%%%%%%%%%%%
function[]=exe4_16()
t=0:0.01:2;
```

```
A=[3 -1 1;2 0 1;1 -1 2];
B=[1;0;0];
C=[1 0 0];
D=[0];
u=exp(t);
x0=[0;0;1];
[y,x]=lsim(A,B,C,D,u,t,x0);
plot(t,x(:,1),'r',t,x(:,2),'b',t,x(:,3),'k','linewidth',2);
legend('x1(t)','x2(t)','x3(t)');
%%%%%%%%%%%%%%%%%%%%%%%%%%%%%%%%%%%%%%%%%%%%%%%%
```

习题 4.16

习题 4.17　求如下二阶系统

$$\begin{cases} x''-6x'+9x=\mathrm{e}^t \\ x(0)=1,x'(0)=0 \end{cases}$$

的解.

解:首先将其写成矩阵形式,为此需要引入状态向量,将变量 $x(t)$,$x'(t)$都看成状态变量,且定义

$$x_1(t)=x(t),x_2(t)=x'(t),$$

则有

$$x_2'(t)=-9x_1(t)+6x_2(t)+\mathrm{e}^t.$$

引入状态向量 $\boldsymbol{x}(t)=[x_1(t),x_2(t)]^{\mathrm{T}}$,初始状态向量 $\boldsymbol{c}=\boldsymbol{x}(0)=[1,0]^{\mathrm{T}}$,状态矩阵

$$\boldsymbol{A}=\begin{bmatrix} 0 & 1 \\ -9 & 6 \end{bmatrix}$$

以及控制向量 $\boldsymbol{f}(t)=[0,\mathrm{e}^t]^{\mathrm{T}}$,则此时状态方程可写成如下形式

$$\begin{cases} \dot{\boldsymbol{x}}=\dfrac{\mathrm{d}\boldsymbol{x}(t)}{\mathrm{d}t}=\boldsymbol{A}\boldsymbol{x}(t)+\boldsymbol{f}(t)=\begin{bmatrix} 0 & 1 \\ -9 & 6 \end{bmatrix}\boldsymbol{x}(t)+\begin{bmatrix} 0 \\ \mathrm{e}^t \end{bmatrix}, \\ \boldsymbol{c}=\boldsymbol{x}(0)=[1,0]^{\mathrm{T}}, \end{cases}$$

由定理 4.7.1 可知 $\boldsymbol{x}(t)=\exp(\boldsymbol{A}t)\boldsymbol{c}+\exp(\boldsymbol{A}t)\int_0^t \exp(-\boldsymbol{A}s)\boldsymbol{f}(s)\mathrm{d}s$.

首先求出 $\boldsymbol{A}t$ 的特征多项式 $f_{\boldsymbol{A}t}(\lambda)=\det(\lambda\boldsymbol{E}-\boldsymbol{A}t)=(\lambda-3t)^2$,从而 $\boldsymbol{A}t$ 的特征值分别为 $\lambda_1=\lambda_2=3t$. 其次假设 $\mathrm{e}^{\lambda}=f_{\boldsymbol{A}t}(\lambda)q(\lambda)+r(\lambda)$,其中 $r(\lambda)=b_1\lambda+b_0$,于是可构建方程组

$$\begin{cases} \mathrm{e}^{\lambda_1}=\mathrm{e}^{3t}=r(\lambda_1)=3tb_1+b_0 \\ (\mathrm{e}^{\lambda_1})'=\mathrm{e}^{3t}=r'(\lambda_1)=b_1 \end{cases},$$

解得 $b_1=\mathrm{e}^{3t}$，$b_0=(1-3t)\mathrm{e}^{3t}$，从而有

$$\exp(\boldsymbol{A}t)=r(\boldsymbol{A}t)=b_1\boldsymbol{A}t+b_0\boldsymbol{E}=\mathrm{e}^{3t}\boldsymbol{A}t+(1-3t)\mathrm{e}^{3t}\boldsymbol{E}.$$

将 $\boldsymbol{A}$ 代入上式，可得

$$\exp(\boldsymbol{A}t)=\mathrm{e}^{3t}\begin{bmatrix}1-3t & t\\ -9t & 1+3t\end{bmatrix},$$

$$\exp(-\boldsymbol{A}s)\boldsymbol{f}(s)=\mathrm{e}^{-3s}\begin{bmatrix}1+3s & -s\\ 9s & 1-3s\end{bmatrix}\begin{bmatrix}0\\ \mathrm{e}^{s}\end{bmatrix}=\mathrm{e}^{-2s}\begin{bmatrix}-s\\ 1-3s\end{bmatrix},$$

$$\int_0^t\exp(-\boldsymbol{A}s)\boldsymbol{f}(s)\mathrm{d}s=\begin{bmatrix}\dfrac{1}{4}(2t+1)\mathrm{e}^{-2t}-\dfrac{1}{4}\\ \dfrac{1}{4}\mathrm{e}^{-2t}+\dfrac{3}{2}t\mathrm{e}^{-2t}-\dfrac{1}{4}\end{bmatrix},$$

因此

$$\boldsymbol{x}(t)=\exp(\boldsymbol{A}t)\boldsymbol{c}+\exp(\boldsymbol{A}t)\int_0^t\exp(-\boldsymbol{A}s)\boldsymbol{f}(s)\mathrm{d}s=\begin{bmatrix}\dfrac{1}{4}\mathrm{e}^{t}+\dfrac{3}{4}\mathrm{e}^{3t}-\dfrac{5}{2}t\mathrm{e}^{3t}\\ \dfrac{1}{4}\mathrm{e}^{t}-\dfrac{1}{4}\mathrm{e}^{3t}-\dfrac{15}{2}t\mathrm{e}^{3t}\end{bmatrix}.$$

求解该问题还可以使用 Laplace 变换的方法，利用 Matlab 函数

A=[0 1;-9 6];syms t;syms s;c=[1;0];f=[0;exp(t)];

tt=ilaplace(inv(s * eye(2)-A) * (c+laplace(f)))可以得到相同的结果.

另外，还可以借助 Matlab 函数 lsim 求解该问题的仿真数值解，运行习题程序 4.9 的 Matlab 函数 exe4_17 可得两个状态变量的仿真数值解，参见图 4.7.

彩图 4.7

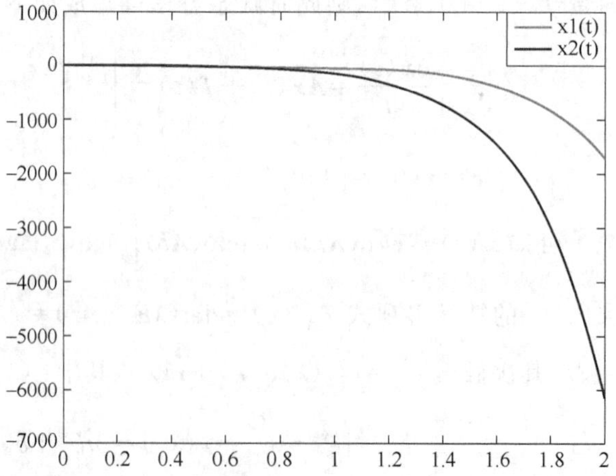

图 4.7　习题 4.17 的仿真数值解

习题程序 4.9　习题 4.17 仿真数值解

```
%%%%%%%%%%%%%%%%%%%%%%%%%%%%%%%%%%%%%%%%%%%%%
function[]=exe4_17()
t=0:0.01:2;
A=[0 1;-9 6];
B=[0;1];
C=[1 0];
D=[0];
u=exp(t);
x0=[1;0];
[y,x]=lsim(A,B,C,D,u,t,x0);
plot(t,x(:,1),'r',t,x(:,2),'b','linewidth',2);
legend('x1(t)','x2(t)');
%%%%%%%%%%%%%%%%%%%%%%%%%%%%%%%%%%%%%%%%%%%%%
```

习题 4.17

习题 4.18　求如下二阶系统

$$\begin{cases} x''+5y'-7x+6y=\mathrm{e}^t \\ y''+13y'-2y-15x=\cos t \\ x(0)=1,x'(0)=0,y(0)=0,y'(0)=1 \end{cases}$$

的解.

解:首先将其写成矩阵形式,为此需要引入状态向量,将变量 $x(t)$,$x'(t)$,$x''(t)$都看成状态变量,且定义

$$x_1(t)=x(t),x_2(t)=x'(t),x_3(t)=y(t),x_4(t)=y'(t),$$

则有

$$\begin{cases} x_1'(t)=x_2(t), \\ x_2'(t)=7x_1(t)-6x_3(t)-5x_4(t)+\mathrm{e}^t, \\ x_3'(t)=x_4(t), \\ x_4'(t)=15x_1(t)+2x_3(t)-13x_4(t)+\cos t, \\ x_1(0)=1,x_2(0)=0,x_3(0)=0,x_4(0)=1. \end{cases}$$

引入状态向量 $\boldsymbol{x}(t)=[x_1(t),x_2(t),x_3(t),x_4(t)]^{\mathrm{T}}$,初始状态向量 $\boldsymbol{c}=\boldsymbol{x}(0)=[1,0,0,1]^{\mathrm{T}}$,状态矩阵

$$A=\begin{bmatrix}0&1&0&0\\7&0&-6&-5\\0&0&0&1\\15&2&-13&1\end{bmatrix}$$

以及控制向量 $f(t)=[0,e^t,0,\cos t]^{\mathrm{T}}$,则此时状态方程可写成如下形式:

$$\begin{cases}\dot{x}=\dfrac{\mathrm{d}x(t)}{\mathrm{d}t}=Ax(t)+f(t)=\begin{bmatrix}0&1&0&0\\7&0&-6&-5\\0&0&0&1\\15&2&-13&1\end{bmatrix}x(t)+\begin{bmatrix}0\\e^t\\0\\\cos t\end{bmatrix}.\\ c=x(0)=[1,0,0,1]^{\mathrm{T}}\end{cases}$$

由定理 4.7.1 可知 $x(t)=\exp(At)c+\exp(At)\int_0^t\exp(-As)f(s)\mathrm{d}s$.

由于求解析解比较复杂,所以这里仅给出仿真数值解.调用习题程序 4.10 的 Matlab 函数可得四个状态的动态变化过程,参见图 4.8.

彩图 4.8

习题 4.18

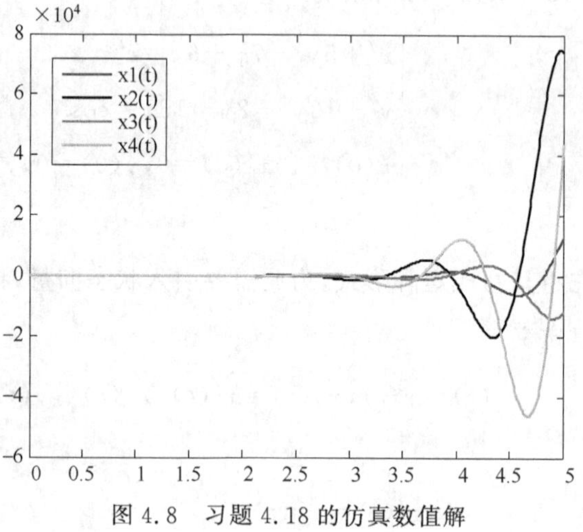

图 4.8　习题 4.18 的仿真数值解

习题程序 4.10　习题 4.18 仿真数值解

```
%%%%%%%%%%%%%%%%%%%%%%%%%%%%%%%%%%%%%%%%%%%%%%%%%
function[]=exe 4_18()
t=0:0.01:5;
A=[0 1 0 0;7 0 -6 -5;0 0 0 1;15 2 -13 1];
B=[0 0;1 0; 0 0;1 0];
```

```
C=eye(4);
D=zeros(4,2);
u=[exp(t);cos(t)];
x0=[1;0;0;1];
[y,x]=lsim(A,B,C,D,u,t,x0);
plot(t,x(:,1),'r',t,x(:,2),'b',t,x(:,3),'g',t,x(:,4),'y','LineWidth',2);
legend('x1(t)','x2(t)','x3(t)','x4(t)');
%%%%%%%%%%%%%%%%%%%%%%%%%%%%%%%%%%%%%%%%%%
```

习题 4.19　求如下定常连续线性系统

$$\begin{cases}\dot{\boldsymbol{x}}=\begin{bmatrix}0 & 1\\ -2 & -3\end{bmatrix}\boldsymbol{x}(t)+\begin{bmatrix}2\\ 0\end{bmatrix}u(t)\\ \boldsymbol{y}(t)=[0\quad 1]\boldsymbol{x}(t)\\ \boldsymbol{x}(0)=\begin{bmatrix}0\\ 1\end{bmatrix},u(t)=\exp(-t)\end{cases}$$

的解.

解: 由定理 4.7.1 可知 $\boldsymbol{x}(t)=\exp(\boldsymbol{A}t)\boldsymbol{c}+\exp(\boldsymbol{A}t)\int_0^t\exp(-\boldsymbol{A}s)\boldsymbol{f}(s)\mathrm{d}s$,其中

$$\boldsymbol{A}=\begin{bmatrix}0 & 1\\ -2 & -3\end{bmatrix},\boldsymbol{f}(s)=\begin{bmatrix}2\\ 0\end{bmatrix}u(t)=\exp(-t)\begin{bmatrix}2\\ 0\end{bmatrix},\boldsymbol{c}=\boldsymbol{x}(0)=\begin{bmatrix}0\\ 1\end{bmatrix}.$$

首先求出 $\boldsymbol{A}t$ 的特征多项式 $f_{\boldsymbol{A}t}(\lambda)=\det(\lambda\boldsymbol{E}-\boldsymbol{A}t)=(\lambda+t)(\lambda+2t)$,从而 $\boldsymbol{A}t$ 的特征值分别为 $\lambda_1=-t,\lambda_1=-2t$. 其次假设 $\mathrm{e}^{\lambda}=f_{\boldsymbol{A}t}(\lambda)q(\lambda)+r(\lambda)$,其中 $r(\lambda)=b_1\lambda+b_0$,于是可构建方程组

$$\begin{cases}\mathrm{e}^{\lambda_1}=\mathrm{e}^{-t}=r(\lambda_1)=-tb_1+b_0\\ \mathrm{e}^{\lambda_2}=\mathrm{e}^{-2t}=r'(\lambda_1)=-2tb_1+b_0\end{cases},$$

解得 $b_1=\frac{1}{t}(\mathrm{e}^{-t}-\mathrm{e}^{-2t}),b_0=2\mathrm{e}^{-t}-\mathrm{e}^{-2t}$,从而有

$$\exp(\boldsymbol{A}t)=r(\boldsymbol{A}t)=b_1\boldsymbol{A}t+b_0\boldsymbol{E}=\frac{1}{t}(\mathrm{e}^{-t}-\mathrm{e}^{-2t})\boldsymbol{A}t+(2\mathrm{e}^{-t}-\mathrm{e}^{-2t})\boldsymbol{E}.$$

将 $\boldsymbol{A}$ 代入上式,可得

$$\exp(\boldsymbol{A}t)=\begin{bmatrix}2\mathrm{e}^{-t}-\mathrm{e}^{-2t} & \mathrm{e}^{-t}-\mathrm{e}^{-2t}\\ -2\mathrm{e}^{-t}+2\mathrm{e}^{-2t} & -\mathrm{e}^{-t}+2\mathrm{e}^{-2t}\end{bmatrix},$$

$$\exp(-\boldsymbol{A}s)\boldsymbol{f}(s)=\mathrm{e}^{-s}\begin{bmatrix}2\mathrm{e}^{s}-\mathrm{e}^{2s} & \mathrm{e}^{s}-\mathrm{e}^{2s}\\ -2\mathrm{e}^{s}+2\mathrm{e}^{2s} & -\mathrm{e}^{s}+2\mathrm{e}^{2s}\end{bmatrix}\begin{bmatrix}2\\ 0\end{bmatrix}=\begin{bmatrix}4-2\mathrm{e}^{s}\\ -4+4\mathrm{e}^{s}\end{bmatrix},$$

$$\int_0^t \exp(-\boldsymbol{A}s)\boldsymbol{f}(s)\mathrm{d}s = \begin{bmatrix} 4t-2\mathrm{e}^t+2 \\ -4t+4\mathrm{e}^t-4 \end{bmatrix},$$

因此

$$\boldsymbol{x}(t)=\exp(\boldsymbol{A}t)\boldsymbol{c}+\exp(\boldsymbol{A}t)\int_0^t \exp(-\boldsymbol{A}s)\boldsymbol{f}(s)\mathrm{d}s = \begin{bmatrix} -\mathrm{e}^{-t}+4t\mathrm{e}^{-t}+\mathrm{e}^{-2t} \\ 3\mathrm{e}^{-t}-4t\mathrm{e}^{-t}-2\mathrm{e}^{-2t} \end{bmatrix},$$

$$\boldsymbol{y}(t)=\begin{bmatrix}0 & 1\end{bmatrix}\boldsymbol{x}(t)=3\mathrm{e}^{-t}-4t\mathrm{e}^{-t}-2\mathrm{e}^{-2t}.$$

另外,还可以借助 Matlab 函数 lsim 求解该问题的仿真数值解,运行习题程序 4.11 的 Matlab 函数 exe4_19 可得三个状态变量的仿真数值解,参见图 4.9.

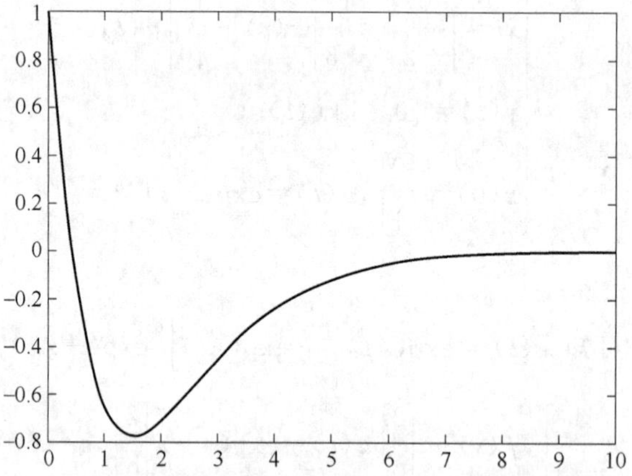

图 4.9　输出变量 $\boldsymbol{y}(t)$的仿真数值解

习题程序 4.11　输出变量 $\boldsymbol{y}(t)$的仿真数值解

```
%%%%%%%%%%%%%%%%%%%%%%%%%%%%%%%%%%%%%%%%
function[]=exe4_19()
t=0:0.01:10;
A=[0,1;-2 -3];
B=[2,0]';
C=[0 1];
D=[0];
u=exp(-t);
x0=[0,1]';
[y,x]=lsim(A,B,C,D,u,t,x0);
plot(t,y,'r','linewidth',2);
%%%%%%%%%%%%%%%%%%%%%%%%%%%%%%%%%%%%%%%%
```

习题 4.19

习题 4.20　设定常连续线性系统的状态方程为

$$\begin{cases}\dot{\boldsymbol{x}}=\begin{bmatrix}0 & 1\\0 & 2\end{bmatrix}\boldsymbol{x}(t)+\begin{bmatrix}0\\2\end{bmatrix}u(t),\\ \boldsymbol{x}(0)=[1,0]^{\mathrm{T}},\end{cases}$$

试确定最优控制 $u^*(t)$，使得性能泛函 $J=\dfrac{1}{2}\int_0^{+\infty}(4\boldsymbol{x}^{\mathrm{T}}\boldsymbol{x}+u^2)\mathrm{d}t$ 最小.

解：由于 $\begin{bmatrix}0 & 1\\0 & 2\end{bmatrix}$ 的特征值为 $\lambda_1=2,\lambda_2=0$，因此系统 $\dot{\boldsymbol{x}}=\begin{bmatrix}0 & 1\\0 & 2\end{bmatrix}\boldsymbol{x}(t)$ 是不稳定的，为此需要施加状态反馈 $u(t)=-\boldsymbol{K}\boldsymbol{x}(t)$ 使不稳定的系统变成稳定，为了求解状态反馈矩阵 $\boldsymbol{K}$，需要首先求解线性系统的代数 Riccati 方程

$$\boldsymbol{PA}+\boldsymbol{A}^{\mathrm{T}}\boldsymbol{P}-\boldsymbol{PBB}^{\mathrm{T}}\boldsymbol{P}+\boldsymbol{Q}=\boldsymbol{O},$$

其中 $\boldsymbol{A}=\begin{bmatrix}0 & 1\\0 & 2\end{bmatrix}$，$\boldsymbol{Q}=\begin{bmatrix}4 & 0\\0 & 4\end{bmatrix}$，$\boldsymbol{B}=\begin{bmatrix}0\\2\end{bmatrix}$. 利用待定系数法可得

$$\begin{bmatrix}p_{11} & p_{12}\\p_{21} & p_{22}\end{bmatrix}\begin{bmatrix}0 & 1\\0 & 2\end{bmatrix}+\begin{bmatrix}0 & 0\\1 & 2\end{bmatrix}\begin{bmatrix}p_{11} & p_{12}\\p_{21} & p_{22}\end{bmatrix}-\begin{bmatrix}p_{11} & p_{12}\\p_{21} & p_{22}\end{bmatrix}\begin{bmatrix}0\\2\end{bmatrix}\begin{bmatrix}0 & 2\end{bmatrix}\begin{bmatrix}p_{11} & p_{12}\\p_{21} & p_{22}\end{bmatrix}+\begin{bmatrix}4 & 0\\0 & 4\end{bmatrix}=\boldsymbol{O},$$

即

$$\begin{bmatrix}4-4p_{12}p_{21} & p_{11}+2p_{12}-4p_{12}p_{22}\\p_{11}+2p_{21}-4p_{22}p_{21} & p_{21}+2p_{22}+p_{12}+2p_{22}-4p_{22}^2+4\end{bmatrix}=\boldsymbol{O},$$

由 $\boldsymbol{P}$ 的对称正定性，可解得 $p_{12}=p_{21}=1$，$p_{11}=2\sqrt{7}$，$p_{22}=\dfrac{1+\sqrt{7}}{2}$，即

$$\boldsymbol{P}=\begin{bmatrix}2\sqrt{7} & 1\\1 & \dfrac{1+\sqrt{7}}{2}\end{bmatrix}.$$

再由最优状态反馈增益矩阵 $\boldsymbol{K}=\boldsymbol{B}^{\mathrm{T}}\boldsymbol{P}=[2,1+\sqrt{7}]$ 得到最优状态反馈控制 $u^*=-[2,1+\sqrt{7}]\boldsymbol{x}(t)$.

将其代入原状态方程，可得新的控制系统

$$\begin{cases}\dot{\boldsymbol{x}}=\begin{bmatrix}0 & 1\\-4 & -2\sqrt{7}\end{bmatrix}\boldsymbol{x}(t)\\ \boldsymbol{x}(0)=[1,0]^{\mathrm{T}}\end{cases}.$$

另外，还可以借助 Matlab 函数 lsim 求解该问题的仿真数值解，运行习题程序 4.12 的

Matlab 函数 exe4_20 可得两个状态变量的数值解,参见图 4.10. 由图 4.10 (a)可知未经控制的系统

$$\dot{\boldsymbol{x}}=\begin{bmatrix}0 & 1\\0 & 2\end{bmatrix}\boldsymbol{x}(t),\boldsymbol{x}(0)=[1,0]^{\mathrm{T}}$$

不是渐进稳定的. 由图 4.10 (b)可知经过最优状态反馈控制后的系统

$$\dot{\boldsymbol{x}}=\begin{bmatrix}0 & 1\\-4 & -2\sqrt{7}\end{bmatrix}\boldsymbol{x}(t),\boldsymbol{x}(0)=[1,0]^{\mathrm{T}}$$

是渐进稳定的.

彩图 4.10

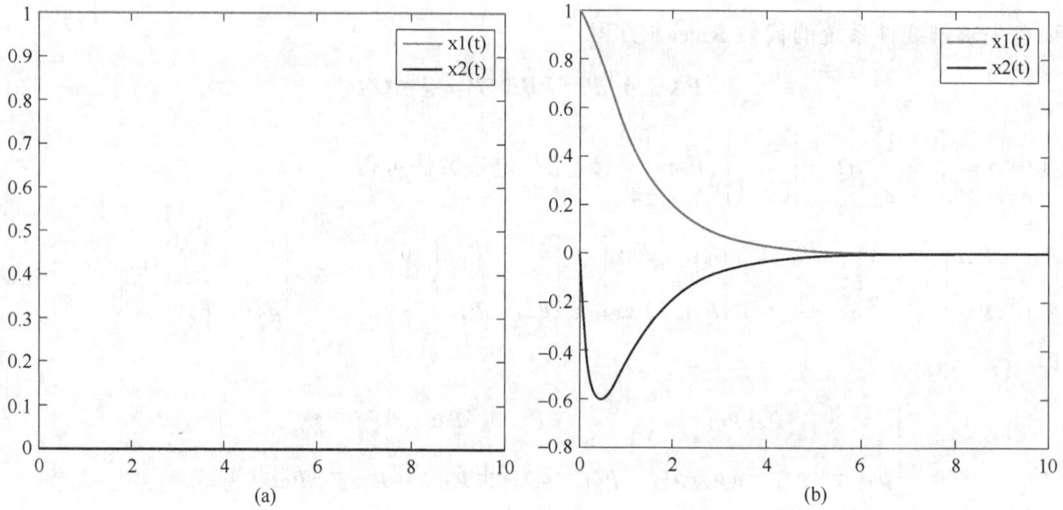

图 4.10 状态变量 $\boldsymbol{x}(t)$的仿真解

(a)未经控制系统的状态变量;(b)经最优状态反馈控制后系统的状态变量

习题程序 4.12 习题 4.20 的 Matlab 程序

```
%%%%%%%%%%%%%%%%%%%%%%%%%%%%%%%%%%%%%%%%%%%
function[]=exe 4_20()
t=0:0.01:10;
A=[0 1;0 2];
Ak=[0 1;-4 -2 * sqrt(7)];
B=[0;0];
C=[1 0];
D=[0];
u=zeros(1,length(t));
```

习题 4.20

```
x0=[1;0];
[y,x]=lsim(A,B,C,D,u,t,x0);
[yk,xk]=lsim(Ak,B,C,D,u,t,x0);
subplot(1,2,1)
plot(t,x(:,1),'r',t,x(:,2),'b','linewidth',2);
axis square;
legend('x1(t)','x2(t)');
subplot(1,2,2)
plot(t,xk(:,1),'r',t,xk(:,2),'b','linewidth',2);
axis square;
legend('x1(t)','x2(t)');
%%%%%%%%%%%%%%%%%%%%%%%%%%%%%%%%%%%%%%%%%%%%
```

习题 4.21　给定如图 4.11 由 a,b,c,d,e 五个网页构成的有向链接网络，当 $\gamma=0.85$ 时，求该网络的 Google 矩阵 $\hat{\boldsymbol{M}}=\frac{1-\gamma}{n}\mathbf{1}_{n\times n}+\gamma\boldsymbol{M}$，并验证定理 4.8.1、定理 4.8.2 与定理 4.8.3 的结论，并使用代数法和迭代法求出搜索网页 a,b,c,d,e 的概率.

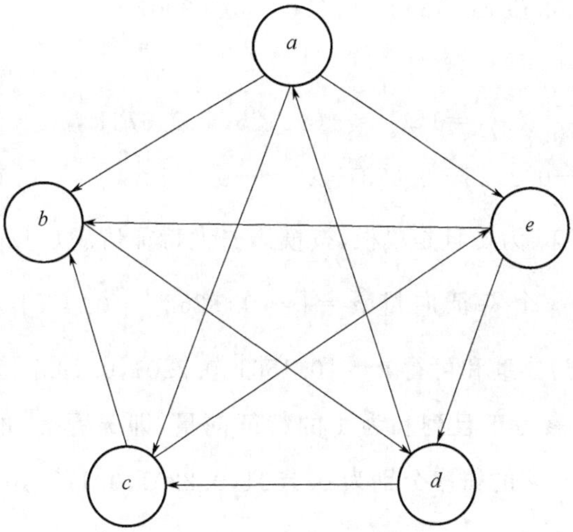

图 4.11　由 a,b,c,d,e 五个网页构成有向链接网络

解：首先由链接关系图 4.11 构建链接矩阵 $\boldsymbol{M}$，由链接函数 $\ell(p_i,p_j)$ 的定义可知 $M_{ii}=0,i=1,2,3,4,5$（因为每一个网页都不存在自身到自身的链接），$M_{12}=\ell(p_1,p_2)=0$ 表示由网页 b 到 a 的出链数量 0 与网页 b 的总出链数量 1 的比值，同理 $M_{13}=0,M_{14}=1/2,M_{15}=0,M_{21}=1/3,M_{23}=1/2,M_{24}=0,M_{25}=1/2,M_{31}=1/3,M_{32}=0,M_{34}=1/2,M_{35}=0,M_{41}=0,M_{42}=1,M_{43}=0,M_{45}=1/2,M_{51}=1/3,M_{52}=0,M_{53}=1/2,M_{54}=0$. 故链接矩阵为

$$M=\begin{bmatrix}0&0&0&1/2&0\\1/3&0&1/2&0&1/2\\1/3&0&0&1/2&0\\0&1&0&0&1/2\\1/3&0&1/2&0&0\end{bmatrix}.$$

当 $\gamma=0.85$ 时,Google 矩阵为

$$\hat{M}=\frac{1-\gamma}{n}\mathbf{1}_{n\times n}+\gamma M=\frac{0.15}{5}\begin{bmatrix}1&1&1&1&1\\1&1&1&1&1\\1&1&1&1&1\\1&1&1&1&1\\1&1&1&1&1\end{bmatrix}+0.85\begin{bmatrix}0&0&0&1/2&0\\1/3&0&1/2&0&1/2\\1/3&0&0&1/2&0\\0&1&0&0&1/2\\1/3&0&1/2&0&0\end{bmatrix}$$

$$=\begin{bmatrix}0.0300&0.0300&0.0300&0.4550&0.0300\\0.3133&0.0300&0.4550&0.0300&0.4550\\0.3133&0.0300&0.0300&0.4550&0.0300\\0.0300&0.8800&0.0300&0.0300&0.4550\\0.3133&0.0300&0.4550&0.0300&0.0300\end{bmatrix}.$$

求得 $\hat{M}$ 的特征值为

$$\lambda_1=1,\lambda_2=-0.2125+0.6731\mathrm{i},$$

$$\lambda_3=-0.2125-0.6731\mathrm{i},\lambda_4=-0.2512,\lambda_5=-0.1738.$$

$\hat{M}$ 按模最大特征值 λ_1 为 1 且是单根,按模第二大特征值满足 $|\lambda_2|=0.7058\leqslant 0.85=\gamma$. 再求 $\lambda_1=1$ 所对应的一个特征向量 $\tilde{\pi}=[-0.3262,-0.4781,-0.4186,-0.6142,-0.3355]^{\mathrm{T}}$,将 $\tilde{\pi}$ 除以其分量和可得 $\pi=[0.1501,0.2201,0.1927,0.2827,0.1544]^{\mathrm{T}}$ 是 $\hat{M}$ 特征值 1 的一个所有元素为正且列和为 1 的特征向量,即 π 是 $\hat{M}$ 的一个概率分布特征向量. 故搜索网页 a,b,c,d,e 的概率分别为 0.1501,0.2201,0.1927,0.2827,0.1544.

(1)代数法:

求解方程组 $(E-\gamma M)\pi=\frac{1-\gamma}{n}\mathbf{1}_n$,可得搜索网页 a,b,c,d,e 的概率分别 0.1501,0.2201,0.1927,0.2827,0.1544.

(2)迭代法:

调用习题程序 4.13,运行 M=[0 0 0 1/2 0;1/3 0 1/2 0 1/2;1/3 0 0 1/2 0;0 1 0 0 1/2;1/3 0 1/2 0 0];gamma=0.85; epsilon=1e-6; [rnew,k]=iter_simple(M,gamma,epsilon) 经过 35 次迭代也可得搜索网页 a, b, c, d, e 的概率分别 0.1501, 0.2201, 0.1927, 0.2827, 0.1544.

习题程序 4.13　求网页 PageRank 值的迭代法

```
%%%%%%%%%%%%%%%%%%%%%%%%%%%%%%%%%%%%%%%%%
function [rnew,k]=iter_simple(M,gamma,epsilon)
n=size(M,1);
r=ones(n,1) * inf;
rnew=ones(n,1)/n;
k=0;
while norm(rnew-r)>epsilon
    r=rnew;
    rnew=gamma * M * r+(1-gamma)/n * ones(n,1);
    k=k+1;
end
%%%%%%%%%%%%%%%%%%%%%%%%%%%%%%%%%%%%%%%%%
```

习题 4.21

习题 4.22　在 n 维欧式空间中 $\mathbf{R}^n$，给定 m 个观测点

$$\boldsymbol{p}_i=[x_1^{(i)},x_2^{(i)},\cdots,x_n^{(i)}]^{\mathrm{T}},i=1,2,\cdots,m,$$

求一个超平面 $S:\boldsymbol{k}^{\mathrm{T}}\boldsymbol{x}=b$，即 $k_1x_1+k_2x_2+\cdots+k_nx_n=b$，其中 $\boldsymbol{k}=[k_1,k_2,\cdots,k_n]^{\mathrm{T}}$，$\boldsymbol{x}=[x_1,x_2,\cdots,x_n]^{\mathrm{T}}$ 使得各观测点 $\boldsymbol{p}_i$，$i=1,2,\cdots,m$ 到超平面 S 的欧式距离平方和为最小，由此求得的超平面称为观测点 $\boldsymbol{p}_i$，$i=1,2,\cdots,m$ 的最小二乘线性拟合. 特别当 $n=2$ 时，该拟合是平面上观测点的线性拟合，当 $n=3$ 时，该拟合是三维空间上观测点的平面拟合. 最后编写 Matlab 程序针对如下观测数据

$$\begin{bmatrix}1000 & 600 & 1200 & 500 & 300 & 400 & 1300 & 1100 & 1300 & 300\\ 5 & 7 & 6 & 6 & 8 & 7 & 5 & 4 & 3 & 9\\ 100 & 75 & 80 & 70 & 50 & 65 & 90 & 100 & 110 & 60\end{bmatrix}$$

进行平面拟合.

解:首先，观测点 $\boldsymbol{p}_i$，$i=1,2,\cdots,m$ 到超平面 S 的欧式距离平方为

$$d_i^2=\frac{1}{(\boldsymbol{k},\boldsymbol{k})}(\boldsymbol{k}^{\mathrm{T}}\boldsymbol{p}_i-b)^2=\frac{1}{(\boldsymbol{k},\boldsymbol{k})}[(\boldsymbol{k},\boldsymbol{p}_i)-b]^2,i=1,2,\cdots,m.$$

其次，各观测点 $\boldsymbol{p}_i$，$i=1,2,\cdots,m$ 到超平面 S 的欧式距离平方和为

$$s=\sum_{i=1}^{m}d_i^2=\frac{1}{(\boldsymbol{k},\boldsymbol{k})}\sum_{i=1}^{m}[(\boldsymbol{k},\boldsymbol{p}_i)-b]^2.$$

由于超平面 $S: k_1x_1+k_2x_2+\cdots+k_nx_n=b$ 依赖于系数 $k_1,k_2,\cdots,k_n$ 和 b，因此 s 是关于 $k_1,k_2,\cdots,k_n,b$ 的多元函数，即 $s=s(k_1,k_2,\cdots,k_n,b)$，于是原问题就归结成确定一组系数 $k_1,k_2,\cdots,k_n,b$ 使得 s 达到最小. 若使 s 达到最小，其中一个必要条件是

$$\frac{\partial s}{\partial b}=-\frac{2}{(\boldsymbol{k},\boldsymbol{k})}\sum_{i=1}^{m}[(\boldsymbol{k},\boldsymbol{p}_i)-b]=0\ ,$$

从而有

$$b=\frac{1}{m}\sum_{i=1}^{m}(\boldsymbol{k},\boldsymbol{p}_i)=(\boldsymbol{k},\frac{1}{m}\sum_{i=1}^{m}\boldsymbol{p}_i)\ .$$

令

$$\overline{\boldsymbol{p}}=\frac{1}{m}\sum_{i=1}^{m}\boldsymbol{p}_i\ ,$$

显然它是 m 个观测点的几何中心，于是有 $b=(\boldsymbol{k},\overline{\boldsymbol{p}})$ 以及 $S:(\boldsymbol{k},(\boldsymbol{x}-\overline{\boldsymbol{p}}))=0$，由此说明所求的超平面必定过观测点的几何中心 $\overline{\boldsymbol{p}}$，此时 s 可以改写成

$$s=s(k_1,k_2,\cdots,k_n)=\frac{1}{(\boldsymbol{k},\boldsymbol{k})}\sum_{i=1}^{m}(\boldsymbol{k},(\boldsymbol{p}_i-\overline{\boldsymbol{p}}))^2\ .$$

令 $\boldsymbol{y}_i=\boldsymbol{p}_i-\overline{\boldsymbol{p}}\in\mathbf{R}^n$，$\boldsymbol{A}=\sum_{i=1}^{m}\boldsymbol{y}_i\boldsymbol{y}_i^{\mathrm{T}}\in\mathbf{R}^{n\times n}$，此时 $\boldsymbol{A}$ 是对称半正定矩阵，则由 $(\boldsymbol{k},\boldsymbol{y}_i)=(\boldsymbol{y}_i,\boldsymbol{k})$ 可得

$$\begin{aligned}s&=\frac{1}{(\boldsymbol{k},\boldsymbol{k})}\sum_{i=1}^{m}(\boldsymbol{k},\boldsymbol{y}_i)^2=\frac{1}{(\boldsymbol{k},\boldsymbol{k})}\sum_{i=1}^{m}(\boldsymbol{k},\boldsymbol{y}_i)(\boldsymbol{y}_i,\boldsymbol{k})=\frac{1}{(\boldsymbol{k},\boldsymbol{k})}\sum_{i=1}^{m}\boldsymbol{k}^{\mathrm{T}}\boldsymbol{y}_i\boldsymbol{y}_i^{\mathrm{T}}\boldsymbol{k}\\&=\frac{1}{(\boldsymbol{k},\boldsymbol{k})}\boldsymbol{k}^{\mathrm{T}}\Big(\sum_{i=1}^{m}\boldsymbol{y}_i\boldsymbol{y}_i^{\mathrm{T}}\Big)\boldsymbol{k}=\frac{1}{(\boldsymbol{k},\boldsymbol{k})}\boldsymbol{k}^{\mathrm{T}}\boldsymbol{A}\boldsymbol{k}=\boldsymbol{k}^{\mathrm{T}}\boldsymbol{A}\boldsymbol{k}/(\boldsymbol{k},\boldsymbol{k}),\end{aligned}$$

再令 $\boldsymbol{z}=\boldsymbol{k}/\|\boldsymbol{k}\|_2$，$\|\boldsymbol{k}\|_2=\sqrt{(\boldsymbol{k},\boldsymbol{k})}$，则 $\|\boldsymbol{z}\|_2=1$，这时原多元函数 $s=\boldsymbol{k}^{\mathrm{T}}\boldsymbol{A}\boldsymbol{k}/(\boldsymbol{k},\boldsymbol{k})$ 的求极小值问题就转变成如下条件极值问题：

$$\min_{\boldsymbol{k}} s(\boldsymbol{k})=\min_{\|\boldsymbol{z}\|=1}\boldsymbol{z}^{\mathrm{T}}\boldsymbol{A}\boldsymbol{z}.$$

引入 Lagrange 乘子 λ，将上式转化成无条件极值问题，即求

$$\varphi(\boldsymbol{z},\lambda)=\boldsymbol{z}^{\mathrm{T}}\boldsymbol{A}\boldsymbol{z}+\lambda(\boldsymbol{z}^{\mathrm{T}}\boldsymbol{z}-1)$$

的极小值. 为此假设 $(\boldsymbol{z}^*,\lambda^*)$ 是该函数的极小点，该极小点满足如下微分条件：

$$\left.\frac{\partial\varphi(\boldsymbol{z},\lambda)}{\partial\boldsymbol{z}}\right|_{(\boldsymbol{z}^*,\lambda^*)}=2\boldsymbol{A}\boldsymbol{z}^*+2\lambda^*\boldsymbol{z}^*=0,\left.\frac{\partial\varphi(\boldsymbol{z},\lambda)}{\partial\lambda}\right|_{(\boldsymbol{z}^*,\lambda^*)}=(\boldsymbol{z}^*)^{\mathrm{T}}\boldsymbol{z}^*-1=0.$$

由此可得 $\boldsymbol{A}\boldsymbol{z}^*=-\lambda^*\boldsymbol{z}^*$，$\|\boldsymbol{z}^*\|_2=1$，且 $\min\limits_{\boldsymbol{k}} s(\boldsymbol{k})=\min\limits_{\|\boldsymbol{z}\|=1}s(\boldsymbol{z})=\min\limits_{\|\boldsymbol{z}\|=1}\boldsymbol{z}^{\mathrm{T}}\boldsymbol{A}\boldsymbol{z}=\lambda_{\min}=-\lambda^*$，其中 $\lambda_{\min}$ 是对称半正定矩阵 $\boldsymbol{A}$ 的最小特征值，而 $\boldsymbol{z}^*$ 是 $\boldsymbol{A}$ 的对应 $\lambda_{\min}=-\lambda^*$ 的单位特征向量.

需要说明的是，在实际应用时，一般所给定的观测点 $\boldsymbol{p}_i, i=1,2,\cdots,m$ 具有充分的代表性，从而可以保证矩阵 $\boldsymbol{A}$ 的最小特征值是单特征值，进而也可以保证 $\boldsymbol{A}$ 所对应的 $\lambda_{\min}=-\lambda^*$ 的单位特征向量 $\boldsymbol{z}^*$ 是唯一确定的，由此说明所确定的超平面 $S:(\boldsymbol{z}^*,\boldsymbol{x}-\overline{\boldsymbol{p}})=0$ 是唯一确定的.

针对所给的数据 p=[1000 600 1200 500 300 400 1300 1100 1300 300;5 7 6 6 8 7 5 4 3 9;100 75 80 70 50 65 90 100 110 60]；调用习题程序 4.14 的 Matlab 函数[z,b,pbar,d_min]=fit_plane(p)可得拟合平面.

习题程序 4.14　习题 4.22 的 Matlab 程序

习题 4.22

```
%%%%%%%%%%%%%%%%%%%%%%%%%%%%%%%%%%%%%%%%%%%%%%%%%%
function [z,b,pbar,d_min]=fit_plane(p)
%p 观测点组成的矩阵，行数为观测点的维数，列数为观测点的个数；
%p=[1000 600 1200 500 300 400 1300 1100 1300 300;5 7 6 6 8 7 5 4 3 9;100 75
80 70 50 65 90 100 110 60];
%par 是每个观测点的均值；z 是平面方程的法向量，b 是平面方程的右端项，
d_min 是观测点拟合的最小距离平方和
[n,m]=size(p);
pbar=mean(p');
pbar=pbar';
y=p-pbar*ones(1,m);
A=y*y';
[V,E]=eig(A);
d_min=min(diag(E));
Vmin=V(:,1);
z=Vmin/norm(Vmin);
b=dot(z,pbar);
axis([0.9*min(p(1,:)) 1.1*max(p(1,:)) 0.9*min(p(2,:)) 1.1*max(p(2,:)) 0.9*min(p
(3,:))...1.1*max(p(3,:))])
[x1,x2]=meshgrid(0.9*min(p(1,:)):(max(p(1,:)-min(p(1,:))))/20:1.1*max(p(1,:)),...
    0.9*min(p(2,:)):(max(p(2,:)-min(p(2,:))))/20:1.1*max(p(2,:)));
x3=b/z(3)-z(1)/z(3)*x1-z(2)/z(3)*x2;
mesh(x1,x2,x3)
hold on
```

```
plot3(p(1,:),p(2,:),p(3,:),'k*')
title([num2str(z(1)),'*x_1+',num2str(z(2)),'*x_2+',num2str(z(3)),'*x_3=',num2str
(b)])
hold off
end
%%%%%%%%%%%%%%%%%%%%%%%%%%%%%%%%%%%%%%%%%%%%
```

参考文献

[1] 梁景伟. 矩阵理论及其应用:富媒体. 北京:石油工业出版社,2019.

[2] Meyer C D. Matrix analysis and applied linear algebra. Philadelphia: Society for Industrial and Applied Mathematics,2000.

[3] Marcus M,Minc H. A survey of matrix theory and matrix inequalities. Boston: Prindle,Weber & Schmidt,1964.

[4] Berman A,Plemmons R J. Nonnegative matrices in the mathematical sciences. New York: Academic Press,1979.

[5] 蒋正新,施国梁. 矩阵理论及其应用. 北京:北京航空学院出版社,1988.

[6] 程云鹏,张凯院,徐仲. 矩阵论. 2 版. 西安:西北工业大学出版社,2004.

[7] 于寅. 高等工程数学. 2 版. 武汉:华中理工大学出版社,2000.

[8] Quarteroni A,Sacco R,Saleri F. Numerical Mathematics. 北京:科学出版社,2001.

[9] Lay D C. Linear algebra and its applications. 刘深泉,等译. 北京:机械工业出版社,2005.

[10] Roman S. Advanced Linear Algebra(Graduate Texts in Mathematics). 2nd ed. New York: Springer-Verlag,2005.

[11] Saad Y. Iterative methods for sparse linear systems. 2nd ed. Philadelphia: Society for Industrial and Applied Mathematics,2003.

[12] Batchelder P M. An introduction to linear difference equations. New York: Dover Publications, 1967.

[13] Golub G H, van Loan C F. Matrix computations. 3rd ed. Baltimore: John Hopkins University Press,1996.

[14] Higham N J. Functions of matrices: theory and computation. Philadelphia: Society for Industrial and Applied Mathematics,2008.

[15] Langville A N, Meyer C. Google's PageRank and Beyond. Princeton: Princeton University Press,2006.